新 現代マスコミ論のポイント

天野 勝文・松岡 新兒・植田 康夫 編著

学文社

執　筆　者

　前坂　俊之（静岡県立大学／毎日新聞社）　　　Ⅰ
　橋場　義之（上智大学／毎日新聞社）　　　　　Ⅱ
　橋本　　直（日本女子大学／日本新聞協会）　　Ⅲ
＊天野　勝文（日本大学／毎日新聞社）　　　　　Ⅳ
　小田　貞夫（十文字学園女子大学／NHK）　　　Ⅴ
　田原　茂行（常磐大学／TBS）　　　　　　　　Ⅵ
　伊豫田康弘（東京女子大学／日本民間放送連盟）Ⅶ
＊松岡　新兒（日本大学／NHK）　　　　　　　　Ⅷ
　長谷川　一（明治学院大学／東京大学出版会）　Ⅸ
　川井　良介（東京経済大学）　　　　　　　　　Ⅹ
　木下　　修（東京経済大学／理想社）　　　　　Ⅺ
＊植田　康夫（上智大学／読書人）　　　　　　　Ⅻ
　中北　宏八（呉大学／朝日新聞社）　　　　　　ⅩⅢ，ⅩⅣ-§3
　矢野　直明（サイバー大学／朝日新聞社）　　　ⅩⅣ-§1，2，4
　山田　健太（専修大学／日本新聞協会）　　　　ⅩⅤ
　小玉美意子（武蔵大学／フジテレビ）　　　　　ⅩⅥ

（執筆順：＊は編者）

カッコ内は所属大学（元も含む）および元（現在も含む）の所属組織

❖ 新版はしがき

　本書の旧版は 1999 年 5 月に第 1 版第 1 刷が刊行され，2003 年 3 月の第 2 版第 3 刷まで版を重ね，その都度少しずつ修正を加えてきたが，メディアを取り巻く環境の変化はいちじるしく，編者としては新しい情報環境に対応した改訂版を出す必要を痛感，ほぼ全面改稿の新版を編むことにした次第である．

　本書の母体となったのは，ちょうど 10 年前の 1994 年に［現場からみたマスコミ学］シリーズ（全 5 冊）の第 1 冊目として，本書の版元である学文社から刊行された天野勝文・松岡新兒・村上孝編『現場からみたマスコミ学——新聞・テレビ・出版の構造』である．

　同シリーズは大学におけるマスコミ関係科目用教科書として編まれたものだが，そのコンセプトは，① 執筆者はマスコミ現場出身者で，大学でマスコミ関係科目を担当している教員を中心とする ② アカデミックな理論中心の教科書ではなく，日本の現実に根差しつつ現場体験をふまえた，生きたマスコミ論・ジャーナリズム論を目指す——などであった．

　そのコンセプトを受け継ぎながら編者・執筆者の一部交代を行い，99 年に天野勝文・松岡新兒・植田康夫編『現代マスコミ論のポイント——新聞・放送・出版・マルチメディア』として全面的に衣替えした．

　デジタル技術の高度化により，変容を余儀なくされているマスメディアの現状を中心に，現代マスコミ論のポイントをまとめたものだが，1 冊の中に新聞・放送・出版の過去・現在・未来について，それに新しい情報メディアの動向を加え，さらにメディア倫理とメディア・リテラシーに関する問題も取り上げるという，かなり欲張った構成となった．

　今回の新版では，新しい情報環境に対応するため，さらに執筆者の一部交代を行い，ほぼ全面改稿した．そして，その後のインターネットの急速な発展などをふまえると，新しいメディアの総称としては「マルチメディア」よりも

「電子メディア」とした方が適切と判断，サブタイトルを一部変更した．

　本書の各章の記述には重複する部分が何か所かある。それは，新聞・放送・出版という従来のメディアの枠組みが，デジタル化の進展とともにあらゆる分野で「メディアの融合化」現象をもたらしている結果の反映にほかならない。編者としては，そうしたメディア状況の流動化をふまえて，各章間の記述のダブリについてはあえて調整せずに，各章の筆者の独自性を尊重したことをご理解いただきたいと思っている．

　本書は大学マスコミ関係科目用教科書として編まれているが，大学生ばかりではなく，さまざまなメディアの現場で，ジャーナリズムのあり方やメディアの将来を真剣に考えている人びとにも，現場体験をふまえたマスコミ研究者・教育者からのメッセージとして受け取っていただけるならば，編者としては望外の幸せである．

　本書と同時に刊行される松岡新兒編『新 現場からみた放送学』および植田康夫編『新 現場からみた出版学』を併せてご利用いただければ幸いである．

　全面改稿の新版刊行にあたり，学文社の田中千津子さんには旧版に引き続き，今回もたいへんお世話になった．深く感謝したい．

2004年2月

天野勝文
松岡新兒
植田康夫

目　次

第一部　新　聞

I　新聞メディアの変遷　　2

近代的新聞の始まり……2

§1　明治期　　3

新聞の誕生……3／大新聞と小新聞の発展……4／戦争と新聞……5

§2　大正期　　6

大正デモクラシーの担い手……6／関東大震災と新聞……7

§3　昭和戦前期　　8

軍ファシズムと新聞の屈服……8／戦時下の新聞……9

§4　昭和戦後期　　9

占領時代の検閲……9／60年安保からベトナム戦争まで……10／新聞時代からテレビ時代へ……11／コンピューター化された新聞……12

II　新聞の現場　　14

§1　取材する現場　　14

ニュースとは何か……14／ニュースの効率的な収集……15／記者クラブの誕生……16／記者クラブの弊害……18／記者クラブの変革……19／02年新見解……20

§2　取材される現場――人権意識の高まり　　22

犯人視報道……22／被害者のプライバシー侵害……24／メディア・スクラム……25

§3　技術革新と新聞の現場　　26

デジタル化の波……26／ネットと新聞ジャーナリズム……26

III 新聞産業の構造と特質　32

§1　新聞の二重性　32

　公共性と企業性……32

§2　新聞産業の構造と特質　34

　新聞産業の規模……34／大きな企業間格差……34／多層的な競争関係……35

§3　新聞産業の収支構造　36

　規模の経済……36／収入構造……37／費用構造……38

§4　新聞産業の今日的課題　39

　販売……40／部数減，若者の新聞離れ，再販問題……41／広告……43／新聞広告の不振と多メディア化……43／広告データへのニーズ……45

§5　新聞産業の展望　46

　メディアの融合……46

IV 新聞ジャーナリズムの課題　49

§1　新聞ジャーナリズムへの風圧　49

　平成の3大誤報……49／誤報を認めたがらぬ体質……50／調査報道の停滞……51／記者会見の衰弱……52

§2　新聞ジャーナリズムの対応　53

　報道被害の顕在化……53／新・新聞倫理綱領の制定……54／メディア規制の動き……55／第三者機関の設置……57／第三者機関の役割……58

§3　新聞ジャーナリズムの再構築　59

　原点としてのスクープ……59／全体像の提示……60／社会の紐帯として……61

目次 v

第二部　放　送

V　放送メディアの変遷　66

§1　ラジオの時代　66

放送の世紀……66／日本でのラジオの誕生……67／監督と規制下での放送……68／マイクの開放……70／民放の誕生……70

§2　テレビの時代　72

テレビ本放送の開始……72／テレビも高度成長……73／主役になったテレビ……75／衛星中継とカラー化……76

§3　多メディアの時代　78

衛星放送の開始……78／激動の時代の放送……79／テレビ批判と自律……80／公権力の介入と規制……82／デジタル時代へ……83

VI　テレビの現場　85

§1　放送番組と現場の自由　85

現場の判断……85／現場の責任……86／TBS坂本弁護士ビデオ問題……87

§2　報道の現場　88

テレビ報道の影響力……88／現場を脅かす力……89／テレビ報道番組の現状……90／テレビ報道の流れと組織……91／テレビ報道の問題事例と今後の課題……92

§3　制作の現場　93

だれも知らなかったテレビ──番組制作の曙……93／制作者の情熱と制作条件……95／番組制作の組織と仕事の流れ……96／制作者の環境の変化と今後の役割……97

§4　テレビのデジタル化と制作現場　98

デジタル化とコストの削減……98／制作会社の苦悩……100

§5　番組規制の動きと制作現場　101

法律による規制の動き……101／放送界の対応……102

VII　放送産業の構造と特質　　　　　　　　　　　　　　　　104

　§1　公共放送と商業放送の二元体制　　104

　　　二元体制が世界の大勢……104／相互補完による情報の多元化
　　　……105／全国放送と県域放送……106／民放テレビ・ネットワー
　　　クの存在……107／ラジオ・ネットワーク……108

　§2　制度的メディアとしての放送　　109

　　　電波法と放送法の存在……109／免許事業……109／免許事業の法
　　　的意味……110／放送法による番組規制……111／放送事業者の自
　　　律……112／放送の「概念」の曖昧化……113

　§3　規制緩和と放送産業　　114

　　　ハード・ソフトの一致/分離……114／マスメディア集中排除原則
　　　……116／集中排除原則の緩和……117

　§4　デジタル放送の時代　　118

　　　衛星デジタル放送の普及……118／地上波テレビ放送のデジタル化
　　　……119

VIII　放送ジャーナリズムの課題　　　　　　　　　　　　　　　　121

　§1　戦争報道　　121

　　　フリー記者の活躍……121／歴史の記録者……122／同行取材
　　　……123／フセイン銅像の引き倒し……125／米軍が仕組んだ？
　　　……126／検証報道……127／真相は？……128

　§2　ダイオキシン報道の最高裁判決　　129

　　　ダイオキシン報道……129／最高裁判決……130／判断の拠り所
　　　……132／番組から受ける印象……134／テレビとチェック機能
　　　……135／映像の効果……137

第三部　出　版

IX　出版メディアの変遷　　　　　　　　　　　　　　　　　　　　140

　§1　「出版」の成立――ヨーロッパを中心に　　140

　　　文字の発明,「本」の誕生……140／巻物と冊子体……141／活版印
　　　刷術……142／「グーテンベルク銀河系」の諸相……144／霊感＋

商品＝本という図式……145／近代産業となる「出版」……146

§2　近代出版流通システム，というアポリア——日本　147

近世と近代のはざま……147／書肆の世界——近世的な出版体制……148／明治初期の「出版離陸」……149／取次の誕生と近代出版流通システムの成立……150／マス化する「出版」……152／日配から戦後的体制へ……154／読書階級・教養主義・人文書……156

§3　「出版」の「歴史」を語るということ　158

X　出版の現場　161

§1　編集のシステム　161

出版社……161／出版社の仕事……166／編集……166

§2　製作・販売のシステム　168

業務・製作と販売・広告……168／出版の流通・販売……170

§3　読者の実態　172

読者の拡大と娯楽志向……172

XI　出版産業の現状　176

§1　デジタル革命のインパクト　176

活字メディアの終焉？……176／出版産業の枠組みのゆらぎ……177／流通経済システムの制度疲労……179／2重構造……179

§2　出版産業の構図　180

出版大国・日本……180／出版産業を支える関連事業者……180／右肩上がりの神話の崩壊……182

§3　変化する出版業　183

出版業は「情報通信業」に分類……183／総合出版社と書籍出版社……184／講談社・音羽グループのパワー……185

§4　出版物の流通・小売部門の現状　186

変化する取次業……186／出版物小売業の現状……187／出版物の流通経路……189／注目されるオンライン書店……190

XII　出版ジャーナリズムとしての総合雑誌　194

§1　マスコミとジャーナリズム　194

巨大になり過ぎた新聞と放送……194／天皇報道にみる相違……195／ジャーナリズムとしての機能……196

§2　現実を動かした総合雑誌　198

『文藝春秋』と『世界』の場合……198／松川事件と『中央公論』……199／最初は無関心だった広津和郎……201／広津和郎がとった行動……202

§3　新聞報道に抗する雑誌編集者　203

笹原金次郎の果たした役割……203／第2審判決と広津……204／総合雑誌を受け継ぐ出版社系週刊誌……207

第四部　電子メディア

XIII　電子メディアの登場　210

§1　ニューメディアへの期待と挫折　210

新技術とともに変遷するメディア……210／新聞社にとってのニューメディア……211／キャプテン……213／CATVと衛星放送……214

§2　インターネットの衝撃　216

待たれた技術の成熟……216／インターネットで「情報革命」実現……218

XIV　電子メディアの新展開　220

§1　電子メディアの諸相　221

電子メール……222／メーリングリスト……222／ホームページ……223／メールマガジン……224／ブログ……224／パソコン……225／ケータイ……226／ゲーム機・PDA・書籍専用端末……226／CD-ROM・DVD・フラッシュメモリー・ストレージ……227／電子ペーパーとICタグ……227

§2　電子メディアの特質　228

融通無碍……228／シームレス——境界の喪失……229／インタラ

　　　　クティブ……230／解体と再構成……230／危うさとはかなさ
　　　　……231／無料の情報と情報の自由……232

　　§3　オンライン・ジャーナリズムの可能性　233

　　　　インターネットはメディアの革命……233／電子新聞の可能性
　　　　……234／メールマガジン・メーリングリスト・インターネット放
　　　　送……236

　　§4　「総メディア社会」の中で　237

　　　　ジャーナリズムの危機……237

第五部　表現の自由とメディア・リテラシー

XV　表現の自由と責任　244

　　§1　日本における「表現の自由」の保障　244

　　§2　メディアを取り巻く法制度　246

　　　　取材の自由……246／公的情報へのアクセス……247／報道の自由
　　　　……248／権利侵害の予防救済制度……249／伝達・配布の制限
　　　　……250／インターネット規制……251

　　§3　相次ぐ表現規制立法　252

　　　　個人情報保護法による表現規制の可能性……252／人権擁護法案に
　　　　潜む問題点……253

　　§4　メディア産業法枠組みの変化　254

　　　　マスメディア集中排除原則……254／地上デジタルで変わる所有ル
　　　　ール……256／言論報道機関の一般化……256

XVI　メディア・リテラシー　259

　　§1　私たちの情報環境　259

　　　　民主主義社会の一員として……260

　　§2　メディア・リテラシーの視点　260

　　　　市民の視点……261／ジェンダーの視点……262／マイノリティの
　　　　視点……265／その他のマイノリティ……267／「批判的」視点の
　　　　基盤──現代的人権……268

§3　メディアを読み解く概念　　269
§4　メディア・リテラシーの発展過程　　272
　　情報選択過程……274／思考過程……274／表現過程……275／発信と伝達……276／その体験がまたメディア・リテラシーになる……277

索　引　　280

第一部

新聞

I 新聞メディアの変遷

近代的新聞の始まり　ヨーロッパでは16世紀になると，地中海貿易が繁栄し，その中心地・ベニスに世界各地から情報が集まった．王侯，貴族，商人らの間で情報を交換する手紙の形をとった手書きの「書簡新聞」の「ガゼット」（Gazette）が生まれた．また，日本のかわら版と同じように15世紀ドイツでも1枚刷りの印刷された「フルッグブラット」（Flugblatt）で「コロンブスのアメリカ発見」（1493年発行．実際にコロンブスがアメリカに到達したのは1492年）などのニュースが街頭で売り出された．

　技術的には1450年ごろ，ドイツ・マインツでグーテンベルクによって活版印刷術が発明され，それまでの手書きによる1枚1枚の新聞から，大量印刷による近代的新聞が誕生した．これがマスメディアとしての新聞のスタートである．

　近代的新聞が花開いたのはイギリスである．1702年に日刊新聞「デイリー・クーラント」が創刊されたが，言論の自由の確立と広告媒体としての機能が備わって，18世紀にはイギリスで現在の新聞の原型が発達した．「ザ・タイムズ」（1785年創刊），「ガーディアン」（1821年創刊）が政治的に不偏不党の立場

でニュースを中心にする新聞ジャーナリズムを確立していく．

　ドイツ人・ケーニッヒが1811年に蒸気機関によるシリンダー印刷機（1時間両面同時印刷で5,000枚）を発明し，それまでの手動式の印刷から，機械印刷による文字通り「マス・コミュニケーション」としての新聞が誕生した．

　近代的新聞が成立する条件は「情報の需要」の創出であり，重商主義の時代から産業革命よって工業社会が勃興してくると，情報，ニュースが商品価値をもつ時代となり，その具体的な商品として新聞が生まれてくる．

　ヨーロッパで生まれた近代新聞はブルジョアや商人を中心とした新しい市民階級の言論機関として誕生したが，絶対主義的な政治体制からの弾圧，検閲，圧迫との激しい政治闘争や市民革命を経て，新聞は新興市民階級の武器となり，ジャーナリズムとして自立，発展していった．

§1　明治期

　新聞の誕生　近代化に遅れた日本での新聞の誕生は，西欧より200年以上遅れて，幕末の動乱期に黒船来航という外圧の中から生まれた．もともと，豊臣時代から存在していたニュース・メディアの原型としての「かわら版」の伝統に，オランダ人によって伝えられた新聞制作の技術，これに黒船来航による鎖国を打ち破る外圧が加わり，「マスメディアとしての新聞」が誕生する．鎖国を廃止した幕府は西欧文明の道具としての新聞を移入したのである．

　ペリーの来航によって，鎖国の眠りを覚まされた幕府は，危機感を募らせ海外や西洋の情報収集に必死となった．1855（安政2）年，幕府は洋学所を建て，翌年に蕃書調所（ばんしょしらべどころ）と改称し，さらに1860（万延元）年にはオランダ語のほか，英語，フランス語も加えて，海外の新聞を翻訳する書記方，印刷出版する活字方を設けた．

　1862（文久2）年2月にジャワのオランダ語新聞を翻訳した「官板バタヒヤ新聞」を発行したが，これが日本で初めての新聞であった．これは今のような新聞の形態ではなく，和紙を綴じた書物の形をしたもので，新聞という名の書

物といったものである．

　新聞の創成期にはこうした翻訳新聞の「官板海外新聞」「官板中外新報」などや，「ナガサキ・シッピングリスト・アンド・アドバタイザー」「ジャパン・ヘラルド」など在留外国人らによる英字新聞が発行された．1865（慶応元）年5月には横浜でジョセフ・ヒコ（浜田彦蔵）によって邦字紙第1号の「海外新聞」が出された．

　1870（明治3）年12月，日本最初の日刊紙である「横浜毎日新聞」が横浜で生まれ，1872（明治5）年には「東京日日新聞」（現在の毎日新聞の前身）や「日新真事誌」（にっしんしんじし），「郵便報知新聞」などが一斉に生まれ，新聞時代の幕開けを迎えた．

　大新聞と小新聞の発展　1874（明治7）年の「民撰議院設立建白」以後，自由民権運動の高揚を通じて，政論新聞が次々に生まれ，その後，政党の誕生にあわせて機関紙化していった．

　自由党系では「自由新聞」「朝野新聞」（ちょうやしんぶん）など，改進党系では「郵便報知新聞」「東京横浜毎日新聞」，帝政党系は「東京日日新聞」などだが，新聞は政争の道具と化してしまった．

　政府は批判的言論を封じるため1875（明治8）年，「讒謗律」（ざんぼうりつ）を制定したのをはじめ，後には新聞紙条例，出版条例，集会条例，保安条例の言論抑圧4法を制定して，検閲制度と発行許可制度を設けて厳重に取り締まった．自由民権運動下では数多くの新聞記者が苛酷な弾圧を受け，獄に繋がれた．

　この間，政論新聞の流れをくんだ，政治評論が中心の硬派の新聞で，士族や官僚，インテリを読者層にした漢文調の「大新聞」（おおしんぶん）が幅をきかせたのに対して，通俗的な社会ダネを中心に平易で，一般庶民や婦女子でも簡単に読めるマンガ，平仮名や漢字にも読み仮名をふった「小新聞」（こしんぶん）が生まれてくる．

　その1つが「読売新聞」（1874＝明治7年創刊）であり，大阪で生まれた「朝日新聞」（1879＝明治12年創刊）も最初は小新聞としてスタートした．

その後,「朝日新聞」は1888(明治21)年に東京に進出し,「東京朝日新聞」を創刊するとともに,「大阪朝日新聞」と改称,報道,ニュース中心の中立的な新聞へ脱皮して,大きく発展していった.明治初期から中期にかけては,大新聞,小新聞の2つの系統のほかに,政治色を排して「独立不羈」「不偏不党」を掲げた福沢諭吉の「時事新報」(1882=明治15年創刊)が第三の中立新聞として歩み,明治期を代表する高級紙に成長していった.

このほか,独立系の新聞も生まれてくる.急速な西欧文明の流入に対して,その反動として「日本の伝統に帰れ」と「国民主義」を唱えた陸羯南(くが・かつなん)の新聞「日本」(1889=明治22年創刊)や,「平民主義」を打ち出した徳富蘇峰(とくとみ・そほう)の「国民新聞」(1890=明治23年創刊)などである.

戦争と新聞　1895(明治28)年の日清戦争の勝利によって,日本では産業資本が確立するとともに,貧富の差が一層拡大し,社会矛盾が顕在化してくる.そうした中で,「日本のペニー・ペーパー」(廉価新聞)として登場したのが,黒岩涙香(くろいわ・るいこう)の「萬朝報」(よろずちょうほう・1892=明治25年創刊)と,秋山定輔の「二六新報」(にろくしんぽう・1893=明治26年創刊)である.両紙は社会問題の矛盾に光をあて,「萬朝報」は各界名士の「蓄妾の実例」調査などでスキャンダルを暴露したり,「二六新報」は「三井財閥攻撃」「廃娼」などのキャンペーンを大々的に行ったり,あるいは労働者懇親会を開くなど大衆紙としてセンセーショナリズムで人気を高めていった.

20世紀(明治30年代)に入ると,新聞はより近代化して今日の新聞の基礎を固めていった.発行部数は大幅に増え,販売競争が激化して美人コンテストなど営業政策的なイベントや企画が行われ,印刷面でも輪転機が普及し,写真用の多色刷り印刷技術が導入され,出版,薬などの広告も増加していく.電通の前身である日本広告株式会社と電報通信社が設立されたのも1901(明治34)年であった.

編集面では国際通信網が整備され,「大阪朝日」はイギリスのロイター通信社と契約し,「大阪毎日」も海外通信員を配置するなど海外ニュースに力を入

れていった．

　1904（明治37）年の日露戦争は日本の浮沈を賭けた戦いだったが，新聞界はほぼ一致して主戦輪を展開し，開戦を唱えた．唯一，非戦論を唱えていた「萬朝報」も最後に開戦論に転換して，幸徳秋水，内村鑑三らが退社する．その後，堺枯川や幸徳らは日本で最初の社会主義的新聞「平民新聞」を創刊して，非戦論，平和論を貫いていった．

　日露戦争後の新聞は商業化，企業化が本格的に進んだ．「新聞は戦争で発展する」といわれるが，「大阪朝日」「大阪毎日」は大きく飛躍して全国紙に発展する土台を作った．「大阪朝日」は日露戦争前には20万部だったのが，明治末期には35万部に，「大阪毎日」も20万部から32万部に急増したのに対して「東京朝日」「東京日日」「読売」「時事」は低迷し，新聞界の強弱は，はっきり二分された．

§2　大正期

　大正デモクラシーの担い手　大正時代の新聞は民衆の運動と歩みを共にしたといってよい．大正デモクラシーの高まりは「憲政擁護」「閥族打破」「言論の自由の擁護」の運動となって現れるが，その中心的な役割を担ったのは新聞であった．新聞は藩閥政治の矛盾を追及して，その打倒キャンペーンを行い，「第1次憲政擁護運動」では1913（大正2）年に桂太郎内閣を倒し，翌年起きたシーメンス事件では山本権兵衛内閣を退陣に追い込んだ．明治以来，内閣が民衆や新聞の世論の高まりによって退陣した例はなかっただけに，民衆は言論機関としての新聞の力を見直し，新聞の地位は高まった．

　力をつけた新聞への巻き返しとして起こったのが「大阪朝日」への言論弾圧事件「白虹（はっこう）事件」であった．1918（大正7）年，「超然内閣」といわれた寺内正毅内閣は世論の反対を押し切ってシベリア出兵を強行，続けて起きた米騒動では，関係記事の掲載を禁止した．

　寺内内閣の度重なる強権的な態度に怒った新聞界は，記者大会を開いて抗議

した．この記者大会の模様を報じた「大阪朝日」の記事の中に「白虹日を貫く」（国内に内乱が起こる兆しの意味）との文言があったが，これが「国民に不安，動揺を与える」として執筆した記者と編集発行人の2人が，新聞紙法違反（安寧秩序紊乱＝あんねいちつじょびんらん）として起訴された．

「大阪朝日」は存亡の危機に立った．村山龍平社長は辞任し，編集局長・鳥居素川（とりい・そせん）のほか，長谷川如是閑（はせがわ・にょぜかん），大山郁夫，丸山幹治，花田大五郎ら大正デモクラシー唱導の先頭に立っていた記者たちが一斉に退社に追い込まれ，日本の言論史上最大の筆禍事件となった．

発行禁止をかろうじて免れた「大阪朝日」は，「不偏不党」を編集方針とすることを宣言して，軌道を修正した．この事件をきっかけに，以後，新聞社が一丸となって，反政府キャンペーンを行うことはなくなった．そして新聞の批判精神は低下していき，この年に「大阪毎日」が，翌1919（大正8）年には「大阪朝日」が株式会社となり，新聞社の企業化が一層進んでいった．

「大阪朝日」と「大阪毎日」が夕刊の発行を始めたのは1915（大正4）年10月で，大正天皇の即位式（御大典）がきっかけだったが，「萬朝報」など各紙も追随した．組織面でも，明治のころ，社会ダネをとっていた探報員は姿を消して社会部記者となり，それまで紙面でも取材面でもダブっていた政治部，社会部が分離し，国際報道も活発になった．

第1次世界大戦のころからは海外特派員を出す新聞社が増えた．パリ講和会議（1919＝大正8年）やワシントン軍縮会議（1921＝大正10年）では多数の特派員が派遣された．そうした中で，ワシントン軍縮会議では「時事新報」の「日英同盟破棄，四国協定成立」という世界的スクープが生まれた．

関東大震災と新聞　1923（大正12）年9月1日の関東大震災で，東京では「東京日日」「報知」「都」の3社を残して，他のすべての新聞社が被災して大打撃を受けた．中でも「時事」「読売」「国民」「やまと」「萬朝報」「二六新報」の各社は致命的な打撃を被った．被害の大きさと同時に，再建のためにも莫大な資金を必要としたため，各社の資本力の差がその後の生き残りを分けること

になった．

　「萬朝報」「国民」「時事」など，東京の有力紙が復興に手間取っている間に「東京朝日」「東京日日」はその資本力にものをいわせ，販売カルテルを結び，東京の販売界を制覇し他の新聞を駆逐した．そうした中で「中外商業新報」（日本経済新聞の前身）や「読売」などがやっと生き残った．

　1924（大正13）年，「大阪朝日」「大阪毎日」の両紙はともに100万部を突破し，全国紙としての基盤を固め，大衆新聞の時代に入ろうとしていた．他のほとんどが衰退していった東京紙の中で，唯一「読売」は正力松太郎が1924（大正13）年に経営に乗り出し，「ラジオ面」の創設やイベント企画，センセーショナルな紙面づくりなどで，うなぎのぼりに部数を増やし，昭和10年代には「東京朝日」「東京日日」と肩を並べるまでに発展していった．

　大正時代を通してみると，新聞経営の企業化が一層進み，それまで個人経営が多かったのが，資本力の増大により株式会社へ移行する新聞社が増えた．また，言論面でも主義や主張を売り物にする政論新聞から，ニュースや速報主体の報道主義へと変容し，経営面でも編集面でも現代の新聞スタイルが確立された，といえる．

§3　昭和戦前期

　軍ファシズムと新聞の屈服　　昭和になり，1930年代に入ると，経済恐慌や国内の政治混乱，社会不安，中国大陸での紛争などが重なって軍国主義・ファシズムが台頭し，右翼勢力と結託して新聞への圧力が高まってくる．

　1931（昭和6）年9月の満州事変の勃発以降，翌年の上海事変，そして5・15事件で海軍軍人らによって犬養毅首相が暗殺され，政党政治は終わりを迎えた．以後，15年戦争に突入することになるが，新聞はこの間，警鐘を鳴らすどころか戦意高揚をあおり，軍部の暴走を容認し，積極的に支持する紙面展開を行った．

　新聞による軍部批判や言論抵抗はほんの一部しかみられなかった．5・15

事件の時,「福岡日日新聞」(現在の西日本新聞)の編集局長・菊竹六鼓(きくたけ・ろっこ)は「首相兇手に斃る」「敢えて国民の覚悟を促す」などの社説で軍部を,ファッショを真正面から厳しく攻撃,「信濃毎日新聞」主筆の桐生悠々(きりう・ゆうゆう)も社説「関東防空大演習を嗤う」で軍部を批判したが,他の新聞の多くは軍部の顔色をうかがい,沈黙してしまった.

　1936(昭和11)年の2・26事件の際,首相官邸や国会を占拠した陸軍の反乱部隊は「東京朝日新聞」も襲撃した.テロを恐れた新聞の抵抗はこれ以後みられなくなった.時代は一挙に戦時統制に入っていくが,新聞も軍や政府から厳しく統制された.

　戦時下の新聞　政府は1940(昭和15)年,「1県1紙」の方針を打ち出し,新聞統合を強引に進めた.この方針により,それまで全国に1422紙あった新聞は東京,大阪,北九州の全国紙以外は各県ではぼ1県1紙体制となり,1943(昭和18)年には55紙までに減った.現在の地方紙の勢力地図はこの時にでき上がった.新聞社は政府の宣伝機関と化し,言論の自由は完全に封殺され,真実の報道は一切できず,国や軍に命ぜられるままに書く,「国営新聞」となってしまった.

　1941(昭和16)年5月には新聞,通信,ラジオが加盟した「日本新聞連盟」が成立し,翌年には「日本新聞会」となり,国家総動員法によって新聞事業の権利の譲渡,廃止も許可制となり,編集,用紙,事業のすべてを政府に握られ,記者の登録制が実施された.

　太平洋戦争中の言論統制は30以上の法規によって,新聞はがんじがらめにされ,ウソの代名詞となった「大本営発表」以外は一切書けない状態となってしまった.また物資の欠乏,用紙不足によって新聞のページ数は減り,1944(昭和19)年3月からは夕刊も廃止され,新聞は死んだ状態と化してしまった.

§4　昭和戦後期

　占領時代の検閲　1945(昭和20)年8月15日,日本は敗北し,戦争は終結

した．敗戦後，連合国軍総司令部（GHQ）は旧日本帝国政府，軍による言論取り締まりの法規を全廃し，言論の自由は回復された．しかし，GHQは「公安を害するおそれのある事項を印刷することを得ず」など10カ条からなるプレス・コードを発表し，占領政策の批判や軍国主義的な発言に対しては厳しい検閲，統制を実施することになった．

戦後の新聞は戦前，戦中の報道に対する反省からスタートした．GHQの民主化の後押しもあり，新聞各社では一斉に戦争責任の追及の動きが起こり，社内民主化運動が吹き荒れた．1946年7月ごろまでに，ほとんどの新聞社で従業員組合が結成された．「朝日」は社長以下の幹部の辞任と相まって，「国民と共に立たん」という宣言を掲げて再出発した．

6年半の占領期間中，GHQによって事前検閲や事後検閲が行われた．検閲は戦前の日本のように伏せ字や削字によって，明らかに検閲されたことが読者に分かるものではなくて，言い換えや文章をまったく書き換えて分からないようにした，きわめて巧妙なものであった．

1950年6月の朝鮮戦争の勃発で，米ソの冷戦は頂点に達し反共主義が高まった．GHQは「アカハタ」など日本共産党の新聞，雑誌などの発行停止を指示するとともに，全国の新聞社とNHKに社内の共産党員とその同調者の追放を指令，約700人が突然解雇されるという，いわゆるレッドパージが行われた．

1951年9月，サンフランシスコ講和会議によって，翌年4月，占領体制にやっと終止符が打たれた．用紙統制が撤廃された1951年から新聞界は本格的な自由競争の時代に入った．全国紙と地方紙の競争が一段と激化したため，「朝日」「毎日」「読売」はそれまで国内外ニュースの配信契約を結んでいた共同通信社から一斉に脱退してしまった．

60年安保からベトナム戦争まで　1960（昭和35）年，戦後最大の国民的運動といわれた60年安保闘争が起こった．6月15日，国会周辺を取り囲んだ学生デモ隊が国会構内に乱入し，機動隊と激しく衝突して，流血の惨事を引き起

こし女子大生1人が死亡し，300人以上が負傷した．

この2日後に在京の新聞社7社（「朝日」「毎日」「読売」「日本経済」「産経」「東京」「東京タイムズ」）は朝刊1面に「暴力を排し議会主義を守れ」と題する共同宣言を掲げた．

「流血事件は，その事の依ってきたる所以を別として，議会主義を危機に陥れる痛恨事であった．……いかなる政治的難局に立とうと，暴力を用いて事を運ばんとすることは断じて許されるべきではない」と全学連の行動を厳しく批判した．

空前の勢いで盛り上がっていた大衆運動によって，安保改定を強行採決した岸内閣への退陣要求が国民の間に圧倒的に大きくなり，新聞もこれを支持していただけに，7社共同宣言は突然の手のひらを返した主張であった．この7社共同宣言はその後，地方紙48紙にも転載された．

「その事の依ってきたる所以を別にして」「これまでの争点をしばらく投げ捨て」とデモ隊の暴力だけを非難，その姿勢を逆転させてしまった．戦争中にいったん死んだ新聞は，この共同宣言によって「再び死んだ」ともいわれた．

1965年から本格化したベトナム戦争では，日本の新聞は国際的な活躍を見せ，その力を示した．「毎日」連載の「泥と炎のインドシナ」や「朝日」の本多勝一記者の「戦場の村」などのルポルタージュによって，アメリカの侵略によるベトナム戦争の実態が生々しく報道され，この戦争の不条理を世界に告発した．

北ベトナムのハノイに西側から一番乗りした「毎日」の大森実外信部長や，「朝日」の秦正流外報部長の記事に対して，ライシャワー駐日米大使は名指しで「ベトナム報道は公正を欠いている」と一方的に非難して，大森部長は結局，退社に追い込まれた．

新聞時代からテレビ時代へ　1972年4月，沖縄返還をめぐる外交交渉の秘密文書を外務省の女性事務官から入手した毎日新聞政治部記者が逮捕されるという，いわゆる外務省機密漏洩事件が起こった．アメリカのベトナム秘密文書事件での「ニューヨーク・タイムズ」のケースと比較され，言論・表現の自

由と国民の知る権利の問題が大きくクローズアップされた．

1973年，第1次オイルショックでそれまで一貫して続いていた新聞産業の長期的な増勢，拡大はストップし，「毎日」は1977年に大幅な部数減により事実上倒産し，「新社」として再出発した．それに先立ち，「東京新聞」は1967年に「中日新聞」へ譲渡された．

1969年には産経新聞が首都圏の通勤サラリーマンを対象にした「夕刊フジ」を発行，講談社も1975年に「日刊ゲンダイ」を創刊し，タブロイド紙が駅のスタンド売りの人気新聞となった．

アメリカでは「ワシントン・ポスト」の若手記者たちが徹底した取材でニクソン大統領を辞任に追い込んだ「ウォーターゲート事件」が有名だが，日本でもこれに匹敵する調査報道は，1988年の「朝日」のリクルート事件報道である．

朝日新聞横浜支局は川崎市の助役がリクルート社から未公開株をもらったという事件をキャッチしたが，警察は立件をあきらめていた．しかし「朝日」は独自に取材を進め，政府，官界，財界，マスコミ界にリクルート社が大量の未公開株を配っていたことを突きとめてスクープし，竹下首相の辞任までに発展し，大物政治家ら20人以上が辞任や離党に追い込まれた．こうした一連の取材，報道は画期的な調査報道として高く評価された．

明治以来，常にマスメディアの主役だった新聞は，テレビの登場とともにその立場には微妙な変化が現れた．テレビは1953年にNHKが日本で最初に本放送を開始し，次いで民間放送の日本テレビが開局した．テレビはまたたく間に普及して5年後には100万台を突破し，皇太子のご成婚（1959＝昭和34年4月）のパレード中継をきっかけに200万台に急増，民放30数局が開局した．1963年にはNHKの受信契約数は1500万台で，普及率は75％を超えて，文字通りテレビ時代を迎えた．

コンピューター化された新聞　日本経済は1960年代から高度経済成長期に突入して，マスコミ産業全体の規模拡大は1970年代の半ばまで続いた．いわば「メディアの重層化現象」の中で，それまでマスメディアの中心に位置し

ていた新聞は1970年代から，徐々に主役の座をテレビに奪われていった．

　1970年代には新聞の制作工程がコンピューターの技術革新によって一変した．編集面ではCTS (Computerized Typesetting System) が導入され，新聞制作から従来の鉛活字や活版工程がなくなり，整理，校閲，組版の作業工程がコンピューター化され，オンラインでの機械的な処理が可能となった．

　1975年には媒体別広告費ではテレビが新聞を抜いてトップに立った．広告媒体として新聞は2番手となってしまった．1980年代に入ると，テレビも報道番組を重視するようになり，テレビ朝日の「ニュースステーション」が登場し，テレビ界ではニュース戦争が始まった．その結果，1990年になると，「報道，ニュースは新聞よりもテレビで見る」という視聴者の割合が増え，報道面でもマスメディアの主役は新聞からテレビに移ってしまった．テレビの報道が新聞と肩を並べはじめ，ついには新聞の方がテレビの後追いをするまでになった．

　1980年代以降，電子メディア時代の幕開けによって新聞はその圧倒的な取材力と情報量を一手に握っていることを生かして，文字を中心とした「新聞産業」から「総合情報産業」への脱皮を目指し，多角的なメディア戦略を展開していった．CATV，データベース，インターネットなどニューメディアに積極的に取り組み，メディアの基幹産業としての地位を保持していった．

（前坂　俊之）

参考文献

山本文雄編『日本マス・コミュニケーション史［増補］』東海大学出版会　1981年
春原昭彦『四訂版・日本新聞通史』新泉社　2003年
内川芳美・新井直之編『日本のジャーナリズム』有斐閣　1983年
高木教典・新井直之編『講座　現代ジャーナリズム①歴史』時事通信社　1974年
前坂俊之『兵は凶器なり―戦争と新聞1926-1935』社会思想社　1989年
前坂俊之『言論死して国ついに亡ぶ―戦争と新聞1936-1945』社会思想社　1991年
原寿雄『ジャーナリズムの思想』岩波書店　1997年
山口功二・渡辺武達・岡満男編『メディア学の現在［改訂版］』世界思想社　2001年

Ⅱ 新聞の現場

§1 取材する現場

　新聞を含めたマスメディアの大きな機能のひとつは，人びとに「ニュース」を伝えることである．では，「ニュース」とは何だろうか．その定義はなお確たるものにはなっていないものの，たとえば「現実世界で関心が向けられる出来事や主題に関する最新の加工された情報（という性格を強くもっており）」（吉岡至）[1]とか，「ジャーナリズム組織が最近知った出来事に関する，社会の構成員に対して行う報告であり，その出来事とは，社会にとって何らかの重要性を持つか，あるいは人々の関心を喚起するもの」(Fuller)[2]などといったものがある．

「ニュース」はなぜ，このように定義されるのだろうか．それは，人びとが日々変化していく世界の中で，自らがまず生きていくために必要な，新しい情報を欲していること，世界の中で自分という存在の"位置"を確かめておきたいこと，そして新たな情報を知ること自体が喜びであるからである．ところが，そのために自らが情報を直接集めることには限界があり，多くの情報は新聞な

どのマスメディアに頼るしかないからである．

　一方，そのメディアには自らのメディア（媒体）として特性があり，その範囲内で可能な限りのニュースを伝えている．「新聞は世界の鏡」という言葉がある．また「新聞が伝えたことが，すなわちニュースだ」という定義もある．確かに，新聞をはじめとするマスメディアが伝える「ニュース」は世界についての情報を人びとに知らせてはいるが，だからといって，それが世界のすべてではないことも一方で忘れてはならない．新聞というメディア特性を理解し，その上で自らが必要とする情報・ニュースに応じて新聞を上手に使いこなすことが肝要である．

　ニュースの効率的な収集　マスメディアがニュースを伝える際の限界には，たとえば，記者の数が十分ではないということもあるだろう．また，新聞では紙面というスペースの枠，テレビでは「ニュース番組」という時間の枠もある．

　では，マスコミはどのようにして効率的にニュースを収集するのであろうか．そのための方法が3つある．ひとつは「通信社の利用」である．日本の新聞社の記者数をみると，全従業員数が1,000人以上の大規模な新聞8社における編集部門の人数は計12,415人で1社平均は約1,550人，300人未満の小規模な新聞33社の場合は計2,065人で1社平均は約63人である．[3] いずれにしても，国内はもとより世界中のニュースを自社の記者だけでカバーすることは到底不可能である．このため，各新聞は，自社の記者の数が足りないためにカバーできない分野や地域のニュースを，契約した通信社から配信される記事を利用することで補っている．

　また，限られたスペースや時間の枠内では，人びとの多様な関心の中でもどのような分野のニュースがより必要とされるかを考慮せざるを得ない．このため，優先度を考え，政治，経済，事件・事故などといったより多くの人びとが関心を持つ分野に対して優先的にニュース取材の担当を振り向けている．この結果，一般紙と呼ばれる新聞社の編集局はどこも大体同じような組織を編成することになる．これが2つ目の「編集局の分業化」である．

図II-1は日本の新聞社，とくに全国紙に共通してみられる会社の機構と新聞制作の流れを示したものである．[4] 名称は各社によって異なるものもある．また，本図にはないが，最近ではデジタル化に伴って，自社のホームページを開設してニュースなど掲載する部門も生まれている．それを編集局に置くか，新たな局を作るかは社によってさまざまである．

そして3つ目に，こうした編集局の組織の下で，さらに取材対象を細分化し，ある特定のニュースソースを"定点観測"（取材）するために記者を配置する．こうして派遣された記者たちが集まって自然発生したのが「記者クラブ」という制度である．

記者クラブの誕生　日本で記者クラブがいつごろ，どのような形で生まれたのかは定かでないが，「昔は新聞記者といっても，ワラジばき，弁当持ちでタネを探して歩いたものだ．その連中が毎日時間をきめて，丸の内の原っぱの大きな木の下に集まり，弁当を使いながら情報を交換し合ったという話がある．これが記者クラブの発端だろう」という新聞界の古老の笑い話がある．[5] 効率的な情報収集の手法という意味では，こうした自然発生的な経過があったと思われ，1882（明治15）年には，今の内閣に当たる太政官に新聞記者の控え室（新聞社員溜所）が置かれた．同じころ，東京市役所にも控え室ができていたという．

本格的な記者クラブができたのは1890（明治23）年秋のことである．前年の1889年2月に明治憲法が発布され，翌1890年11月には，第1回帝国議会が召集されることになった．これを機会に時事新報が主唱して東京の各新聞・通信社が「議会出入記者団」を結成し，議会の筆記権獲得運動を起こした．この運動は全国の新聞社に波及し，同10月に「共同新聞記者倶楽部」が生まれた．これが現在の国会記者会の原型といわれている．

日清戦争が終わり，明治30年すぎから35年ごろまでの20世紀初頭には，各官庁に記者クラブが作られていった．そのころの代表的な記者クラブとしては，外務省の「外交研究会」（現・霞倶楽部），陸軍省の「北斗会」，主要政党のひとつ政友会の「十日会」などがあり，1907（明治40）年には内務省に「大手

II 新聞の現場　17

図II-1　新聞社の機構と新聞制作の流れ

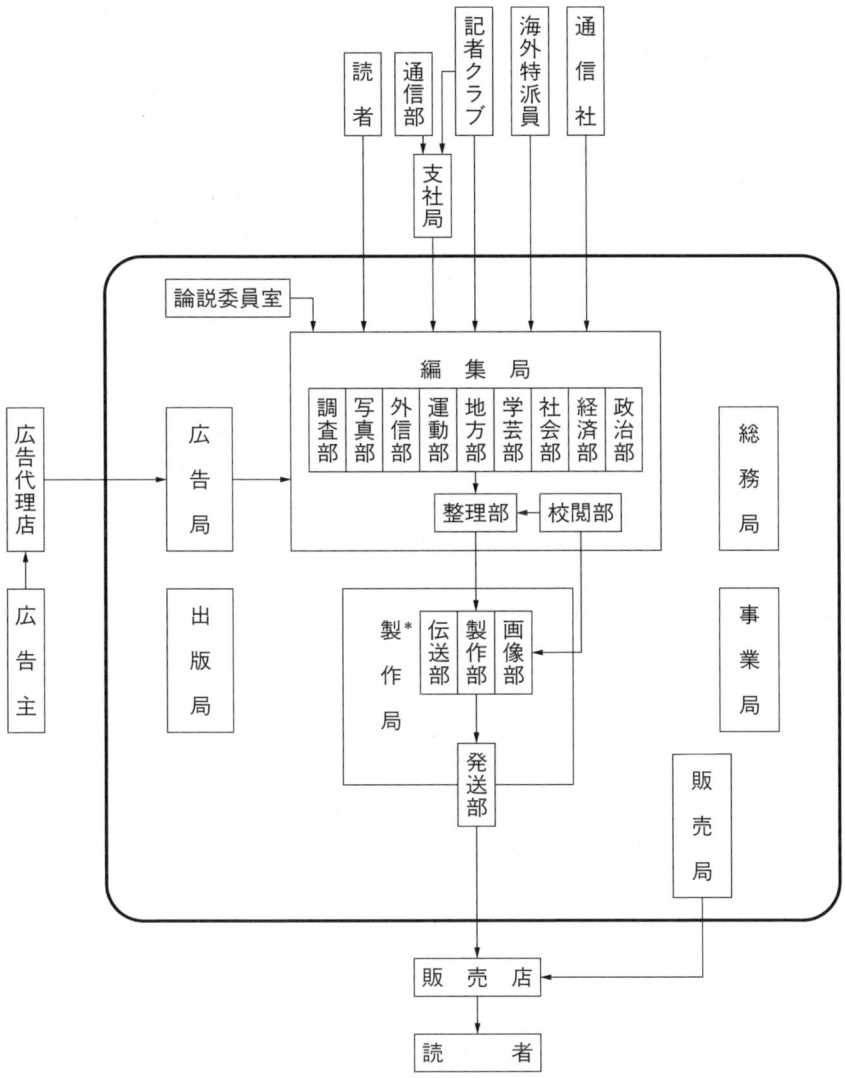

＊）部局名を称するときは「製作」を使う

(『図説　日本のマス・コミュニケーション（第3版）』より)

倶楽部」も生まれた．宮内省の坂下倶楽部（現在の宮内記者会）ができたのは明治天皇崩御の前後であった．[6]

　それでは現在，日本にはどのくらいの記者クラブがあるのか．正確な数字は，本格的な調査が行われていないので把握されていないが，中央官庁のほぼすべて，各都道府県庁・県警本部，民間企業の業種別団体などにも置かれており，全国で約700前後といわれている．

　ちなみに，世界の主要国の中で，日本のような記者クラブ制度があるのは，英国と韓国，台湾だけのようである．[7] 英国の場合，以前は各省庁にもあったが，次第に廃止され，現在は下院に「プレス・ギャラリー」と呼ばれるクラブだけが残っている．日本の「官邸クラブ」に似たような存在で，英国の通信社・全国紙・首都夕刊紙・テレビに限定して加盟が認められ，外国メディアは歴史的関係の深いアイルランドの新聞のみ許されている．英国伝統の「ロビー・システム」がその背景にある．韓国・台湾にも，日本とほぼ同様のシステムが各省庁にあるが，これはともに戦前の日本の植民地支配によって導入されたという歴史的な経緯がある．

　記者クラブの弊害　日本の記者クラブは，このようにまず主要な取材現場のひとつである"官"への直接取材と情報公開を実現するために，新聞・通信社が団結して政府に迫る中で生まれた定点観測の取材システムといえる．当時の明治政府など"官"の側にとっても，国家としての形作りをしていく中で，政策や海外事情など多くの情報を新聞を通じて国民に広く周知させたかったという事情もあった．"官"にとっても新聞にとっても，記者クラブ制度は人びとに情報を伝える効率的な情報流通システムであったといえよう．

　しかし，システムというのはいったん出来上がると本来の目的が次第に薄まり，システムそれ自体が自己保存のために動き出すことは，どの社会システムにも共通することである．記者クラブもその例外ではない．100年を超える長い歴史の中で，記者クラブは多くの批判を浴びてきた．

　そうした批判のひとつが，発表ジャーナリズムである．記者クラブには，

「発表」「会見」といった形で当局からの情報提供が日々多数ある．「発表漬け」となった記者は，主体的なニュース選択ができないまま，当局が「知らせたいニュース」を，当局が伝えたい内容のまま垂れ流すことになる．また，政府関係者や政治家などニュースソースとの「オフレコ懇談」にみられるように，記者の視点が当局側と同じになり易く，ニュースソースによる情報操作や観測気球として「ニュース」が使われることもみられる．記者クラブが当局の「PR機関化」ともいえる状態になってしまう危険である．

もうひとつは，クラブ取材に"安住する"記者が出てくることによる弊害である．本来，記者クラブの目的は団結することによって"官"の情報公開を促すことにあったはずなのに，記者クラブにいれば自動的に"官"の側から情報が提供されることで記者が受身になってしまう．そのような記者にとって，"官"がクラブ以外に情報を提供すれば自らの"既得権"が失われることにもつながりかねない．このため，クラブ記者は"官"がクラブ以外に情報を提供することを拒むようになる傾向も出てくる．これが，クラブの閉鎖性であり，他のメディアを締め出すことで結局は国民の「知る権利」を制限することにつながるのである．

また，こうした記者クラブ加盟の記者たちは，その既得権ゆえに便宜供与などを通じて"官"との癒着という落とし穴に入り込むことになる．これが「記者クラブはジャーナリストとしての記者をスポイルする」という批判につながっていくのである．

記者クラブの変革　以上のような記者クラブ批判は，その濃淡は別にして実はいつの時代にもあった．そして，新聞を含むマスメディアの報道のあり方が大きな社会的問題となるたびに，その元凶のひとつとして記者クラブ制度が繰り返しクローズアップされてきた．

これに対して，新聞側も無自覚でいたわけではない．記者クラブは第2次世界大戦の戦時統制下で残念ながら発表だけを報ずることを余儀なくされたが，戦後は，時代状況の変遷に伴ってその都度，日本新聞協会が記者クラブについ

ての見解をまとめ，現場の記者たちの意識変革を図ろうとしてきた．

その歴史を，2002年1月に日本新聞協会が発表した「記者クラブに関する日本新聞協会編集委員会の見解」の「解説」をもとに振り返ってみよう．

まず，終戦後まもない1949年，「記者クラブに関する新聞協会の方針」を公表した．その中で，記者クラブは「各公共機関に配属された記者の有志が相集まり，親睦社交を目的として組織するものとし，取材上の問題には一切関与せぬこととする」と定められた．占領軍の意向を強く反映したものだった．

戦後30年余たった1978年の「記者クラブに関する日本新聞協会編集委員会の見解」では，「その目的はこれを構成する記者が，日常の取材活動を通じて相互の啓発と親睦をはかることにある」へと性格付けが一部変わった．さらに，97年の編集委員会見解では「取材拠点」と位置付けた．「親睦・社交」「相互啓発・親睦」から「取材拠点」への変化である．

日本新聞労働組合連合会（新聞労連）も1994年に「提言　記者クラブ改革」，1997年に「新聞人の良心宣言」をまとめ，記者たちによる自律的な改革への取り組みを促した．

02年新見解　一方，記者クラブとそこを取材ベースにしたそれまでの報道のあり方に対しては，地方自治体でも問題意識が生まれ始めた．そうした首長らのリーダーシップによって，"官"の側から記者クラブの存在意義を問う改革が実行されるという事態が相次いだ．

神奈川県鎌倉市の竹内謙市長（当時）は1996年4月から，役所内の公的なスペース・設備を記者クラブに独占的に提供することをやめ，新たに「広報メディアセンター」を開設し，希望するメディアが自由に活用できるようにした．また，長野県の田中康夫知事は2001年5月，「『脱・記者クラブ』宣言」を突然発表した．同知事は「記者クラブは時として排他的な権益集団と化す可能性をぬぐい切れぬ．記者クラブへの便宜供与は，少なからず既得権益化している」と批判し，記者室からの退去を要請して，新たに「表現道場」（のちに「表現センター」と改称）という名のプレスセンターを設けた．ここは「表現活動に

携わるすべての市民が利用可能」(「宣言」)とし，県側からの情報提供や県主催の県知事会見，県民の会見の場と位置付けた．

このような公的機関側の相次ぐ動きを受けて，新聞協会がまとめたのが2002年1月の「新見解」であった．02年見解に盛り込まれた考え方の大きな特徴は，記者クラブを「公的機関などを継続的に取材するジャーナリストたちによって構成される取材・報道のための自主的な組織」とした点である．

97年見解は，記者クラブの「性格，目的など」について，「公的機関が保有する情報へのアクセスを容易にする『取材拠点』として，機能的な取材・報道活動を可能にし，国民にニュースを的確，迅速に伝えることを目的とする」と規定してきた．しかし，「取材拠点」との表現は"場"のイメージが強く，ワーキングルームとしての記者室との混同を招きやすい．このため，記者クラブと記者室との区別を明確にした上で，改めて「組織としての記者クラブ」を規定したのである．

記者室については，「公的機関内に設けられたジャーナリストのワーキングルーム」と規定した．記者クラブ以上に「開かれていなければならない」として，公的機関には，「記者クラブ非加盟のジャーナリストのためのワーキングルームについても積極的に対応すべきである」としている．

また，記者会見についても，記者クラブが主催することの重要性を強調し，「情報公開を働きかける記者クラブの存在理由を具体的な形で内外に示す必要がある」と述べている．

しかしながら，記者クラブ問題は，新聞協会が見解を出すことで解決されるものではない．記者クラブの存在意義について，2002年新見解の解説は「インターネットの普及がいちじるしい現在，公的機関のホームページ上での広報が増え，これに対して電子メールなどを通じた質疑・取材が多用されるようになり，公的機関内に常駐する機会が少なくなることも今後は予想される．だがその結果，記者やメディアが分断され，共同して当局に情報公開を迫るなどの力がそがれる危険性もある．そうした意味でも記者クラブの今日的な意義は依

然大きいものがある」と述べている．

　記者クラブへの批判に応え，さらにデジタル化社会の中で公的機関とジャーナリズムの新たな関係を考え直すためにも，新見解に盛り込まれた精神に基づいて，各記者クラブの現場記者たちが自らのあり方を再構築していくことが重要である．そして何よりも，"官"の側が市民に隠している「知られたくない」情報を入手し，広く市民に知らせることが，もっともジャーナリズムに期待されていることであることを忘れてはならない．

§2　取材される現場——人権意識の高まり

　新聞を含めた日本のマスメディアにとって，近年大きな課題として浮上してきたのが「人権」である．とくに事件・事故報道など社会的関心の大きいニュースでは，次の3点で取材される側の人権問題の解決が迫られてきた．すなわち，①容疑者の犯人視報道，②事件・事故の被害者に対する取材，③マスコミ総体として過熱した集中的な取材——である．

　犯人視報道　「犯人視報道」というのは，裁判で犯人と決まる前の事件報道で，マスコミが捜査当局の情報に頼りすぎることによって，容疑者があたかも「犯人」と決まったかのような印象を読者に植えつけてしまう報道の仕方のことである．

　なぜそうなってしまったのか．その背後には，起訴されるまでの長い身柄勾留期間中，容疑者・被告に直接取材できないという日本の司法システムがある．欧米諸国，たとえばアメリカでは，勾留された容疑者といえども電話を通じて外部との接触が許されており，記者が電話で取材することも可能だ．また弁護士制度も充実していて，身柄を拘束されてもただちに弁護士と相談することもできる．しかし，日本では日頃から顧問弁護士を雇ったり，生活のさまざまな面で相談する親しい弁護士がいたりする市民はけっして多くはない．

　また，刑事事件で起訴された被告の99％以上が一審（地裁）段階で有罪判決を受けているという日本の高い有罪率も，「逮捕＝犯人」視してしまう傾向を

生んでしまった理由のひとつといわれている．しかし，日本の刑事事件逮捕者のうち，略式起訴を含めた起訴率は約6割である．残り4割が不起訴ということは，逮捕された10人のうち4人は無実，あるいは証拠不十分または起訴するに値しない（起訴猶予）軽微な事件の当事者だったということを意味する．起訴か不起訴かの処分すら決まっていない段階で，捜査当局側の情報を主に報道することは，いきおい容疑者を"犯人"扱いすることにつながる危険性をはらんでいるのである．「裁判より前に，報道によって社会的に断罪されてしまう．たとえ無罪判決が出ても，もはや失った名誉は回復できない」という批判が出る理由がここにある．

　事件報道における「誤報」も，こうした事情から生じる問題のひとつである．事件発生から最終判決まで25年もかかった末に被告が無罪になった「甲山（かぶとやま）事件」(1974年)や河野義行さんを犯人視してしまったオウム真理教による「松本サリン事件」(1994年)などがその典型例である．

　こうした事件報道の改善策のひとつが，容疑者の呼び捨て廃止と「容疑者」呼称である．1989年11月，毎日新聞が社告で表明したのを皮切りにその後，他紙にも広がった．これは，それまで「〇〇」と呼び捨てにしていた容疑者の記述を，「〇〇容疑者」，「〇〇社長」というように肩書き付きに変更するものである．読者はもちろん取材記者を含めて，容疑者は「容疑をかけられた人物」であって，犯人と決まってはいないということをしっかり認識しておこうという狙いである．他にも警察に逮捕された時の連行写真は原則として紙面に掲載しない――などを決め，その後の事件報道の原則的な考えとして定着してきている．

　もうひとつが，1990年に登場し，その後全国に広まった「当番弁護士制度」である．逮捕され，身柄を勾留された人の要請があれば弁護士会から弁護士が派遣され，面会して無料で相談に乗るというシステムである．マスコミ側は容疑者側の言い分をこの当番弁護士を通じて取材することが可能になり，捜査当局側の情報と合わせてバランスのとれた報道を心がける道が開けたといえよう．

ただし，当番弁護士の人数が不足していることや，弁護士の側も法廷での対策上，容疑者・被告側の情報を事前にあまり報道されたくないという考慮から取材に応じるのに必ずしも積極的ではない，などといった問題もあり，制度の充実や取材上の課題が残されている．

被害者のプライバシー侵害

大きなニュースの背景・事情を取材する時には，どうしてもニュースの当事者や関係者のプライバシーに踏み込まなければならないケースが多々ある．とくに事件・事故の場合は，個別の事情の中に社会一般に共通する問題点がないかどうかを探ることは取材活動の大事なポイントであり，そうした事情を取材しないわけにはいかない．

ところが，被害者や家族にとって事件・事故直後の時期というのは，事件・事故に巻き込まれたショックで精神的にも非常に辛い時である．その事態をどう受け止めていいのか心の整理もつかない段階だろう．「少しの間そっとしておいて」というのが，被害者共通の心情であろう．そうした人びとに取材し，報道することは，被害者の心の傷をさらに深くしてしまう結果にもなりやすい．「被害に遭った上に報道でも被害に」という訴えが出てくる理由がここにある．

そうした声に応えるため，新聞では近年，被害者の顔写真の掲載を抑制したり，事件の性格によっては，被害者を匿名にして報道するケースも増えてきている．たとえば，東京・新宿歌舞伎町の雑居ビル火災（2001年9月1日未明発生）では，焼けた風俗営業店の従業員や客が多数死傷した．その際の報道では，被害者の実名・匿名，顔写真の掲載の有無で各社の判断が分かれたが，犠牲者名簿については実名としながらも，被害者個々人についての記事の中では匿名にした社も多かった．事件・事故報道で被害者や家族の意向に積極的に耳を傾けることは，「社会的弱者へ配慮する視点」という新聞報道全体の大きな流れの中でもとくに重要な変化といえるだろう．

同時に，捜査当局側も警察の「犯罪捜査規範」を全面改訂（1999年6月）し，犯罪捜査をする上で被害者への配慮を重視する姿勢を打ち出した．

このような意識の変化は，事件報道を含めたすべての記事で「取材される」

側の声を汲み取り，より良い報道のために生かそうという動きにもつながってきている．

2000年10月，毎日新聞が「『開かれた新聞』委員会」という第三者機関を日本の新聞で初めて創設した．紙面で人権・プライバシーを侵害されたという当事者からの訴えと新聞社側の対応を，新聞社外部の委員にチェックしてもらうシステムである．報道による人権侵害の救済だけでなく，広く報道のあり方を社外の第三者の意見をもとに新聞が一層進めていこうという第三者機関の設立は，全国の新聞に広がりつつあり，2004年1月現在34社に上っている（日本新聞協会調べ）．

　メディア・スクラム　「取材される現場」で，いままでになかった新たな課題として注目されているのが「メディア・スクラム」である．「集団的過熱取材」ともいわれる．大事件・事故などの取材で，新聞・テレビ・雑誌などの多数の記者やカメラマンが，関係する当事者——容疑者，被害者，家族，地域住民など——に殺到する．時には，関係者の自宅を取材陣が四六時中取り囲んだり，執拗に電話をしたり，追い回したりする．このため，「自宅を出られない」「プライバシーが侵される」など，関係者の日常生活までもがおびやかされてしまうような事態のことを指している．

一記者や一社ごとの対処では解決しにくいこうした被害を防ぐため，日本新聞協会は2001年12月，メディア・スクラム問題で初めての見解（「集団的過熱取材に関する日本新聞協会編集委員会の見解」）を発表した．

見解は，突発的に起きる事件・事故取材では，メディア・スクラムを初めから防止することはほとんど不可能だが，その後に繰り返さないよう知恵を出すことが重要，との認識に立った上で，とくに事件被害者や家族らに配慮するために通夜・葬儀などの取材で関係者の心情をふみにじらないよう服装・態度も含めて心がける——など取材上の指針を挙げている．また，現場を抱える記者クラブがこうした問題解決のために率先して対応するべきだとしている．実際，2002年秋に帰国した「北朝鮮拉致被害者」とその家族に対する取材活動では，

新潟など被害者・家族が住む地元の記者クラブがメディア・スクラムの防止のために活動した．

　こうしたメディア側の対応は，取材される当事者とメディアとの間に一定の良好な関係をもたらした点で成果があったといえるが，一方でメディア側に取材自粛のムードをもたらしたことも事実である．ジャーナリズムのダイナミックな活動を維持する上で，今後も考えていかなければならない大きな課題であろう．

§3　技術革新と新聞の現場

　デジタル化の波　新聞は近代に入って，時々に発明されたさまざまな科学技術を取り入れながら発展してきた．何のために技術を取り入れるかというと，それは結局，「スピードアップ」に資するためである．「いち早く」取材し，執筆し，原稿を送り，編集し，印刷し，紙面を読者に送り届ける——というのが変わらぬ使命だからである．採用された技術は，たとえば次のようなものである．筆，鉛筆，万年筆，ボールペン，テープレコーダー，カメラ，伝書鳩，郵便，電信・電話，ファックス，ワープロ，コンピューター，輪転機，馬車，汽車，電車，自動車，航空機……．こうした技術革新によって，新聞の現場がさまざまに変容してきたことはいうまでもない．

　これらを見てみて気づくのは，技術の多くが，取材現場を除いた送稿・編集・印刷・輸送というプロセスに導入されたものであるということである．確かに，かつて，鉛筆と紙（メモ帳）さえあれば仕事ができるといわれた記者たちの持ち物は，現代ではノートパソコンとデジタルカメラ，デジタルレコーダーに変わった．しかし，変わらなかったこともある．ひとつは，ニュースを発見し，情報を収集するという作業は，依然として記者が，情報源である人物から話を聞く，という人間同士のコミュニケーションが基本となっていることである．そして2つ目が，新聞は紙に印刷された媒体であるということである．

　ネットと新聞ジャーナリズム　ところが，1990年代後半から急速に広が

ったデジタル化の波は，新聞現場の様相を大きく変えることになった．

　まず初めに，記者の執筆・送稿のためにワープロやパソコンが導入され，紙面づくりの面でもコンピューター編集が順次取り入れられた．1995年には日本の新聞界ではじめてウェブサイトが登場した．以来，96年5月に毎日新聞が日本の新聞社としてはじめて電子メール新聞を創刊したほか，大手各紙はポータルサイトや携帯電話へもニュース記事を提供するなど，新聞はインターネット分野への進出を拡大し続けている．

　各新聞社が開設するウェブサイトは増加し，2003年3月現在，日本新聞協会加盟の新聞・通信117社が情報提供サイトを開設し，総サイト数は143に上っている．[9] ちなみに，世界中のニュースサイトからニュースを集め，無人編集でニュースをカテゴリー別に分けて表示している「Google News」(http://news.google.com/)では，世界の主な新聞・放送・通信社約4,000のサイトを見ることができる．

　テレビの登場によって「速報競争」から脱落していった新聞だが，ホームページ（HP）でのニュース掲載によって再び，「速報競争」にカムバックすることになる．実は，新聞は90年代後半までは，「速報」から「より深い記事」の提供へと舵を切り替えようとしていたのだが，インターネットの普及は「速報も，深い記事も」へと新聞を否応なく突き動かすことになったのである．

　一方，情報源の大きなひとつである官公庁も，将来の「電子政府」を目指して97年ごろからHPの開設に取り組み，99年7月の宮内庁を最後に主要な中央官庁すべてでHPが立ち上がった．地方自治体も含めたこれらのHPでは，記者会見などでマスメディアに提供された広報資料が公開されるようになってきている．

　総務省が03年3月に発表した通信利用動向調査によると，日本における02年末のインターネット利用者数は前年末に比べ1,349万人増えて6,942万人，普及率54.5％と初めて50％を突破した．国際的に比較すると，利用者数はアメリカの1億6,575万人に次いで2年連続で世界2位，普及率は16位から10

位に上昇したという[10]。

　このように，インターネットは取材する側も取材される側も，そして広く一般にも普及してきたが，このことが新聞にもたらす意味は大きい。ひとつは，これまで官公庁が市民に広く知らせたいと思った情報は，新聞などマスメディアを通じて「ニュース」として伝えるしか効率的な手段がなかったが，HPというメディア（媒体）を手にしたことによって，自らが情報を発信できるようになったということである。新聞が伝えなくとも，市民は自らこのHPにアクセスすることで，必要な情報を直接入手することができるようになったわけである。官公庁のニュースに依存する度合いが多かった新聞などマスメディアにとっては，その存在意義が薄れることにつながりかねない状況が生まれたといえるだろう。

　03年に日本新聞協会が実施した「新聞の評価に関する読者調査」[11]によると，新聞を「購読も閲読もしていない」という人は全体の6.3％で，前回01年調査の5.5％から増えているのが実態である。こうした新聞とは無縁の生活を送っている人は，おそらくネットでニュースに接していると思われるが，大手広告会社の電通が01年12月に行った「デジタル・ライフスタイル調査」によると，「信頼できる情報源」はネットユーザー，ノンユーザーを合わせた全体で「新聞」が第1位（62.0％）であり，この傾向はむしろネットユーザーでより強い（65.2％）という興味深い結果が出ている。

　前述の「新聞の評価に関する読者調査」における「信頼度」を示したのが図Ⅱ-2である。

　人びとが新聞に代わってニュースを自ら手に入れようとすれば，膨大なネット情報の中から必要な情報を提供してくれるサイトを探さなければならないし，その情報の信頼性も玉石混交である。また官公庁が発信する情報は，そのままでは量も多く，内容も分かりにくいことが多い。非新聞社系のYahoo！などのポータルサイトでニュースに接している人びとも多いが，実はそこにニュースを提供しているのはほとんどが新聞社である事実も忘れてはならない。

図 II-2　第2評価軸【信頼度】

■ そう思う　■ どちらともいえない　▨ そうは思わない　□ わからない

質問項目		そう思う	どちらともいえない	そうは思わない	わからない
① 新聞に書いてあることは正確だというイメージがある	【全体】	43.0	28.2	25.3	3.4
	【30代】	36.3	30.9	31.8	0.9
	【50代】	40.4	34.1	23.8	1.7
② 新聞には事実が書いてあるという思いが強い	【全体】	46.4	26.9	22.8	3.9
	【30代】	34.5	32.7	30.5	2.2
	【50代】	44.0	28.8	24.5	2.6
③ 新聞報道は客観性を保っていると思う	【全体】	37.1	33.8	19.7	9.4
	【30代】	25.6	36.8	31.8	5.8
	【50代】	39.7	33.4	19.5	7.3
④ テレビや雑誌に比べると，新聞が最も信頼できる	【全体】	34.5	36.1	24.7	4.7
	【30代】	27.4	35.4	34.5	2.7
	【50代】	37.1	35.1	24.8	3.0
⑤ 新聞は事実を深く掘り下げて報道しているところに価値がある	【全体】	44.9	31.1	19.4	4.5
	【30代】	35.9	35.4	26.0	2.7
	【50代】	47.4	28.8	21.5	2.3
⑥ 新聞は，いろいろな立場の意見を公平に取り上げていると思う	【全体】	38.4	34.6	21.3	5.6
	【30代】	30.5	39.0	27.4	3.1
	【50代】	36.4	37.1	21.9	4.6
⑦ 新聞は，世の中の出来事を，正確に報道している	【全体】	46.9	29.3	19.9	3.9
	【30代】	37.2	34.5	25.6	2.7
	【50代】	47.0	28.8	22.2	2.0
⑧ ひとことでいって，現在の新聞は信頼できると思う	【全体】	48.0	35.4	12.0	4.6
	【30代】	34.1	41.7	20.6	3.6
	【50代】	49.0	37.7	9.6	3.6
⑨ 新聞の記事は，興味本位に流れず，品位を保っていると思う	【全体】	43.7	34.4	15.2	6.8
	【30代】	34.5	39.5	20.6	5.4
	【50代】	45.4	31.8	17.5	5.3
⑩ 新聞は報道される人のプライバシーや人権に気を配っていると思う	【全体】	37.5	32.8	22.1	7.6
	【30代】	27.8	35.9	31.8	4.5
	【50代】	42.7	29.1	21.9	6.3
⑪ 新聞は，社会の一員として当然知っていなければならない情報を十分提供していると思う	【全体】	62.4	21.0	12.8	3.8
	【30代】	52.5	26.9	18.8	1.8
	【50代】	65.6	20.2	12.3	2.0

出所）日本新聞協会「新聞の評価に関する読者調査」より

30

　ネットにあふれている情報は，その発信者が他人に「知らせたい」情報であり，「知らせたくない」情報はアップされるはずもない．そのことを踏まえて，ネット情報の中から信頼のおける情報を選び，裏付けし，内容をコンパクトに，分かりやすく，日常的に伝えるというのも，新聞の新たな報道の役割として求められ始めているといえるだろう．

　新聞にとってデジタル時代最大の問題は，「紙の新聞」は将来生き残れるか，ということである．

(橋場　義之)

注）
1）田村紀雄・林利隆編『新版　ジャーナリズムを学ぶ人のために』世界思想社　1999年　p. 47
2）大石裕・岩田温・藤田真文『現代ニュース論』有斐閣，2000年　pp. 5-7
3）日本新聞協会編『日本新聞年鑑03-04』電通　2003年
4）藤竹暁・山本明『図説　日本のマス・コミュニケーション（第3版）』日本放送出版協会　1994年　p. 40
5）日本新聞協会編集部「記者クラブの歴史」『新聞研究』1965年4月号　pp. 42-50
6）春原昭彦「『記者クラブ』の発生と歩み（上・下）」『日本記者クラブ会報』2001年8，9月号
7）外務省，毎日新聞社の調べによる
8）最高裁事務総局編『平成14年司法統計年報　2　刑事編』によると，平成14年中に全国の地裁が扱った刑事事件裁判で，起訴された人数は計74,050人．このうち有罪判決を受けた人数は計74,001人，無罪49人．このデータを元に算出すると，平成14年の有罪率は99.93％となる
9）日本新聞協会編『日本新聞年鑑03-04』電通　2003年
10）数字は，全国6,400世帯，8,600事業所・企業を対象に02年末に実施したアンケートを基にした値
11）『新聞研究』2003年12月号　pp. 23-34

参考文献
W・リップマン著,掛川トミ子訳『世論』(上・下) 岩波書店　1987年
新聞報道研究会編『新・法と新聞』日本新聞協会　1990年
G・タックマン著,鶴木眞・櫻内篤子訳『ニュース社会学』三嶺書房　1991年
新聞報道研究会編『いま　新聞を考える』日本新聞協会研究所　1995年
稲葉三千男・新井直之・桂敬一編『新聞学(第3版)』日本評論社　1995年
天野勝文・桂敬一・林利隆・藤岡伸一郎・渡辺修編『岐路に立つ日本のジャーナリズム』日本評論社　1996年
池田龍夫『新聞の虚報・誤報』創樹社　2000年
天野勝文・生田真司編著『新版　現場からみた新聞学』学文社　2002年

新聞産業の構造と特質

§1　新聞の二重性

　公共性と企業性　通常，人びとの意識にのぼることは少ないかもしれないが，日本の新聞社のほとんどは株式会社である．ここから新聞社という組織の特殊な性格が生まれてくる．特殊というのは，新聞社が公共性と企業性を併せ持つ経営体であることを意味している．モデル化していえば，公共性は新聞のジャーナリズム活動が広く公共の利益のために行われる非営利的な行為であることを，企業性は製品・サービスなどの商品の販売によって株主のために利益を極大化する営利的な行為であることを本質とする．したがって，新聞社が公共性と企業性を併せ持つということは，相反する2つの価値に引き裂かれた組織，あるいは逆にそれらを統合した組織として運営されることである．

　クロトー（Croteau, David）とホイネス（Hoynes, William）は，この二重性を公共空間モデルと市場モデルとして表現している．ここで公共空間モデルとは，メディアの原理を公衆の自由な討議のための空間の形成に求めるモデルであり，市場モデルとは制約のない経済活動による利益の獲得に求めるモデルである．

それぞれ公共性と企業性にほぼ対応する．彼らのモデリングによれば，メディアは，公共空間モデルでは「公衆に奉仕する公共的資源」と考えられているのに対して，市場モデルでは「製品を売る私企業」と措定されている．これは新聞社にかぎらずメディア一般に通じる特徴であるが，公共性を強く意識するメディアであればあるほど，企業性の問題が大きく浮かびあがってくる関係にある．その意味で，新聞において，もっとも鮮明にこの二重の価値基準の問題が提起されているといえる．

　こうした新聞社の二重性は近代的新聞が成立したときに胚胎し，新聞の成長につれて，その輪郭が鮮明になってきた．新聞の出自をたどれば，政府の官報，商業や取引の情報，議会や政治をめぐる情報・意見・主張，社会のさまざまな出来事の報知など雑多な要素が流れ込んできていることが分かるが，19世紀前半以降，それらの活動はジャーナリズムという概念のもとで理解されるようになった．社会・政治・経済・文化などについての時事的な報道・分析・解説・主張を提供するジャーナリズムとしての機能をもって自らの使命とする考え方が生まれてきたのである．

　一方，この時期から新聞は，近代的な経営システムを取り入れはじめた．アメリカの「ペニープレス」（1ペニー新聞）が大衆向けに新聞の価格を安くし，そのために生じる収入の減少を広告で補う手法を発明したのである．これによって新聞は，その収入を販売と広告の2つの源泉から得ることが可能になった．しかし，それは同時に，新聞という閉じた経済性の中に，新聞外部の経済性が侵入してくる裂け目ができたことでもある．新聞は広告を通じて外部の一般企業の経済システムとつながり，そこにサブシステムとして組み込まれることになった．その後，資本主義経済の発展に伴って，経済社会の運営が生産から消費へとウエートを移し，そこからマーケティングや大衆消費社会が生成してくるようになると，広告の重要性が高まり，新聞も広告の受け皿としての機能を拡大していく．こうして新聞は，資本主義の発達とともに，その企業性を強めながら今日にいたっている．

§2　新聞産業の構造と特質

　新聞産業の規模　『事業所・企業統計調査』（総務省，2001年）によれば，日本には1,064の新聞企業，1,803の新聞事業所（従業員4人以上）がある．そのうち新聞社として新聞協会に加盟しているのは110社である（2003年11月現在）．通常，新聞産業というのは，新聞協会加盟の新聞社によって構成される産業分野である．この新聞企業全体の1割程度の新聞社を残り9割の新聞事業者と分かつ契機は，新聞事業が近代的な事業として成立しているかどうかである．株式会社が支配的な企業形態となっている現代の経済体制を考えれば，新聞産業とは，ほとんどが株式会社組織の継続企業（ゴーイングコンサーン）として，事業の存続と成長を図り，営利追求をおろそかにせず，売上，従業員，資本などの外形基準がそれなりの規模を持ち，近代的な経営管理を実行している企業の集合体をいう．

　その新聞産業の規模は，売上高を指標とすれば，新聞協会の売上高推計調査で2兆3,979億円（2002年第1次推計値，100社合計）となる．日本の世界的企業であるトヨタ自動車の単独決算の売上高が2002年で16兆542億円だから，トヨタ1社にもはるかにおよばない．売上高ランキングの30位前後に位置する，マツダ自動車，デンソー，三洋電機などが，それぞれ1社で新聞産業全体に匹敵する額を確保している．ちなみに放送産業の営業収入は2兆4,704億円であり，新聞産業とほとんど同じ規模である．また，規模を測るもうひとつの指標として，新聞協会調査によって従業員数をみると，新聞産業は総数で5万7,105人（2002年，106社合計）であり，これもトヨタ自動車の連結人数24万6,702人に遠くおよばない．

　大きな企業間格差　新聞産業の売上高と従業員数を1社平均すると，それぞれ約240億円，約540人となり，新聞社がいかに小さな企業であるかが一目瞭然となる．しかし，だからといって新聞産業に属する新聞社がすべて中小企業なのではない．たとえば，読売新聞社は売上高約4,900億円，従業員数約

6,200人，朝日新聞社は売上高約4,200億円，従業員約6,800人といった大企業である．これらの大手新聞社を含めた1社平均の数値がきわめて小さくなるということは，零細な新聞社が多く存在していることを示している．新聞産業における企業間の格差はきわめて大きい．

　この構造は，そのまま日本の新聞社の呼称に反映されている．新聞社のうち，専門紙とスポーツ紙を除く一般日刊紙は，全国紙，ブロック紙，県紙，地域紙に分けられる．これは販売エリアに基づく分類であるが，販売エリアはほぼ部数規模に対応している．日本の一般日刊紙の総発行部数約4,740万部のうち，全国紙5紙で60％弱を占め，残る40％強を100社ほどで分けあっている．とはいえ，これらは全国の部数を平均してみたものであるから，地域ごとにみていくと，地方各紙はその本拠地では圧倒的に高いシェアを誇っている．とくに県紙においてその傾向はいちじるしい．たとえば徳島県での部数シェアは，徳島新聞が80％弱，全国紙は最高でも6％を超える程度であり，静岡県は静岡新聞が約50％，全国紙は10％以下となる．

　多層的な競争関係　新聞産業における競争関係はきわめて多層化されている．その理由は，第1に新聞だけでなく他のメディアも競争相手になること，第2に部数だけでなく広告も競争の対象になること——の2点にある．この2つの事情が生まれてきた背景には，前述の新聞の二重性の問題が深くかかわっている．広告を通じて企業性を拡大してきた新聞は，新聞産業の上位のクラスにあたるメディア産業に属するようになっている．そこでの競争はオーディエンス（受け手）の関心と時間をめぐって行われる．受け手がメディアの提供するコンテンツ（情報内容）にどれだけの関心を示し，それを受け取る（読む，聴く，見る）ためにどれだけの時間を費やしてくれるかが焦点である．したがって，新聞にとっては，テレビ，ラジオ，雑誌，インターネットなどの他メディアが競争相手になる．これはメディア産業内部における新聞産業と他のメディア産業との競争といえる．一方，新聞は新聞産業内部で他の新聞社と競争している．ここでの競争は部数と広告を焦点とし，階層化された構造を反映して，

全国紙対全国紙，全国紙対地方紙，地方紙対地方紙の3層の対立構造が成立する．新聞産業内部の競争は表面上部数の獲得競争の姿をとる．しかし，部数は広告メディアとなった新聞にとって到達の大きさを示す指標であり，したがって部数の競争はただちに広告の競争でもある．

　これらの競争において優位な立場を確保できるのは，豊かな経営資源を持っている企業である．経営資源とは，資本，人材，技術，ブランド，流通網などをいうが，これらを総動員した競争のもとでは，当然ながら資源の乏しい企業ほど大きな影響を受けざるをえない．こうして新聞産業では，1992年に「フクニチ」，「東京タイムズ」，94年に「栃木新聞」，95年に「新大阪」，98年に「北海タイムス」，02年に「大阪新聞」（大阪産経新聞の夕刊に統合）などが次々と市場からの撤退を余儀なくされた．ここのところ新聞産業では市場への参入より市場からの退場が目立っている．

§3　新聞産業の収支構造

　規模の経済　企業としての新聞社は，製品の販売，受取利息，配当金，有価証券運用益などの総収入から，その製品の生産に必要な賃金，材料費，流通費，税金，利子，地代等々各種の生産要素に対する支払いをして残った額を最終的な利益とする．これは一般の企業となんら変わるところはない．ジャーナリズムとはいえ，それが企業活動として実践されている以上は，この経済プロセスを起動させるほかには活動を継続させることはできない．

　そのうえで新聞産業の経済性をみると，"規模の経済"という特性が顕著に現れていることが分かる．規模の経済とは，チャンドラー（Chandler Jr., Alfred）によれば，「単一の製品を生産したり流通したりする単一の業務単位の規模を大きくすることによって，生産や流通の単位費用が引き下げられるときに生じる経済性」と定義される．新聞社の場合は，紙の新聞という単一商品の生産・流通が業務のほぼすべてだから，新聞社自体が単一の業務単位である．いわば全面的に規模の経済性に依存する産業であり，その産業的特徴は生産設備，労

働力などの規模の大きさとなって現れている．

　しかし，それらの特徴も少しずつではあるが変化してきた．その要因としては，第1に，80年代から始まった分散印刷工場建設の流れが近年にいたって別工場化の動きと結びつき，生産部門の費用構造に変化をもたらしたことが大きい．第2に，景気低迷への対応に伴うリストラ政策の一環として，人員削減が厳しく進められたことも変化の一因である．以下，収支の構造をもう少し詳しくみておこう．

　収入構造　新聞協会「新聞事業の経営動向調査」によると，新聞社の収入源には「販売収入」「広告収入」「その他営業収入」「営業外収益」「特別利益」があるが，主要な源泉は最初の3つであり，なかでも販売収入と広告収入は2本柱といえる．

　収入源としての広告収入は，企業（広告主）の投下する費用であり，対企業マーケティングの成果である．日本の場合，広告を獲得するためのコストは，販売に比べれば，大きくはない．広告収入の特徴は，景気動向に大きく左右され，きわめて不安定なことにある．景気拡大期には，企業の広告費の投下も活発になり，新聞社の広告収入も増加する．しかし，いったん景気後退期に入ると，企業の広告活動は急激に停滞する．広告費は，一般管理費に含まれる科目であり，不況になると，経費節約の一環として削減されることが多いからである．

　一方，販売収入は，読者から得られる購読料であり，対消費者マーケティングの成果である．日本の新聞社は，部数の獲得，流通チャネルの維持などに多額の費用を投じており，販売収入はコストのかかる収入である．しかし，広告収入に比べれば変動が少なく，安定的な収入である．そのことによって，これまで広告収入の増減によって生じるブレを吸収する緩衝材的な役割を果たしてきた．だが，長引く不況のもとにあって，販売収入の安定性もひところのように機能しなくなりつつある．販売収入を増やす方法は，購読料を値上げするか，部数を増やすしかないが，そのいずれも難しい状況が続いている．

どの国においても新聞は広告と販売を主要な収入源としているが，国によりその比率に違いがある．広告・販売の両収入を 100 とした割合でみると，アメリカは広告 85：販売 15，ヨーロッパでは同じく 65：35 程度である．いわば近代性の最先端にいる国ぐにでは，メディアにおける広告の重要性が高く，したがって広告収入の比率も高くなる現象がみられる．日本の場合，現在は 60：40 ほどで，販売の割合が拡大している．しかし，それは販売の増収によるものでなく，長期の景気低迷で広告が打撃を受けて縮小傾向にあるためである．

その他収入は，広告，販売以外の営業収入であり，出版，データベース，インターネット，サブメディア等々もろもろの事業からの収入が含まれる．昔から新聞社は，事業の多角化・多様化によって，この部門を第 3 の収入源に育てていこうとしているが，なかなか 3 本柱といえるまでには成長しない．しかし，額こそ小さいものの，販売，広告に比べて，基調としては安定的な増勢にあり，販売収入と並んで，広告収入の落ち込みを埋め合わせる機能を果たしている．

費用構造　同じく前出の「経営動向調査」によると，営業費用は「用紙費」「人件費」「資材費」「経費」の 4 つの費目があり，このうち「経費」のウエート（54.4％）がもっとも大きい．「経費」には「制作経費」「営業経費」「一般管理費」など額の大きな費目が含まれる．ここでは便宜のために，「経費」の細目も独立させて，営業費用全体に対する構成比率をみることにする．すると，構成比率の大きさは，「人件費」28.3％，「営業経費」23.7％，「制作経費」22.0％，「用紙費」15.5％，「一般管理費」8.7％，「資材費」1.9％の順になる（2002 年データ）．

「人件費」は高度成長期に大きく伸び，それ以来常に最大のウエートを占め，95 年まで 30％台を割り込むことはなかった．それが 96 年に初めて 30％を切り，98 年以降は対前年比で減少を記録するようになった．こうした変化を生み出す要因である従業員数はバブル崩壊後の 1991 年にピークの 6 万 5,444 人に達し，それ以降リストラ制によって，年々減少してきている．印刷工場の別会社化によって，制作部門の人員減がいちじるしい．

「営業経費」はほとんどが販売と広告の収入を得るための経費である．戦後長い間，小幅な増加にとどまっていたが，80年代からいちじるしい上昇を示しはじめた．90年代は，伸び率は縮小しているものの，構成比率はやや拡大する傾向にあり，依然大きな比率を保っている．

「制作経費」は，伸び率でいえば，各費目の中でもっとも急激である．不況下の中でも，新聞各社は，新工場の建設，システムの更改，記者組み版の導入，カラー化への対応などかなり高水準の設備投資を実施してきた．それらの制作技術面での対応が経費の大幅な増加となって現れている．また，工場の別会社化による外注経費もここに含まれている．

「用紙費」は，「制作経費」とは逆に減少率がもっとも大きい．ことに98年からは5年連続で低下し，構成比率も15％台にまで下がった．「資材費」も，減少こそしていないが，ほとんど変動はない．「一般管理費」もわずかではあるが減少している．

以上を整理すると，この10年間，とくに97〜98年あたりから「人件費」「一般管理費」「用紙費」「資材費」などの費用が厳しく押さえ込まれてきた一方，「営業経費」「制作経費」といった新聞社のオペレーションを支える部門の費用が増加している．この費用構造の変化に，新聞社がここのところ進めてきたリストラと工場の本体からの分離という施策の結果が現れている．それはもちろん収入部門の情勢悪化に対する政策であるが，同時に，ギリギリ必要なものにだけ，競争力を駆動させうるものだけに費用を投下してきたことの反映でもある．

§4 新聞産業の今日的課題

現在の新聞産業は，市場の飽和化/産業の成熟化という厳しい条件のもとに置かれている．世界でトップクラスの普及率を誇ることから分かるように，日本の新聞市場は全体としてみれば飽和状態にあり，すでに高い成長率を期待しにくい成熟段階にある．もともとこうした条件が形成されていたところに，90

年代初頭から景気の長期低迷というもうひとつの条件が重なり，新聞産業は厳しい環境のもとで苦戦を強いられている．

　販　売　日本の新聞販売は戸別配達制度を基本として成り立っている．戸別配達制度そのものはアメリカや北欧でも発達しているが，配達業者は独立した第三者の組織であったり，新聞社の共同出資による販売組織であったりする．それに対して，日本の場合は，新聞社がそれぞれ独自に専売店による流通チャネルを組織しているのが特徴である．

　専売店とは，たとえば朝日新聞社の専売店なら，朝日新聞かその系統の英字紙やスポーツ紙だけを扱う販売店である．そのほか販売店には系統紙以外にも複数紙を扱う「複合専売店」，原則としてすべての新聞を扱う「合売店」がある．販売店は，新聞社ごとにひとつの地域に1店だけ配置され，その地域の配達，集金，拡張などいっさいの業務を発行本社から委託されている．これを「クローズド・テリトリー制」というが，このシステムにおいては，テリトリー内で同じ系統の販売店と競合する心配がない代わりに，他紙の販売店を相手に1人でも多くの読者を獲得することが期待されている．販売店とすれば，テリトリー内で読者を増やす以外に自店の存続をはかる道はないわけで，そこから必然的に読者獲得競争は熾烈をきわめる．

　この構造は，日本の新聞販売の現場においては，細かく仕切られた競争空間でいくつかの販売店による密度の高い熾烈な競争が常に展開されていることをイメージさせる．そこに投下されている資源は，販売店数が約2万2,000店，従業員総数は46万人にものぼる．

　日本の新聞発行部数は，こうした販売競争の集約性の高さを原動力とし，世界の最高クラスに位置している．世界新聞協会（WAN）の2002年発表データによると，世界の第1位は中国の1億1,781万部だが，日本はこれに次いで7,169万部（朝夕刊の合計部数）で第2位にランクされ，第3位には5,557万部のアメリカが入っている．大人1,000人あたり部数でみた普及率では，第1位がノルウェーの705.5部で，第2位が日本の664.0部，第3位がフィンランド

の543.9部となっている。日本は世界に冠たる新聞王国である。

それでは日本の新聞販売は安泰なのかといえば，そうはいいきれない。むしろ将来の展望に不安を抱かせるような難問が浮上してきている。第1に発行部数の低迷，第2に若年層の新聞離れ，第3に再販制度をめぐる公正取引委員会との攻防——などである。新聞界は，販売の分野では，これらの問題の解決を迫られている。

<u>部数減，若者の新聞離れ，再販問題</u>　第1は，日本にもついに部数の低落現象が起こるようになっている（図III－1）。発行部数の世界的な動向として，先進国の多くが部数の停滞に苦しむ一方，発展途上国では部数が伸びるという傾向がみられる。アメリカの10数年来の部数の減少や中国の驚異的部数増はその典型的な事例である。そうした中で日本は代表的な先進国でありながら，しばらく前までは微増とはいいながら部数の増加が続いていた特異な存在であった。しかし，その日本の発行部数も近年はいちじるしく伸び悩み，先進国的状況に悩まされている。2002年10月現在の総発行部数は5,319万8,444部（朝夕刊を1部として計算），前年比0.9％減で，2000年から3年連続の減少となった。これ以前の前年比マイナスは，83年，92年，98年にいずれも0.2％減

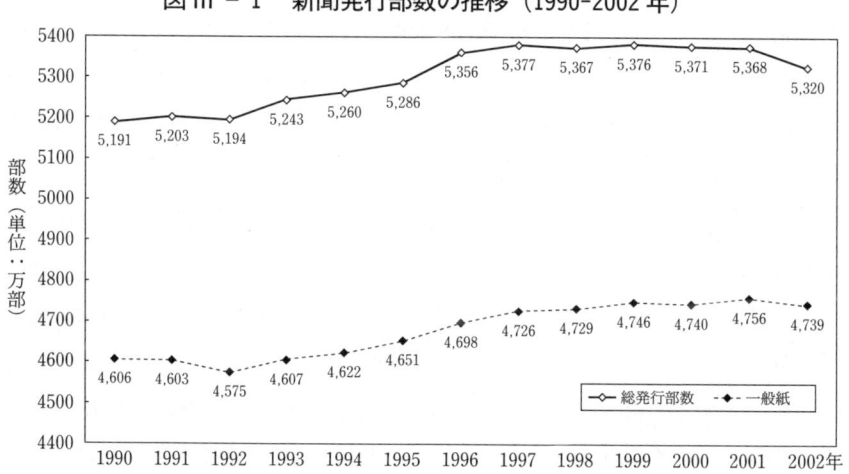

図III－1　新聞発行部数の推移（1990-2002年）

年	総発行部数	一般紙
1990	5,191	4,606
1991	5,203	4,603
1992	5,194	4,575
1993	5,243	4,607
1994	5,260	4,622
1995	5,286	4,651
1996	5,356	4,698
1997	5,377	4,726
1998	5,367	4,729
1999	5,376	4,746
2000	5,371	4,740
2001	5,368	4,756
2002	5,320	4,739

部数（単位：万部）

となったケースがあるが，2年以上にわたる減率は今回が初めてである．

第2に，若い世代に新聞が読まれないようになっている．これも先進国においては共通の現象であり，どこの国でも若者と新聞との結びつきが薄いものになっていく現実に頭を痛めている．日本では，新聞協会が実施した「新聞の評価に関する読者調査」(2003年)の結果が，若い世代に広がる新聞離れを描き出している．それは，30代以前の世代と40代以降の世代との間に，「必要度」「信頼度」「愛着度」「親近度」の4つの項目で明確な評価の差があることを指摘する．いうまでもなく30代以前において評価は低く，40代以降において高いという結果である．この事実は，現在の時点では，若年層の新聞離れという問題として現れているが，真の問題性は，たとえば10年後にいまの30代が40代になったときに，いまの40代と同じように新聞を評価してくれるかどうかという点にある．問題となる世代が年を追って40代，50代へと移っていく可能性はある．現在の構造が世代的に推移していくと同時に，10年後，20年後には，若年世代は新聞に対して現在よりさらに低い評価を下すようになるかもしれない．

第3に，制度的側面で新聞販売の根幹を揺るがす大きな問題が継続している．独占禁止法第24条は，製造業者などの売り手がその商品の販売業者に指定した価格で販売するようにさせる契約を禁止しているが，第2項で，指定の商品に対してこの原則の適用を除外している．指定の商品には「著作物」が入っていて，新聞もこの中に含まれる．これによって，製造業者である新聞社は販売業者である販売店と指定の価格で新聞を売るようにさせる契約が結べることになる．新聞社はすべて販売店と再販売契約を結び，都市部であろうと，山間僻地や離島であろうと全国どこでも同一商品・同一価格の体制を維持している．

ところが，1990年代前半の構造改革や規制緩和の流れの中で，再販制度の妥当性に疑問を呈する動きが出てきた．1992年に公正取引委員会が総合的な検討に着手する方針を打ち出し，94年には政府の行政改革推進本部が5年以内に原則廃止する観点から見直しを行うと表明したのである．新聞界は，これ

らの動きに対して，再販売価格維持制度の廃止は，①値引き競争の横行，消費者利益を無視した販売行為の横行・激化，テリトリー制の破綻などをもたらし，乱売合戦を招来する，②これまで行われてきた新聞発行の計画的・合理的運営を損ない，新聞本来の競争局面である紙面・編集の品質へも悪影響を及ぼし，ついには新聞の独立を危うくする——などと反論してきた．結局，公正取引委員会は，2001年3月に「競争政策の観点からは廃止するべきだが，当面は存置することが相当」との結論を出した．新聞界にとっての10年戦争は，いわば現状維持でいったん終息したが，公取委は廃止の意図を捨てたわけではない．火種は今もくすぶっていて，先行きの不安の源になっている．

　広　告　　現代の新聞にとって広告の占める役割はきわめて大きい．その理由は，広告収入が販売収入と並ぶ2大収入源になっていることにだけあるのではない．新聞社の業績の良し悪しが広告によって決まるようになってきているからでもある．販売収入が横ばいで推移し，その他収入が増加しているとはいえ額は少ない中で，広告収入だけが業績の変動要因として突出せざるをえないメカニズムが形成されつつある．つまり，最近の新聞経営は広告収入が落ち込むと全体の売上高も落ち込み，その連動性が緊密になっている．

　したがって，広告がどう業績をあげていくかは経営上の最重要課題である．しかし，現在，新聞広告は，第1にかつてない新聞広告不況，第2にメディアの多様化，第3に新聞広告に関するデータへの要求の高まり——など難題に当面し，経営の期待に十分こたえることができない状況にある．その概略を次にみておこう．

　新聞広告の不振と多メディア化　　第1に，新聞広告費は，65年のオリンピック不況による減少以来26年にわたって右肩上がりの成長を続けてきたが，91年にバブル崩壊を契機とする前年割れを記録し，それ以降今日まで長期の後退局面にある（図Ⅲ-2）．今回の新聞広告不況が"かつてない"といわれるのは，低迷の期間が長いだけでなく，むしろその深さにある．先に収支構造の項で触れたように広告は景気や部数の動向と連動性をもっているが，それが

いちじるしくマイナスの方向に増幅される傾向が現れるようになっている。かつては，景気が悪くなれば広告も悪化し，景気が好転すれば広告も回復した。しかし，この10年強の間の動向は，経済成長率が3回（93年，98年，01年）のマイナスなのに，新聞広告費は7回（91年，92年，93年，98年，99年，01年，02年）もの減少を記録し，景況の悪化が増幅されている。

一方，部数との連動性では，90年を100とする指数でみれば，部数は曲がりなりにも102.5と伸びている。ところが，新聞広告費は同じ期間に79.8と減少し，いまだに長いトンネルを抜け出せない。これまで部数の増加は，広告媒体としての価値の増大につながり，広告収入の拡大につながると考えられてきた。しかし，今回の長期不況はこの連動性を弱めてしまった。景気にしろ，新聞の販売にしろ，それらが停滞していることはいうまでもないが，しかし，その停滞傾向を上回るモメンタム（運動量）をもった下降現象が起こっている。このことは媒体評価において，広告主が景況への対応や部数とは別の基準によって価値判断する度合いが強くなっていることを示している。

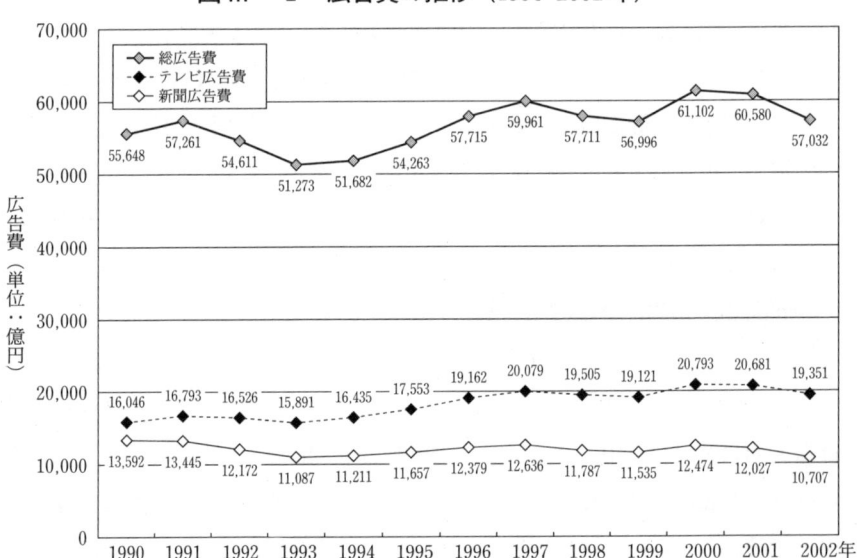

図III-2　広告費の推移（1990-2002年）

第2に，新聞広告は新たなメディアの出現によってシェアを浸食され，相対的なウエートを低下させてきた．その象徴的な事例は，1975年に広告シェアトップの座をテレビに奪われたことだが，それ以降も新聞広告は競争優位を失いつつある．今回の長期不況によって他の媒体も大きな打撃を受けているが，結果的には総広告費，マスコミ4媒体，テレビ，雑誌，セールス・プロモーション，衛星関連，インターネットは伸び，新聞とラジオだけが低迷から抜け出せなかった．それだけでなく他メディアの増加分のほとんどが新聞広告の減少分に相当する結果になった．新聞広告が他のメディアの浸食にさらされている現実が浮き彫りにされている．テレビとの格差も開く一方で，構成比率でいえば，1990年当時，新聞24.4％，テレビ28.8％だったのが，2002年には新聞18.8％，テレビ33.9％と大きな差がついた．一方，新聞広告と直接競合する可能性の高いインターネット広告が今後ますます拡大していくことは疑いようのない事実だ．このように現在のメディア多様化の環境下で，新聞は広告媒体としての存在感が薄れている．それは媒体評価や媒体選択において，新聞広告が限界的な位置に置かれていることを疑わせる．

広告データへのニーズ　第3に，新聞広告の効果に関するデータを求める声が依然として強い．新聞媒体の価値は部数の規模に裏打ちされている．少なくとも媒体価値を測る尺度として部数がもっとも大きな役割をもってきたことは確かである．しかし，それだけでは高度成長期を経て企業のマーケティングが細分化・多様化してきた状況には対応できなくなっている．したがって，広告主側から新聞の読者や広告効果に関するデータが不足しているとの批判がしばしば寄せられる．これに対して，新聞側は新聞協会や個々の新聞社の実施する調査を通じて得られたデータを公表するようになった．ひところに比べて新聞界の広告データに関する意識は相当改善され，多くの詳細なデータが提供されているが，それでも広告主の批判は止むことはなく不満は強い．

その批判の根底には，メディアの広告データのひとつのモデルとして，テレビの視聴率調査が想定され，それに匹敵するようなデータが新聞にはないでは

ないかという不満が横たわっている．現在の新聞社の広告データに比べた場合，視聴率調査の特徴は，①すべてのCMについての視聴率が日，週，月などの単位で報告される，②調査が第三者機関によって実施されている——などにある．いまのところ日本はもちろん世界をみても，新聞界がここまでの広告データの提供を行っている国はない．しかし，それに近づこうとする動きはある．アメリカでは，ABC（新聞雑誌部数公査機関）が，部数だけでなく，新聞社の読者や契約者のデモグラフィックデータを公査・認証するシステムがあるし，NAA（米国新聞協会）は年2回，閲読率データを提供する．ABCの読者調査の認証は新聞界が求めて始められたものであり，NAAの閲読率データ提供とともに，新しい媒体評価の尺度を制度的に保証しようとする試みである．広告データをめぐる問題の本質はここにあるように思われる．

§5　新聞産業の展望

メディアの融合　ここまでみてきたように，飽和市場/成熟産業，長期不況という二重の条件は，新聞産業にかつてない試練を課してきた．それが経営の2本柱である販売と広告の長期にわたる停滞であり，その結果としてもたらされた新聞産業の存在感の希薄化である．しかし，紙の新聞がそうした試練を受けていたこの10年間，一方ではインターネットが瞬く間に全世界に普及するという新しい事態も起こっていた．二重の条件のもとで苦戦を強いられている新聞社にとって，インターネットは苦難であるとともに好機でもあった．それがどちらに転がるかは，新聞社がこの新しいメディアにどう取り組んでいくかにかかっている．

　新聞社にとって，インターネットは，〈デジタル化されたメディア〉と〈ネットワークされたコンピューター〉という2つの顔を持っている．それは，モノとして存在する紙の世界を離れることと，オーディエンスと1対1で結びつけられることとを意味する．デジタル化によってメディアは活字，音声，映像などに分かれていたそれぞれのメディアの融合という可能性を手にし，ネット

図Ⅲ-3　メディアの融合

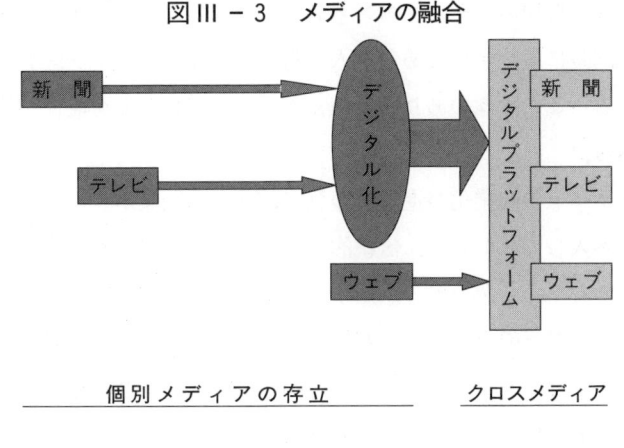

　　　個別メディアの存立　　　　クロスメディア

（橋本直作成）

ワーク化によってオーディエンスの個別認識と双方向コミュニケーションという展望を開くことができる．ここから生まれてくる新しいメディアはそれまでのメディアとはかなり違ったメディアになる．

　メディアの融合は，経営的レベルでいえば，ひとつの企業が新聞，テレビ，ウェブサイトを同時に所有・運営することをいう（図Ⅲ-3）．日本ではかねてから総合情報産業や複合情報機関などという言い方がされてきた．しかし，メディア融合では伝達する情報（コンテンツ）と人的資源（記者，編集者など）の融合も構想されている．アメリカの新聞界では，これからの生き残り戦略として，テレビ局を買収し，新聞・ウェブサイトと併せて統合的に3つのメディアを運営していく戦略が大きく浮上している．それは将来展望というより切実な産業的要請に迫られた現実的課題として語られ，すでに実施に移す社も出ている．日本でも，将来的には経営戦略上，有望な選択肢と目されている．

　オーディエンスの個別認識と双方向コミュニケーションは，これまでの紙の新聞が自己規定してきたマス媒体としての特質に加えて，ピア・トゥ・ピア（新聞社から個別利用者へ/個別利用者から新聞社へ）の情報や広告の提供，それに対する利用者の反応の取得などを可能にする．インターネットによって，新聞は，

これまでにない規模のオーディエンスを対象とするマスメディアであることもできるし，同時に最小単位である個人を対象とするターゲットメディアであることもできる．この両様のあり方を備えたメディアになる可能性が新聞の前に開かれている．

インターネットの商業化が進むにつれて，多くの企業がウェブサイトを利用した事業へ参入してきている．伝統的メディアが行ってきたニュースや情報の提供はもっとも早く企業の参入が始まった分野である．それによって新聞産業は新規参入事業者と競合する局面が一挙に拡大した．伝統メディアの世界の競争者であるテレビ，ラジオ，雑誌などばかりでなく，アメリカ・オンライン，マイクロソフト，Yahoo！などのポータルサイト，自動車，不動産，求人といった案内広告の事業者など新しい競争者を相手にすることになった．その半面，新聞は未開拓の広大な競争領域を与えられたことにもなる．インターネットは飽和市場/成熟産業の内部で苦しむ新聞にとってけっして新たな苦難ではなく，現在の苦境を打開する好機なのである．

(橋本　直)

参考文献
桂　敬一『現代の新聞』岩波書店　1990 年
A・チャンドラー著，安部悦生ほか訳『スケール・アンド・スコープ』有斐閣　1993 年
反田良雄『新聞経営』経済往来社　1979 年
林　立雄『寡占・日本の新聞産業』渓水社　2002 年
David Croteau, William Hoynes, *The Business of Media,* Pine Forge Press, 2001.

IV 新聞ジャーナリズムの課題

§1　新聞ジャーナリズムへの風圧

　<u>平成の3大誤報</u>　1989（平成元）年は日本の新聞戦後史の中でも，特記されるべき年であった．「平成の3大誤報」といわれる3つの不祥事が，3大紙で相次いで起こったからである．この3大誤報は，新聞界では「朝日サンゴ・毎日グリコ・読売アジト」と，まるで語呂合わせのように語り継がれているが，この3大誤報によって，その数年前から高まっていた新聞ジャーナリズムへの批判の風圧がこの年，一気に加速されたのである．

　89年は昭和天皇が逝去して，「平成」と元号が変わった年だが，その前年の秋，昭和天皇の病状が悪化して以降，89年2月の「大葬の礼」に至る間の，大がかりな画一化された「天皇報道」に対する批判が噴き出し始めた直後に，3大誤報の皮切りとなった朝日サンゴ事件が起こった．

　89年4月20日付朝日新聞夕刊の第1面に「サンゴを汚したK・Yってだれだ」という見出しで，沖縄・西表島（いりおもてじま）の巨大なアザミサンゴに「K・Y」と落書きされたカラーの海中写真が大きく掲載された．写真を主体

とする地球環境問題キャンペーンの連載企画のひとつで，強いインパクトを持つこの写真には，心ない自然破壊を厳しく糾弾する説明記事がついていた．

ところが地元ダイバーの抗議により，サンゴの傷は取材した朝日新聞のカメラマンが自分で彫ってつけたもので，捏造写真であることが判明した．朝日新聞は初めは「取材に行き過ぎがあった」としただけで，率直に捏造を認めようとしなかった同社の不誠実な対応が，結局は社長の辞任にまで発展した．朝日サンゴ事件は正確にいえば「誤報」ではなく「虚報」，つまり過失ではなく故意による，でっち上げだったが，90年代へ引き続く新聞ジャーナリズムに対する人びとの不信感を拡大する発火点となったのである．

誤報を認めたがらぬ体質　朝日サンゴ事件が社長辞任でひとまず終息した直後の6月1日，今度は毎日新聞が大誤報を引き起こした．同日付毎日新聞夕刊は1面トップ，2段ブチ抜きの横凸版で「グリコ事件　犯人取り調べ」と報じ，社会面でも「劇場犯罪　ついに」と，1面と同じように2段ブチ抜きの横凸版を張った．5年余り，世間を大きく騒がせた「グリコ・森永事件」解決の大特ダネとの意気込みが躍る，センセーショナルな紙面展開だった．

ところが，この「大特ダネ」は，取材記者の思い込みとそれを厳しくチェックできなかった社会部や整理部デスクのミスが重なった，まったくの誤報，というより虚報だったのである．毎日新聞は6月10日付朝刊に「『グリコ事件』本社の報道について」と題する特集を組み，「行き過ぎ紙面を自戒」という東京本社編集局長の釈明を掲載した．この釈明では「行き過ぎ」という言葉が使われ，「誤報」という言葉は使われていなかった．しかし，この報道は明らかに誤報であり，限りなく虚報に近い．「誤報」と率直に認めなかった苦しい釈明が，逆に読者の新聞不信を増幅する結果となった．

そして2ヵ月余り後，まるで朝日，毎日の大誤報を追いかけるように，読売新聞でも大誤報が起きた．88年から89年にかけて東京・埼玉で発生した連続幼女誘拐殺人事件をめぐって激烈な報道合戦が展開されていた．宮崎勤容疑者の逮捕でその過剰報道がピークに達していたとき，89年8月17日付読売新聞

IV　新聞ジャーナリズムの課題　51

夕刊1面トップは「宮崎のアジト発見」「3幼女殺害の物証，多数押収」「小峰峠の廃屋」などと報じた．

　しかし，捜査当局はただちに公式の記者会見でこれを全面否定，読売新聞は翌日の朝刊で捜査当局が自社の報道をすべて否定したことを伝えるとともに，「取材，記事作成段階での事実確認の甘さや誤解，記述の行き過ぎがありました」という「おわび」を掲載した．この報道は「誤報」ではなく完全な捏造，虚報だったのだが，誤報を認めたがらない日本の新聞の体質がこの「おわび」にもにじみ出ている．

　日本を代表する3大紙で続発したこれらの不祥事は，「平成の3大虚報」と呼んだ方が正しいのかもしれない．

　調査報道の停滞　1970年代，アメリカでは現職大統領を辞任に追い込んだウォーターゲート事件を頂点とした調査報道の黄金時代だった．それから十数年後の80年代後半になり，日本の新聞界でも政界を大きく揺るがせたリクルート事件により，調査報道が華やかなフットライトを浴びた．しかし，日米両国とも新聞業界を広く覆い始めた経営第一主義が災いして，時間や費用のかかる調査報道は大きく後退，その後目立った成果をあげていない．日本の場合でいえば，2000年秋の「旧石器発掘捏造」をめぐる毎日新聞のスクープが，本格的な調査報道として挙げることができる数少ないケースである．

　そもそも調査報道とは何か．「当局の発表に依存して記事を書くのではなく，記者が自らの足で調査して，真実に肉薄しようとするやり方．単に秘密文書をすっぱ抜くといった特ダネ報道ではなく，徹底的な調査取材によって，事件の全体像を構築する」(柳田邦男)という"定義"が分かりやすい．

　日本における調査報道の皮切りは，74年11月号の『文藝春秋』に掲載された立花隆の「田中角栄研究―その金脈と人脈」である．これは米ワシントン・ポスト紙のウォーターゲート事件報道に触発されたものではあったけれど，立花自身が認めているように，雑誌ジャーナリズムならではの「一発ノックアウト型」の大仕事だったのである．

これに対し朝日新聞のリクルート事件報道は，地道な事実の積み重ねによって事件の全体像に迫るという，「ワシントン・ポスト型」の典型的な調査報道であった．このあと，「首相の犯罪」といわれたロッキード事件をはじめ，ダグラス・グラマン事件，鉄道建設公団事件，KDD事件などでも新聞ジャーナリズムによる調査報道が展開されたが，それらは大量動員方式による独自調査と当局情報をミックスさせた，いわゆる「日本型調査報道」[2]であった．

日本で調査報道が注目された理由は，70年代から顕著になってきた「発表ジャーナリズム」の傾向がその後ますます強まったことに対する反省からであった．しかしながら，バブル経済がはじけ，新聞業界が長い不況期に入ってからは，時間や費用のかかる調査報道はすっかり停滞，むしろ逆に発表ジャーナリズムが幅を利かせているというのが現状である．こうした「調査報道軽視」の傾向に対する批判が，新聞ジャーナリズムへの風圧の底流として，かなりの部分を占めていると思われる．

記者会見の衰弱　イラクへの自衛隊派遣について小泉純一郎首相が初めて国民の前に見解を明らかにした記者会見が2003年12月9日に行われた．約30分間の会見の模様をテレビ中継で見た人は，「なんと生ぬるい記者会見か」とあきれたに違いない．記者会見というものがいま，どのように行われているか，これほどはっきり示したケースはそうはない．のちに「海外派兵」を追認した「歴史的な記者会見」と位置づけられるかもしれない．

「それにしても，記者会見とはいったい何だろうか，と，テレビ中継を見ながら，あらためて疑問を抱かざるを得なかった」とジャーナリストの田原総一朗は『週刊朝日』のコラムで，同業者であり仲間である新聞・テレビの記者たちに苦言を呈している[3]．

1年に数回しか行われない首相の記者会見は，田原の指摘を待つまでもなく，「首相との真剣勝負の場」である．この日の記者会見は，自衛隊のイラク派遣について，国民が小泉首相の生の説明を聞ける唯一の場であり，多くの国民が注視していただけに，その"生ぬるさ"がいっそう際立ったのである．

IV 新聞ジャーナリズムの課題 53

　小泉首相は憲法前文を引用して,「日本国の理念,国家の意思,日本国民の精神が試されている」と力説,あたかも憲法に則った行動であるかのように強調したが,戦争の放棄を規定した憲法第9条には一言も触れなかった.この首相の冒頭発言に対して,記者団からの質問は迫力がなく,「小泉首相は体を張っているのに,記者諸君は全く体を張っていない」(田原)と言われても仕方のないありさまだった.

　「何より理解できなかったのは,各質問者が1回問うただけで,小泉首相がそれに答えると,だれ一人,再質問をしなかったことだ.再質問しないということは,首相の説明で納得したことになる.なぜ,だれ一人,異議申し立てをする記者がいなかったのか」と,田原は厳しく問い詰めている.記者団から,なぜ二の矢,三の矢が放たれないのか.ジャーナリズムの衰弱ぶりを無残にも国民の前にさらけ出した不様な記者会見だった.

　同じような「生ぬるさ」は,石原慎太郎東京都知事の会見でも見られる.石原知事の場合は,小泉首相よりずっと頻繁に記者会見が行われるが,その全容が伝えられるのは,東京メトロポリタンテレビジョン以外はまずないので,その実態はあまり知られていない.実際は小泉首相の会見より,もっと「おとなしい記者会見」「なめられ放しの記者会見」のようである.

　実際の記者会見の場では,いまなお主導権を握っているはずの新聞記者が,「真剣勝負の場」でこのような体たらくを続けていたら,新聞ジャーナリズムへの風圧はますます強まるだろう.

§2　新聞ジャーナリズムの対応

　報道被害の顕在化　　新聞ジャーナリズムに対する風圧の高まりは,誤報・虚報の続発や調査報道の停滞,あるいは記者会見の無力さだけにその原因があるわけではない.とりわけ1980年代後半から年々高まってきた「報道被害」[4]に対する糾弾の動きは,報道界にとって避けては通れない問題を突きつけた.こうした報道被害の顕在化こそ,実は新聞ジャーナリズムの構造変換を意味し

ていたのである．

　まず簡単に報道被害を説明しておこう．報道被害の問題は犯罪・事件報道の中で，容疑者に対する人権侵害問題として提起された．これに対して報道界では，呼び捨て報道をやめ，「容疑者」という呼称を導入するなど，報道被害の軽減をはかる新しい報道スタイルを取り入れた．ところが，報道被害の問題はこれだけでは収まらず，新たにメディア・スクラム（集団的過熱取材＝第Ⅲ章参照）など，被害者・関係者に対する人権・プライバシー侵害の問題としてクローズアップされてきた．

　ジャーナリズムの主要な役割のひとつは，権力の監視・権力との対決であり，構図としては「ジャーナリズム VS 権力」であり，さらにいえば「ジャーナリズム＋市民 VS 権力」という対決関係と要約できるだろう．しかし報道被害への非難が高まるにつれ，ジャーナリズム・市民・権力の3者の関係は，これまでの2極構造から，ジャーナリズムが市民と権力から挟撃されるという3極構造に大きく変わってきたのである．

　ジャーナリズムの「長兄」として，権力の監視・権力との対決という役割を中心的に担ってきたのは，新聞ジャーナリズムである．それは市民・読者との連帯の上に成り立っていたのだが，いまや新聞は市民・読者から敵視されるような存在になったばかりではなく，場合によっては「ジャーナリズム VS 権力＋市民」という新しい2極構造すら生まれている．

　新・新聞倫理綱領の制定　こうした厳しい状況に追い込まれた新聞界としてとった対応策のひとつが，新しい新聞倫理綱領の制定である．[5]

　日本の新聞界は連合軍総司令部（GHQ）の主導により1946年7月，社団法人・日本新聞協会を設立するとともに，「新聞の自由」など7項目からなる新聞倫理綱領を制定，同綱領を民主国家再建へ向けて再出発する新聞界の規範として打ち出した．その後半世紀近く，ごく部分的な補正が1回行われただけだったが，日本新聞協会は21世紀を迎えるにあたり，多メディア時代の到来をふまえて1999年11月からその見直し作業を始めた．

中心メンバーだった中馬清福によると，その時期はメディア・スクラムへの怒りがピークに達しようとしているときで，中馬は「これほど市民とメディアの間で悶着が起きるのは，メディアの人権意識に問題があるからだ．彼らの自主性にまかせていては，報道被害は解消できない．——非難の波は高まるばかりだった」と述べている．[6]

見直し作業の結果，2000年6月，46年制定の旧綱領の基本精神を継承しつつ，①自由と責任，②正確と公正，③独立と寛容，④人権の尊重，⑤品格と節度，の5項目を柱とする新しい新聞倫理綱領を制定した．旧綱領には「個人の名誉」への配慮はあったものの，「人権擁護」の文言は一切なかった．これに対し新綱領では「人権の尊重」の項を独立させた点が注目された．

同項は「新聞は人間の尊厳に最高の敬意を払い，個人の名誉を重んじプライバシーに配慮する．報道を誤ったときはすみやかに訂正し，正当な理由もなく相手を傷つけたと判断したときは，反論の機会を提供するなど，適切な措置を講じる」と規定している．新綱領がこのように「人権の尊重」を強調している背景には，深刻化しつつあった報道被害に対する厳しい反省があったと思われる．

とはいえ，新しい新聞倫理綱領が制定されたからといって，報道被害が目に見えて減ったわけではもちろんない．「書かれる側」の人権意識の高まりに伴い，報道被害への対応は新聞ジャーナリズムにとって，より重要な課題となっているといえよう．

メディア規制の動き　報道被害の顕在化とともに新聞を含めたマスメディア全体に対する市民の批判が強まり，それに乗じたような形で政府・与党の中からメディアを法的に規制しようとする動きが高まってきた（第XV章参照）．

そのひとつは，人権擁護法案である．法務省は従来の同和対策に代わる新たな人権救済制度のあり方を検討するため人権擁護推進審議会を設置，同審議会は2001年5月にまとめた答申の中で，人権侵害の類型として，「差別」「虐待」「公権力による人権侵害」に加えて「メディアによる人権侵害」を挙げた．こ

れを受けて政府は02年3月,人権擁護法案を国会に提出したが,03年10月の衆院解散により廃案となった.法務省は人権問題への新聞・放送界の自主的な取り組みをふまえ,修正を検討した上で国会再提出を目指している.

メディア規制をめぐって論議を呼んだもうひとつの動きは,個人情報保護法である.住民基本台帳法改正に伴って,個人情報保護法の制定へ向けて政府としての検討が始まったのは99年7月からである.01年3月に国会に提出された当初案は審議未了でいったん廃案となったものの,03年3月に一部修正案が再提出され,同年5月に成立した.

当初の政府案は,個人情報に関して民間分野に初めて法の網をかけるもので,①利用目的による制限,②適正な方法による取得,③透明性の確保など5項目の「基本原則」を掲げた.このため新聞・放送・出版界はこぞって「報道分野の個人情報は法の対象外に」と主張するとともに,「表現の自由,取材・報道の自由を侵害する法案」として反対声明などを公表して,廃案あるいは抜本的見直しを求めた.

こうした情勢の中で02年4月末,個人情報保護法案の国会審議が始まったが,その直後の同年5月12日,読売新聞社は同法案および人権擁護法案の修正試案を発表した.読売試案は政府案の枠組みを維持しつつ部分的な修正を提言しており,あわせて「欠陥を是正して成立をめざせ」と題する社説を掲載した.

当時,同社の渡邉恒雄社長は日本新聞協会会長であり,新聞協会は個人情報保護法案については検討段階から法案提出に至る間,再三にわたり反対の意向を表明,国会の審議入りの際には「報道機関の死活にかかわり断固反対」との緊急声明を出したばかりだった.それだけに政府案にすり寄った形の,読売新聞の突然の路線変更は報道界の強い反発を招いた.

03年に再提出された修正案は,報道の自由とプライバシー保護との両立を考慮したとして,「基本原則」を削除し,代わって「個人情報は,個人の人格尊重の理念の下に慎重に取り扱われるべきものであることにかんがみ,その適

正な取り扱いが図られなければならない」とする「基本理念」（第3条）を明記し，適用除外（50条）を「報道を業として行う個人」「著述を業として行う者」にも拡大した．その結果，政府修正案は読売試案よりもメディア規制色を弱めたものとなっている．

人権擁護法案や個人情報保護法のほか，裁判員制度の導入に伴う報道規制の問題もクローズアップされている．また自民党が議員立法で国会提出を検討している青少年2法案[7]も，メディア規制立法として放送界や映画界から撤回を求める声が上がっている．

「人権の救済」「個人情報の保護」「青少年の健全育成」という，ジャーナリズムとしては正面から反対しにくい名目を盾にして，公権力によるメディア規制・表現規制立法が着々と進んでいる．

<u>第三者機関の設置</u>　こうした相次ぐ政府・与党のメディア規制の動きに対抗するとともに，新・新聞倫理綱領の「人権の尊重」を具体化するものとして，新聞界が取り組んでいるのは，誤報や行き過ぎた取材・報道による人権・プライバシー侵害などの苦情に対応，救済するための，いわゆる「第三者機関」の設置である．

新聞界に先駆けて，苦情対応の自主的な第三者機関を設置したのは放送界であった．97年5月，NHKと日本民間放送連盟は，共同運営による「放送と人権等権利に関する委員会機構」（BRO）を設立した．BROの主な目的は，放送番組によって人権などの侵害を受けたという視聴者からの申し立てを「放送と人権等権利に関する委員会」（BRC）が審理し，放送事業者に対し「勧告」や「見解」を示し，弱い立場にある視聴者を救済すること，とされている．BRCの委員は放送事業者およびその関係者を除く学識経験者ら第三者で構成されており，それによって委員会の判断に客観性を持たせている．

しかしBROは放送界が初めから積極的に設置したものではなく，「放送被害者」の声をバックにした郵政省（現総務省）の要請に押し切られた形で，しぶしぶ設立したというのが実情である．

03年7月，BROと放送番組向上協議会を統合，放送界の自主自律機関として「放送倫理・番組向上機構」(BPO，略称＝放送倫理機構)が発足した[8]．新機構の目的は「放送への苦情，とくに人権や青少年と放送の問題に対して，自主的に，独立した第三者の立場から迅速，的確に対応し，正確な放送と放送倫理の高揚に寄与すること」とされている．BPOは，従来から活動してきたBRCのほか，「放送と青少年に関する委員会」と「放送番組委員会」の3つの委員会を運営している．

一方，新聞界が「書かれる側」の人権救済に真剣に乗り出したのは，放送界よりも3年以上も遅かった．2000年10月，毎日新聞社は第三者機関として社外の5人の委員による「『開かれた新聞』委員会」をスタートさせた．それが新聞界の第1号となり，翌01年に入ると，朝日新聞社の「報道と人権委員会」，東京新聞(中日新聞社)の「新聞報道のあり方委員会」のほか，地方紙の中にも下野新聞社，新潟日報社などが相次いで同様の組織を設置した．その後，第三者機関を置く新聞社はさらに広がり，04年1月現在，34社に達している．

これらの組織の役割は新聞社によって異なっているが，共通している点は，委嘱された委員はすべて社外の有識者であること，つまり，いずれも第三者機関としての枠組みを明確にしている点が，従来の新聞社の読者対応・苦情対応とは大きく異なっている．

第三者機関の役割　では，新聞社の第三者機関とはどんな役割を担っているのか．皮切りとなった毎日新聞社のケースをみてみよう．同社の「開かれた新聞」委員会は以下の3つの役割を担っている．

① 人権侵害の監視＝記事によって当事者から人権侵害の苦情や意見が社に寄せられた際，社の対応に対する見解を示し，これを読者に公表する．

② 紙面への意見＝本紙の報道に問題があると考えた場合，読者や当事者からの苦情の有無にかかわらず意見を表明する．

③ これからのメディアのあり方への提言＝21世紀の新聞のあり方を踏まえ，より良い報道を目指すためのメディア全般の課題について提言する．

朝日新聞社の場合は，報道と人権委員会という，その名の通り「人権救済」にその役割を絞っている．というのも，同社にはサンゴ事件のあと設置された「紙面審議会」（当初は社長の諮問機関，後に編集担当の諮問機関）があり，毎日新聞の委員会の審議項目である「紙面への意見」や「メディアへの提言」は，紙面審議会ですでに行っているためである．

　各社の第三者委員会の中には「人権救済」にはあまり重点を置いていないところもあり，それでは本来の目的である報道被害の救済機関としてはふさわしくないとの見方も出ている．

　同じ第三者機関といっても，放送界と新聞界では根本的に違う．放送界の場合はNHK，民放をひっくるめた放送界全体の組織であるのに対し，新聞界の場合は各社ごとの個別の対応である．この点については，新聞界も放送界と同じような統一組織を設けるべきだとの意見もかなり強い．しかし，その方向で新聞界の意向がまとまるのは，現状では難しいとみられている．それは，各社の姿勢や経営規模など，さまざまな条件が異なっているためである．

　とりあえず各社ごとであれ，第三者機関を置いて，報道被害の救済だけでなく，外部からの批判や注文に対して耳を傾けようとする姿勢を，ここでは評価しておきたい．

§3　新聞ジャーナリズムの再構築

　原点としてのスクープ　インターネットを舞台とするさまざまな情報発信の量的拡大はいちじるしい．その伝達の範囲もスピードも，これまでのいかなるメディアにもまして広く，かつ速い．こうしたメディア環境の激変の中で，マスメディア，とりわけ新聞ジャーナリズムに課せられた課題を3つ挙げて，その近未来のあり方を考えてみたい．

　新聞ジャーナリズムの課題の第1は，ジャーナリズムの原点であるスクープ＝特ダネの「再定義」をしっかり行うことである．

　いま日本の新聞ジャーナリズムは，「事実の報道」に関しては基本的には記

者クラブ体制を中心に構築されている．その枠組みの中でのスクープは「時間差特ダネ」が大部分といっても過言ではない．つまり，いずれ当局から発表されるであろう「ニュース」を先取りするもので，むろん，意味のある時間差特ダネもないわけではないが，新聞でいえば朝刊と夕刊の違いという，半日程度の「時間差」が多い．

欧米の新聞が通信社の配信ニュースを積極的に利用するのとは違って，すべてのニュースを「自前で調達する」という，全国紙に典型的にみられる日本型新聞づくりを続ける限り，現在の記者クラブ体制はきわめて効率のいいシステムであることは間違いない．しかしその結果，共通ダネを並べる新聞になることを免れず，独自色を出すとすれば，せいぜい時間差特ダネに頼るしかないという取材構造が日本の新聞界に深く根を下ろしたのである．

新聞はいまこそ，こうした「すべて自前主義」の取材構造を断ち切り，ジャーナリズムの原点であり，スクープ本来の生命である「隠された事実の発掘」に取材シフトを大きく変える時ではないか．もっとも簡単な方法は通信社を活用することであろう．そして「持てる力」をジャーナリストが発掘しなければ，永遠に闇の中に隠されてしまうであろう事実を暴き出すことに全力を傾注するのである．それを継続的に実行できるのは，あらゆるメディアの中で最強の取材スタッフを抱える新聞にのみ期待できることであろう．

「スクープとは，隠された，隠れている事実を発掘すること」と，しっかり再定義することから，新聞ジャーナリズムの近未来が開けてくる．

全体像の提示　新聞ジャーナリズムの課題の第2は，ニュースの全体像を明確に提示することである．

インターネット上に流れる情報は大量かつ断片的である．この傾向は今後ますます強まる一方だろう．情報源をインターネットに依存する人は，情報の海に溺れかねない．方向感覚を失い"情報の迷子"になってしまう．断片情報をいくら取り込んでも事柄の全体を把握することはできない．こうした状況を迎えつつあるいまこそ，新聞ジャーナリズムの出番なのである．

「調査報道の停滞」の項で述べたように,「徹底的な調査取材によって,事件の全体像を構築する」調査報道は,新聞ジャーナリズムの中核的な部分である．しかしそれがいま,「長い冬の時代」に閉じ込められたままであり,なかなか出口が見えない状況が続いている．新聞ジャーナリズムの活力の乏しさは,新聞を支えてきた心ある読者の新聞離れまで招きかねない．そういう事態を逆手にとって,ニュースの全体像を示すことのできる,新聞ならではの調査報道の充実に突破口を求める転機ではないか．

　柴田鉄治は,いま新聞に1年がかり,2年がかりで何かを追う大型企画が少なくなっていると指摘するとともに,そうした取材はむしろテレビ局や雑誌や書籍を舞台に活躍しているフリーライターの方が多くなっている,と嘆いている．[9] 柴田のいう「大型企画」は,一種の調査報道ということができるだろう．とすれば,いまや新聞は得意のはずの調査報道の分野でも,テレビや雑誌に引けを取っていることになる．

　そうであるならば,新聞としてはなおのこと,調査報道に力を入れなければならないわけである．

　　社会の紐帯として　　新聞ジャーナリズムの課題の第3は,社会の紐帯としてのマスメディア,その中心的機能としてのジャーナリズム機能,諸ジャーナリズムの中核としての新聞ジャーナリズムという文脈の中で,新聞ジャーナリズムの役割を「社会の紐帯」としてとらえ直すことである．

　前にも述べたように,インターネット時代に入り,情報の断片化が急速に進んでいる．と同時に,人びとは自分にとって関心のある情報を提供してくれるメディアだけを選択するようになる．その結果,これまでのマスメディアが果たしてきた社会を束ねる力,言い換えれば「社会の紐帯」としての役割は,インターネット上の情報には期待できなくなる．

　中馬清福と青木彰は,「新聞力」という表現で,新聞ジャーナリズムの今後の課題をそれぞれ提起している．「新聞力」というあまり聞き慣れない言葉については,いまや新聞人の日常語になった観のある「(新聞の) 商品力」という

言葉に違和感を覚えた中馬は「私の造語」と断った上で，次のように規定している[10]．

　新聞に求められるのは，普通の商品力に有益性（おもしろくて，ためになる），言論性（主義・主張が明瞭で，権力監視の役割を果たしているか），影響性（世論の形成にどれほどの貢献をしているか）の3つを加えたものとなる．それが新聞力である．もし，この3つの特性抜きで，ただ商品力だけが売り物だったら，それは新聞ではない．

一方，青木は遺著となった，タイトルもずばり『新聞力』の「はじめに」で，司馬遼太郎の「日本ではインフォーメーションの情報がはんらんし，知恵や英知を意味するウイズダムの情報がほとんどない」という"情報論"を引用しつつ，次のように述べている[11]．

　この「ウイズダム情報の提供」を核とする新聞ジャーナリズムの諸活動は「新聞力」と呼ばれるべきかもしれない．本書における私の関心もこの「新聞力」にあるのである．

新聞ジャーナリズムの未来を憂う2人が，共に「新聞力」という表現に期待を込めているのは，「社会の紐帯」としての役割の復権だと理解したい．

（天野　勝文）

注）
1) 「平成の3大誤報」については，後藤文康『誤報』（岩波書店，1996年）や池田龍夫『新聞の虚妄・誤報』（創樹社，2000年）が詳しく分析している．
2) 日本型調査報道については，天野勝文・生田真司編『新版　現場からみた新聞学』学文社　2002年　pp.130-131を参照．
3) 「田原総一朗のギロン堂」『週刊朝日』2003年12月26日号

4）「報道被害」とかっこ付きで表現したのは，報道界としては当初，「報道被害」の実態を率直に認めようとしなかったことを反映している．しかし現在では，報道界にはそうした認識はほとんどなく，「報道被害」はいわば普通名詞化しているので，以下の記述では，かっこを付けない．

5）新・新聞倫理綱領の制定については，中馬清福『新聞は生き残れるか』（岩波書店，2003年）や中馬「新聞倫理綱領と記者行動規範」（天野勝文・生田真司編前掲書所収）に詳しい．

6）中馬　前掲書　p. 88

7）自民党が 2000 年秋の臨時国会に議員立法として「青少年社会環境対策基本法案」の提出を予定していたが，それを先送りして 02 年 2 月に「青少年有害社会環境対策基本法案」と名称を改めた．さらに 03 年 7 月，「青少年健全育成基本法案」と「青少年を取り巻く有害社会環境の適正化のための事業者等による自主規制に関する法律案」の 2 つに再構成し，国会提出を目指している．個人情報保護法，人権擁護法案と合わせて"メディア規制 3 点セット"と呼ばれている．

8）放送番組向上協議会は放送倫理の高揚と放送文化の発展に寄与する目的で 1969 年，NHK と民放連により設立，学識経験者などからなる「放送番組委員会」と「放送と青少年に関する委員会」があった．

9）柴田鉄治『新聞記者という仕事』集英社　2003 年　p. 195

10）中馬　前掲書　p. 173

11）青木彰『新聞力』東京新聞出版局　2003 年　p. 3

参考文献

青木彰『新聞力』東京新聞出版局　2003 年
天野勝文・生田真司編『新版　現場からみた新聞学』学文社　2002 年
柴田鉄治『新聞記者という仕事』集英社　2003 年
中馬清福『新聞は生き残れるか』岩波書店　2003 年

第二部

放送

Ⅴ 放送メディアの変遷

§1 ラジオの時代

　放送の世紀　20世紀は科学技術の目覚しい発展に支えられて，社会のさまざまなシステムが変容し，人びとの生活に大きな影響を与えた．そうしたシステムの中でも放送のメディアは，とりわけ大きな役割を果たした．ラジオからテレビへ，モノクロからカラーへ，アナログからデジタルへ——．放送は文化の創造，世論の形成，政治・経済・社会の改革に重要な役割を果たし続けた．20世紀は，"放送の世紀" でもあった．

　1906年のクリスマス・イブ，アメリカ・マサチューセッツ州沖を航行中の艦船の無線に人の声や女性の独唱，バイオリンの演奏が飛び込んできた．フェッセンデンが自ら開発した高周波発電機式送信機を使って行った世界最初のラジオ放送である．1895年にマルコーニが実験に成功した無線通信は，モールス符号などの信号しか送ることができなかった．マルコーニから10年，はじめて人間の声が電波に乗ったのである．

　第1次世界大戦（1914-18年）には無線電話や飛行機など数々の新兵器が登場

した．無線機の製造で巨利を得たアメリカのウエスティングハウス社は，大戦終了で市場を失う．同社の副社長デービスはラジオ放送に着目する．商務省から放送局開設の免許と KDKA のコールサインを得て，ピッツバーグの工場の一番高い建物の屋上に放送局をつくった．1920 年 11 月 2 日，大統領選挙の開票日にあわせて世界最初のラジオ放送局は開局した．地元新聞の編集局から電話で送られる開票結果が電波に乗った．KDKA は開局早々，放送メディアがもつ最大の特性である速報性を発揮してみせた．

1920 年代のアメリカでは都市化が進み，大量生産された自動車や家庭電化製品が人びとの生活を変えた．大衆消費社会の登場である．ラジオは，そんな時代状況にマッチした新しいメディアとして脚光を浴びた．1925 年には，全米で 571 局が開局，ラジオの所有世帯は 275 万を数え，普及率は 10.1％に達する．1922 年にはイギリス，フランス，ソビエトでもラジオ放送が始まり，欧米各国でラジオは急速に普及発展していく．

日本でのラジオの誕生　欧米におけるラジオ放送の開始と普及は，無線電話の研究に取り組んでいた日本の官民に刺激を与えた．ラジオ熱が高まっていった．10 万人を超す犠牲者が出た関東大震災（1923 年）では，東京・横浜の新聞社が焼失や倒壊，停電で発行不能となった．的確な情報が伝えられず流言飛語が猛威を振るって混乱を大きくした．「ラジオがあれば……」の声が広がった．新聞社などから 100 件を超す放送事業の許可願いが政府に出された．

政府は 23 年，「放送用私設無線電話規則」を公布する．明治以来，通信事業は国の手で管理・運用されてきた．「無線電信及無線電話ハ政府之ヲ管掌ス」（無線電信法第 1 条）が基本である．ただ放送は，その将来性が不明なうえ番組制作や送出といった業務は役所の仕事になじまない．そこで政府は，放送事業は私設＝民営とするが，限りある電波を使い影響力も大きいので許可制とし経営や放送内容について厳しく監督する方針を打ち出した．事業体の形態も営利を目的としない社団法人とし，聴取者からの受信料で経営を支えることにした．アメリカのラジオが広告収入に頼る商業放送でスタートし発展していったのと

は対照的である．

　1925（大正14）年3月1日，社団法人東京放送局が第一声を出した．日本におけるラジオ放送の誕生である．芝浦の東京高等工芸学校の図書室につくった仮放送所からの送出であった．聴取料は月額1円で新聞の購読料と同額であった．東京（コールサインはJOAK）に次いで大阪（JOBK）が同年6月，名古屋（JOCK）は7月にそれぞれ開局した．

　3都でラジオ放送が始まると，全国各地から放送局の開設を望む声が上がる．逓信省（郵政省を経て現総務省）は26年，東京・大阪・名古屋の3局を合同させて社団法人日本放送協会とし，熊本・広島・仙台・札幌の各放送局を開局させる．7局を結ぶ中継網ができ上がり，全国規模での放送が可能となった．太平洋戦争の終戦（1945年）までに各地に50の放送局が建設された．31年には第2放送も始まって，日本放送協会（NHKの前身）による放送独占体制が戦後の民放発足（1951年）まで続く．

　監督と規制下での放送　当時，新聞・雑誌・書籍などは内務省（戦後解体して自治省・警察庁・建設省・厚生省・労働省などに分かれる）の厳しい監督と統制の下に置かれていた．出版法（1893年）や新聞紙法（1909年）で記事の検閲を義務づけられ，記事が安寧秩序や風俗を乱すと認定されれば発売や頒布を禁止された．陸，海，内務，外務大臣らは記事掲載の禁止を命令する権限を持ち，記事掲載の差し止め措置は日常的であった．

　ラジオ放送が始まった1925年に，成人男子に選挙権を認めた普通選挙法と社会主義運動を取り締まる治安維持法が成立したことは象徴的だ．国民の権利の拡大を認める半面，思想・言論・政治活動の取締りを強化したのである．

　放送に対する逓信省の監督統制は，新聞・出版に比べてより詳細で厳重なものであった．放送協会の役員人事や事業計画，予算・決算などは逓信大臣による承認，許認可が必要であった．放送開始直後の25年5月に逓信省電務局長が出した通達は，放送禁止事項として「安寧秩序を害し，又は風俗を乱す事項」「外交または軍事の機密に属する事項」「官公署や議会が公開していない事

V　放送メディアの変遷

項や公開しない議事」「逓信局が放送を禁止した事項」などを列挙した．各地の逓信局には放送監督官がいて放送原稿を事前に検閲，放送中の番組を聞いて原稿から逸脱していないかどうか監視した．アナウンサーや出演者が問題のある発言をすると，監督官が放送中止を命じ，部分的に放送を遮断（カット）したりした．

　日中戦争が拡大して戦時体制が進む中，政府の言論統制が強まり，放送番組の編成――どんな番組をいつ放送するかといった放送実施の実務的な仕事――にまで国が直接関与・介入するようになる．太平洋戦争の開戦（1941年）とともに，大本営が許可した事項以外の戦争報道は一切禁止された．その大本営発表は戦局が悪化するにつれて，「日本軍の損害は軽微に，敵の損害は誇大に」へと変わっていく．

　国民の戦意低下を恐れた軍部は虚偽の発表を繰り返し，放送も新聞もそのとおりに伝えた．国民は正しい情報を知らされないまま，日本は破局に向かって突き進んだ．

　このように戦前のラジオは自由な放送からは縁遠い状況にあったが，半面，新しいメディアとして着実に人びとの間に普及・定着していった．ラジオから流れる放送劇や講談・浪曲・落語などの演芸番組に人びとは耳を傾けた．甲子園の全国中等学校野球の中継（1927年～）やベルリンオリンピック（1936年）で金メダルを取った前畑秀子の女子200メートル平泳ぎ決勝を伝え「前畑ガンバレ！」を連呼した河西三省の実況中継など数々のスポーツ中継が人びとを沸かせた．

　陸軍の青年将校が率いる部隊が首相官邸などを襲撃したクーデター＝2・26事件（1936年）で，ラジオは詳しい状況を逐一伝えるとともに戒厳司令部にマイクを持ち込んで，反乱部隊に帰順を呼びかける「兵に告ぐ」を放送した．戦時中のラジオは誇大な戦果を伝えて戦意高揚を図ったが，一方で空襲警報の発令や食料の配給などを伝えるメディアとして欠かせない存在になっていた．

　放送開始の1925年の受信契約25万件・普及率2％は，31年に100万件，

40年には500万件を超え，44年度に747万件・普及率50％で戦前のピークに達した．

マイクの開放　沖縄戦での敗北，広島・長崎への原爆投下，ソビエトの対日宣戦布告で，政府はポツダム宣言を受諾しての無条件降伏を決意する．天皇がマイクの前に立ち終戦の詔勅を読み上げた「玉音放送」は，1945年8月15日正午に放送された．この放送は短波でアジア各地に展開していた日本軍将兵や在外邦人にも伝えられた．速報性と広範性というメディア特性が生かされた放送であった．

マッカーサー元帥が率いる連合国軍総司令部（GHQ）は，軍国主義の排除と民主主義の育成を対日占領政策の柱に据え，その目的達成のためマスメディアの活用を図った．プレスコード（新聞準則），ラジオコード（放送準則）を指令，報道は真実に即して行い意見を差し挟んではならないと客観報道を命じた半面，連合国や占領軍に対する破壊的批判や公安を損ねる事項の報道を禁止，民間検閲支隊（CCD）が新聞・放送の記事や番組の検閲に当たった．

他方，民間情報教育局（CIE）ラジオ課は民主化の推進に放送が果たす役割を重視，NHKに対し編成や番組の企画・制作・送出などで徹底した指導を行った．15分を単位に番組を作るクォーターシステムを導入し，1週間単位の放送時刻表を作成させた．街頭で人びとの意見を聞く『街頭録音』や聴取者からの投書を紹介する『私たちの言葉』は，マイクを大衆に開放する試みであった．『婦人の時間』『学校放送』『農家へ送る夕』は，婦人・教育・農村の民主化推進に役立てようと企画された．『話の泉』『二十の扉』などのクイズ番組や『のど自慢素人音楽会』，連続放送劇『向う三軒両隣り』『鐘の鳴る丘』など新しい趣向の娯楽番組が登場した．歌とコントで世相を風刺した『日曜娯楽版』は政治家に対する辛らつな批判で人気が急上昇したが，政界からの風当たりも強く日本の独立後，消えていく運命をたどる．

民放の誕生　終戦直後，新しい放送事業体を立ち上げようという機運が高まった．戦前・戦中の放送が戦争遂行に加担し世論を間違った方向に誘導した

ことへの批判や，民主主義体制のもとでの自由な言論への期待から，放送協会とは違う民間放送機関の設立を目指したのであった．

　初め民放設立は時期尚早としていたGHQは1947年，放送法制度の整備に関する「ファイスナー・メモ」を発表，公共放送と民間放送の併存という世界でも例のない日本の放送制度の基本を打ち出す．GHQと日本政府との交渉で曲折はあったが50年，電波法・放送法・電波監理委員会設置法の"電波3法"が成立した．これによって，監督官庁が出す規則や通達で管理され恣意的裁量の余地が多かった放送行政は，「放送の最大限の普及」「表現の自由の確保」「民主主義発達への寄与」の3大原則を明記し，公共の福祉に適った放送のあり方を規定した法律で規律されることになった．

　新設の電波監理委員会はアメリカのFCC（連邦通信委員会）に範を取り，利権が絡む放送・通信行政を政治家や官僚の関与から独立させ，公正・中立な運営を目指す独立行政委員会であった．だが，日本政府が頑強に抵抗した経緯もあり，占領が終結し日本が独立した直後の52年7月限りで廃止され，以後放送を含む電波行政は郵政省（現総務省）の所管に移る．

　電波監理委員会は51年4月，14地区16社の民放ラジオ局に予備免許を出し，各社は開局に向けての準備に取り掛かった．しかし，民間放送という事業形態はなかなか理解してもらえなかった．「電波は抵当にならない」と銀行は出資や融資に難色を示し，「消えてなくなる放送に広告価値があるのか」と渋るスポンサーの説得に苦労した．

　51年9月1日朝6時，名古屋の中部日本放送（CBC）が開局，正午には大阪の新日本放送（NJB・のちの毎日放送）も開局第一声を放った．4半世紀もの間独占体制を敷いてきたNHKに対抗しようと，各局は編成や番組内容に趣向を凝らした．"聞かせるラジオから聞くラジオへ"がスローガン，夜8時台に毎日クイズ番組を並べ（NJB）たり，茶の間とスタジオを結ぶ聴取者参加番組を開発し（CBC）たり．野球中継に解説者をつけたのは開局2日目のNJBであった．

とくに民放が力を入れたのはニュースであった．民放の設立には，資本参加や人材の派遣で新聞社が深く関わっていた．各局は新聞社提供のニュースを頻繁に放送してNHKに対抗した．戦前のラジオは通信社が配信する記事を放送用に書き直してニュースを出していた．戦後，NHKは放送記者を養成して悲願だった自主取材をスタートさせる．民放のニュース攻勢にNHKは報道体制の強化を図った．もく星号墜落（52年）や舞鶴での中国帰国船報道（53年）などで民放とNHKは激しい競争を展開，それがラジオ報道全体の充実につながっていった．

　手探りでスタートした民間放送であったが，51年12月に開局したラジオ東京（のちのTBS）は開局当初から黒字を計上，3ヵ月後には早くも電波料金を値上げした．民放経営が順調なスタートを切れたのは，朝鮮戦争（1950～53年）の特需ブームで日本経済が活況を呈し，消費指向の高まりでスポンサーを確保できたことによる．また，アメリカからテープ式録音機が輸入されて番組の制作・編集が効率化したことやテープによる番組交換が可能になり地方局の編成を助けたことも，民放の発展に寄与した．

§2　テレビの時代

　テレビ本放送の開始　日本でテレビの放送が始まったのは1953（昭和28）年だが，テレビの技術開発の歴史は戦前にさかのぼる．ベルリンオリンピックで，ヒトラーのナチス・ドイツはアイコノスコープ・カメラで写した競技の映像を公開した．これに刺激され日本放送協会は東京での開催が決まった40年のオリンピックをテレビで放送することを決める．27年に「イ」の字を受像機に映し出す実験に成功していた浜松高等工業教授，高柳健次郎らを迎えて，技術研究所でテレビの実用化を目指した研究を始めた．東京オリンピックは日中戦争の拡大で中止が決まり"幻のオリンピック"で終わったが，テレビの研究は続けられた．

　第2次世界大戦後，欧米諸国でテレビの本放送が始まり，日本国内でもテレ

ビへの関心が高まっていた。読売新聞社長（当時）の正力松太郎はアメリカの技術援助で全国にテレビ網を広げようと日本テレビ放送網を設立、電波監理委員会にテレビ局開設の免許を申請した。NHKも後を追って熾烈な先陣争いが展開された。

1953年2月1日、NHK東京テレビジョン局が開局、8月28日には日本テレも放送を開始した。開局当時の放送時間はNHKが1日4時間、日本テレビ5時間50分だった。大学卒の初任給が8,000円前後、東京—大阪間の国鉄運賃が680円だった当時、アメリカ製17インチテレビ受像機は25万円、国産でも24万円した。2000年現在の価格に直すとざっと600万円。庶民にとっては高嶺の花であり、テレビを買えたのはよほどの富裕層か客寄せのために据え付けた飲食店や喫茶店に限られた。NHKの開局当日の受信契約数はたった866。テレビの事業収支はその後4年間赤字が続いた。

受像機が増えなければスポンサーが集まらない。収入を広告費に頼る日本テレビにとって事態は深刻であった。そこで正力は「テレビによる宣伝価値は受像機の数ではなく、テレビを見ている人の数による」と言い出し、盛り場の街頭に大型テレビ受像機を設置した。その数は関東一円で最盛時278ヵ所にのぼった。プロ野球やボクシング、なかでも力道山が白人レスラー相手に空手チョップを見舞ったプロレス中継に人気が集まった。日本テレビは街頭テレビに殺到した数千人の群集を写真に撮り、テレビがすぐれた宣伝媒体であることを広告主に説いて回った。その結果、開局5ヵ月後には月間の収支が黒字となり、8ヵ月目からは減価償却費の計上が可能になった。

<u>テレビも高度成長</u>　1959年4月10日、皇太子明仁親王と正田美智子が結婚した。初の民間出身の皇太子妃にメディアの報道は過熱し、"ミッチーブーム"が巻き起こった。皇居での結婚の儀と東宮御所までの馬車のパレードをテレビが中継した。NHKと、民放は日本テレビとラジオ東京テレビ（KRT）の2系列が中継車31台、カメラ106台を沿道に配置して長時間の特別番組を放送。1,500万人がテレビを通して、このメディアイベントを見た。前年58年

にやっと100万台に達したテレビは，皇太子の結婚を見たいという人が競って受像機を購入した結果，結婚式1週間前に200万を突破，翌年2月には400万へと爆発的な伸びをみせる．テレビは街頭から家庭に入り，テレビを囲んで一家団らんという新しいライフスタイルを生み出していく．

　1950年代後半，日本の政治，経済，社会が大きく変容した．左右社会党の統一と保守合同による自由民主党の結成（1955年）で生まれた「55年体制」は，その後40年近く日本の政治を仕切っていく．高度経済成長の起点である「神武景気」が始まったのも55年．翌56年の『経済白書』は「もはや戦後ではない」と書いて日本経済の復興をたたえた．個人消費の堅調に支えられて耐久消費財が売れた．テレビ受像機は量産効果で価格が下がったうえ月賦販売が普及して庶民の手に届くものとなる．白黒テレビ・電気洗濯機・電気冷蔵庫を指す"三種の神器"が流行語になった．

　39歳の若さで郵政相になった田中角栄は57年，第1次チャンネルプラン（放送用周波数の割当計画）に基づいて東京教育などNHK 7局，民放テレビ34社36局に予備免許を与えた．これにより大都市では複数の民放テレビを見ることができ，地方ではNHKと民放が並立する体制が整った．

　東京では日本テレビ，ラジオ東京テレビ（KRT）に続いて59年に，日本教育テレビ（NET・のちのテレビ朝日）とフジテレビが開局してキー局4局体制となる．キー局はナショナル・スポンサーを獲得して安定した収益を確保するとともに全国にニュース取材網を広げるためにローカル局を自局の系列に組み込む必要があった．地方局はキー局制作のスポンサー付きの番組提供を受けなければ経営が成り立たなかった．ニュース素材の交換を目的にKRTが系列16局でJNN協定を結べば，日本テレビは後楽園球場からの巨人戦中継でネット局を増やすといった具合に民放テレビの系列化が進んだ．

　59年にテレビ広告費は総額238億円でラジオ広告費（162億円）を上回り，ラジオからテレビへと放送メディアの主役交代が顕著になった．テレビ広告費は75年には新聞を抜いて，雑誌を含めたマスコミ4媒体のトップの座を不動

のものにしていく．ちなみに 2002 年の媒体別広告費はテレビが 1 兆 9816 億円で新聞（1 兆 707 億円），雑誌（4051 億円），ラジオ（1837 億円）に大きく差をつけている．

主役になったテレビ　草創期のテレビ番組は映画やフィルム構成番組を除けばすべて生放送であった．設備や機材が不十分な中でも制作者たちは新しい表現を目指して創意工夫を重ね，テレビ史に残る名番組が作られていった．

『私は貝になりたい』（KRT・1958 年）は，上官の命令で捕虜を刺殺し戦犯として処刑される一市民の叫びを通して戦争の不条理を問うた作品で，大きな反響を呼んだ．このドラマではアメリカから輸入されたばかりの VTR が一部に使われた．VTR の導入でより多様な表現形式が可能となり，テレビの編成や番組制作に画期的な役割を果たすことになる．60 年代にテレビドラマは全盛期を迎える．NHK では朝の連続テレビ小説が始まり，『おはなはん』（66 年）は年間平均 45.8％という高視聴率を記録した．貧しい小作農の家に生まれたおしんが数々の辛苦を経て成功するまでの一代記を描いた橋田寿賀子原作の『おしん』（83 年）は，最高 62.9％というテレビドラマ史上空前の驚異的な高視聴率を記録．海外 58 の国と地域で放送され大きな反響を呼んだ．

大河ドラマが始まるのは 63 年，『花の生涯』『赤穂浪士』『太閤記』と続いて日曜夜の連続時代劇としての地位を確かなものにしていった．民放テレビでは『ママちょっと来て』（日本テレビ）や『東芝日曜劇場』（TBS）のシリーズ「カミさんと私」などのホームドラマに人気が集まる一方，『七人の刑事』（TBS）『判決』（NET）などの社会派ドラマも注目された．

57 年に始まった『日本の素顔』（NHK）は『現代の映像』『NHK 特集』へと続くテレビドキュメンタリーの系譜の起点となった．ヤクザの実態を描いた「日本人と次郎長」，水俣病に迫った「奇病のかげに」などで映像の持つ可能性を示した．日本テレビの『ノンフィクション劇場』では「老人と鷹」（62 年）がカンヌ国際映画祭テレビ部門でグランプリを獲得，TBS の『カメラ・ルポルタージュ』は地方の系列局も参加して次々と佳作を送り出した．

テレビ開始と同時にニュースの放送も始まった．初期にはカメラマンは少なく，フィルムの現像にも時間がかかったため一枚写真や図表をスタジオカメラが写し，アナウンサーがラジオ用の原稿を読むスタイルだった．映像を重視したフィルムニュースの時期を経て，60年に始まった『NHKきょうのニュース』はその後のテレビニュースのスタイルを決めるものとなった．アナウンサーを固定し，スクリーンプロセスに映し出したフィルムや字幕に記者の解説を絡ませるなどの演出でその日の主要なニュースは洩れなく伝える総合編集ニュースである．TBSが62年にスタートさせた『ニュースコープ』は練達のジャーナリストを起用した初のキャスターニュースであった．主婦層を対象にニュースを分かりやすく伝えようと始まった朝の生番組『木島則夫モーニング・ショー』（NET・64年）は，民放各局が追随したワイドショーの先駆けとなった．ワイドショーは70年代には芸能ネタとスキャンダルを追って激しい視聴率競争を展開していく．

テレビ報道は，この後『ニュースセンター9時』（NHK・74年）や『ニュースステーション』（テレビ朝日・85年）など，幅広くテーマを取り上げ，映像と音声を重視し，現場中継や多角的な解説など多様な手法を駆使するニュース番組が登場してテレビジャーナリズムを構築していく．

衛星中継とカラー化　放送の進歩発展を支えたのは技術開発である．ソビエトによる初の人工衛星スプートニクの打ち上げ（1957年）で始まった米ソの宇宙開発競争は，通信衛星の実用化をもたらした．リレー1号を使ってテレビ放送の映像伝送実験が行われた1963年11月23日，アメリカから日本に送られてきた映像は，ダラスで自動車パレード中に凶弾に倒れたケネディ大統領の非業の死を伝えて衝撃を与えた．

東京オリンピック（64年）のテレビ放送は，シンコム3号を使ってアメリカに送られ，家庭のテレビに映し出された鮮明な画像が評判になる．この年には世界的な商業衛星組織インテルサットが発足，通信衛星を使うテレビ番組の中継が日常化していった．衛星中継は，テレビが本来持つ同時性，臨場性，訴求

性といった利点に遠隔性や広範性の特性を付加した．時間と空間の壁を越えて"世界のいま"をテレビで見ることを可能にした．

　1969年7月21日，人びとはテレビの前で人類の月への第一歩という歴史的瞬間を見守った．アメリカの宇宙船アポロ11号から降り立った2人の飛行士が月面を歩き回る様子をカメラがとらえ，38万キロメートル離れた地球に送ってきた．走査線が少ないためにぼやけた映像がかえって迫力を増した．

　東京オリンピックでは開会式など一部の番組はカラーでも中継された．日本でカラー放送が始まったのは60年．66年にはカラー用のマイクロ回線網が完成して全国でカラー放送を見ることが可能になる．同年，NHKと日本テレビがニュースのカラー化に踏み切るなどカラー番組が増えていった．大阪で開かれた万国博覧会（70年）で，各局は数々の特別番組をカラーで制作した．家庭電器メーカーは「万博はカラー放送で」と広告宣伝に力を入れた．60年当時，21インチ型で50万円もしたカラー受像機の価格が下がって普及に拍車をかけた．70年7月まで57ヵ月間も続き「いざなぎ景気」と呼ばれた好況は大型消費ブームを巻き起こした．カー，クーラー，カラーテレビの"3C"が"新三種の神器"ともてはやされた．71年にNHK総合テレビが全番組をカラーで放送するようになり，民放も次々と全面カラー化を実現する．NHKのカラー契約は71年に1,000万件に達した．

　モノクロに比べてカラーの情報量は圧倒的に多い．ベトナム戦争（1960〜75年）は，アメリカがピーク時54万人もの兵員を送り込みながら敗北を喫した戦争である．この戦争は"テレビの戦争"ともいわれた．ABC，CBS，NBCの米3大ネットワークは戦場に取材クルーを送った．サイゴンから米軍輸送機で横田基地に運んだフィルムを現像し，映像を衛星回線でアメリカの本社に伝送した．3大ネットワークの番組は全面的にカラー化されていた．カラーの映像は戦場の惨状をよりリアルに伝えた．ベトナム反戦運動が全米に起こり，世界的規模で広がっていった．

　テレビ報道では，取材した映像素材をいかに速く放送局に送ってオンエアす

るかが問われる．その要請に応えたのが ENG（Electronic News Gathering）である．小型ビデオカメラと携帯型 VTR を組み合わせたニュース取材システムだ．1970 年代のアメリカでまず広がり，日本でも 75 年以降，フィルムカメラに代わって ENG が報道取材で使われるようになる．90 年代には，ENG で取材した映像と音声を通信衛星を使って現場から伝送したり，中継放送したりする SNG（Satellite News Gathering）が登場する．"いつでも，どこからでも"の発信が可能になり，テレビは速報性や同時性，広範性を一段と強めていく．

§3　多メディアの時代

　衛星放送の開始　テレビ電波が遠くまで届くようにテレビ局は東京タワーや大阪の生駒山のように高いところから電波を発射する．電波は山や高層ビルにぶつかるとテレビの映りが悪くなる．遠隔地でも鮮明なテレビを受信できるようにしたいとして生まれたのがケーブルテレビ（CATV）だ．難視解消を目的に地上テレビ放送の再送信で始まったケーブルテレビは，やがて衛星放送の再送信や自主制作番組を放送するようになる．自主放送を行うケーブルテレビ事業者は 2002 年度末で 528 社．契約数 1,514 万世帯，世帯普及率は 31.2％に達した．ケーブルの容量を利用して放送以外にインターネット接続や IP 電話などのサービスをするところが増え，ケーブルテレビは放送と通信サービスを併せて行う情報インフラになろうとしている．

　難視解消を目指して生まれたもうひとつのメディアが衛星放送である．赤道上空 3 万 6,000 キロに人工衛星を打ち上げ，地上から発射した電波を送り返し受信するのが衛星放送の原理．離島を含め日本全国でテレビ放送を受信できるようになった．1984 年に BS-2a（Broadcasting Satellite・放送衛星）を使った NHK の衛星試験放送が始まる．89 年，NHK の衛星放送は BS-1 と BS-2 の 2 波による 24 時間の本放送に移行，それぞれ"ワールドニュースとスポーツ"，"エンターティンメントとカルチャー"チャンネルとして，地上波とは一味違った放送を開始した．91 年には衛星民放第 1 号・日本衛星放送

(WOWOW) がスタートする．2000年12月からはBSデジタル放送も始まり，NHKの2波とハイビジョン放送，民放キー局5局が参入した．

　ハイビジョンは世界に先駆けてNHKが開発した新しいテレビである．国際的にはHDTV（高精細テレビ）と呼ばれる．画面を構成する電気信号＝走査線を標準テレビ（525本）の倍以上の1125本，画面の横と縦の比を16対9とした．ワイドな画面にきめ細かな画像を映し出すハイビジョンは，テレビだけでなく美術館や博物館，医学・医療の分野への応用も進んだ．89年に実験放送が始まったハイビジョンは試験放送を経て，2000年12月のBSデジタル放送の開始で主役に踊り出た．

　もうひとつの衛星放送CSは，遠隔地への電話サービスの充実強化を目指して実用化したCS（Communication Satellite・通信衛星）をテレビ放送に使うものだ．1992年にまずアナログで放送開始，96年にはデジタル放送が始まった．3社が鼎立したCSテレビ放送は，2000年にスカイパーフェクTV！に統合された．有料放送ながら300を超す多彩なチャンネルが人気を呼び，契約者は03年には300万人を突破した．

　激動の時代の放送　多メディア時代が幕を開けた1990年代の世界と日本は激動の時代であった．放送は多彩な番組をとおして事実を伝え，背景を探って基幹メディアとしての地位を揺るぎないものにしていく．

　1988年9月，ガンを病んでいた昭和天皇の容態が急変した．翌89年1月7日の逝去までの111日間，テレビ・ラジオは終夜放送と特番で天皇の病状を伝えた．1月7日から8日にかけて各局は特別編成で，"昭和史の終焉"と"平成の始まり"を伝えたが，同工異曲の番組が並ぶ特別編成に視聴者からは「通常編成に戻せ」の苦情の電話も多数各局にかかった．2月24日の昭和天皇大喪の礼で各局は長時間中継を主体とする特番を編成した．この日の総世帯視聴率62.8％（関東地区）は，浅間山荘事件の長時間中継があった72年2月28日と並んで歴代1位の数字である．

　91年1月17日，アメリカを中心とする多国籍軍が，前年クウェートに侵攻

したイラクへの攻撃を開始した．湾岸戦争である．米ABCとCNNテレビがバグダッドから空襲の様子を生放送で伝えた．米政府の公式発表より30分も早い開戦第1報であった．この日NHKの特番は21時間にもおよび，ニュースの連続放送時間の記録を更新した．長時間の特番と衛星を使った同時中継，多様なゲスト出演者による解説は，同時多発テロ（2001年）など有事の際の定番となっていく．

湾岸戦争で米軍は徹底した報道管制を行った．自由な報道を認めたベトナム戦争での米軍の苦渋の教訓によるものだ．戦場では勝手な取材は許されず，限られた記者・カメラマンによるプール取材と検閲で自由な報道は封じ込められた．メディアの反発と批判に，イラク戦争（2003年）では記者の従軍取材を大幅に認めた．通信衛星と移動中継施設を使っての戦闘場面のナマ中継までが登場，テレビによって戦争報道は大きく変わった．

6433人の犠牲者を出し被害が10兆円にのぼった1995年1月17日の阪神・淡路大震災は，放送70年の歴史で始めて遭遇した大災害であった．放送は被害状況をはじめ安否情報やライフラインなどの生活情報をきめ細かく伝えた．とくにAM神戸やNHKラジオの長時間の放送は，ラジオが災害時のメディアとして大きな役割を果たすことを人びとに強く印象付けた．

松本サリン事件（94年），地下鉄サリン事件（95年）などオウム教団による一連の犯罪で，各局はニュースや特番でオウムの特異な実態の解明を試みた．しかし，松本サリン事件では捜査本部の見方に引きずられて放送，新聞，雑誌の全メディアが，第一通報者をクロとみる報道を続け，"総誤報・総謝罪"というメディア史に前例のない失態を演じた．

テレビ批判と自律　視聴率はその番組がどう評価され，共感を呼んだかを知る客観的な指標である．民放にとって，番組の視聴率を上げて広告収入を増やすことは絶対至上の課題である．しかし，視聴率競争が過熱すると興味本位でセンセーショナルな番組づくりに傾斜していく．評論家の大宅壮一は1957年に早くもテレビ番組の低俗性を指摘して「一億総白痴化」と批判した．59

年の放送法改正では，放送番組基準の制定や第三者をメンバーとする放送番組審議会の設置を各局に義務づけたが，その後も行き過ぎた暴力場面や性表現，品位を欠く言動で笑いを取ろうとする番組が跡を絶たず，青少年の非行化に絡ませてテレビ批判が高まっていった．

視聴率を取るために"やらせ"までが登場した．ニュースやスポーツ中継を別にして一般の番組では，筋立てに沿って出演者や登場人物と事前に打ち合わせ，段取りをつけて撮影や制作を行う．それが行き過ぎると"やらせ"になる．1985年8月，テレビ朝日『アフタヌーンショー』で放送した「激写!! 中学生番長セックスリンチ全告白」で，番組ディレクターが現金を渡してリンチをやらせていたことが判明．20年続いた番組は打ち切られた．

1992年秋に放送された『NHKスペシャル』の「奥ヒマラヤ・禁断の王国ムスタン」では，流砂や落石を故意に起こして撮影したり，スタッフに高山病にかかった演技をさせたりなどの"やらせ"が発覚する．テレビ不信の声が高まる中，NHKと民放連は「放送番組の倫理の向上について」の提言（93年）で，「制作者がより強いインパクトを求めて過剰な演出に走る行為は，必ず破綻を来たし結局はテレビの前途を危うくする」と自戒を込めて警告した．

一連のオウム事件の捜査が進んでいた95年秋，TBSのワイドショー『3時にあいましょう』による「坂本弁護士ビデオ問題」が明るみに出た．同番組のスタッフが89年，オウム問題と取り組んでいた坂本堤弁護士にインタビューしたビデオテープを放送前にオウム教団の幹部に見せたことや，それが引き金になって坂本弁護士の一家3人が殺害されたことが判明する．TBSの社内特別調査の報告書は「取材の原則から逸脱し，番組制作の倫理に反し，放送への信頼を損なう行為」と指摘した．

放送番組によって名誉やプライバシーなどの権利が侵害される事例が増えてくると，「番組に関する苦情処理を放送事業者に任せてはおけない．外部に第三者機関を置くべき」との声が強まった．自民党は立法措置をちらつかせる．公権力の介入を防ぎながら世論の支持を得られる方策を迫られた．97年，

NHKと民放連が共同で「放送と人権等権利に関する委員会機構」(BRO) を設立した．学識経験者らで構成する委員会は，番組で権利を侵害されたとする苦情の申し立てがあれば，申立人と放送局の双方から事情を聞いて審理，勧告や見解を出すことになる．

1997年に神戸で中学3年生の少年が小学生を殺傷し犯行声明を新聞社に送りつける事件が発生した．少年の非行とテレビの影響をめぐる論議が再燃，放送事業者の自主的機関として「放送と青少年に関する委員会」ができた．BROは2003年7月，「放送と青少年に関する委員会」などを吸収，新たな第三者機関「放送倫理・番組向上機構」(BPO) として再発足した．

公権力の介入と規制　放送がジャーナリズム機能を発揮していくうえで，公権力を監視し批判することは当然の営為である．しかし，放送は免許事業であるため政府与党などからの干渉や介入を受けやすいし，放送事業者の抵抗力も脆弱だ．民放はスポンサーの意向には逆らい難い．

1962年に『東芝日曜劇場』(TBS系) で放送予定だったRKB毎日放送制作の芸術祭参加ドラマ「ひとりっ子」が中止になった．防衛大に合格した若者が母親と恋人の反対で入学を取りやめ，働きながら学ぶ決意をするという内容に，防衛庁と自民党，スポンサーや経団連が圧力をかけた結果といわれた．社会派ドラマとして評判になった『判決』のシリーズでは，放送中止が相次いだ．

ベトナム戦争へのアメリカの介入がエスカレートしていた65年5月，日本テレビ『ノンフィクション劇場』の「南ベトナム海兵大隊戦記・第1部」は，海兵隊将校がベトコンの嫌疑をかけた少年を射殺し生首を放り出すシーンを放送した．放送後，橋本登美三郎官房長官から日本テレビの清水与七郎社長に「残虐すぎる」との電話がかかる．予定していた再放送と第2，3部の放送は中止になった．67年には，北ベトナムでの現地取材をもとに制作された『ハノイ・田英夫の証言』(TBS) に対し，政府・自民党から"偏向番組"との反発が噴出，田はニュースキャスターを降板する．

田中角栄首相らが航空機の売り込みに絡んで賄賂を受け取ったとされるロッ

キード事件の発覚から5年後に当たる1981年2月，NHK『ニュースセンター9時』の企画「田中角栄の光と影」の一部が放送当日になって，島桂次報道局長の命令で取りやめになった．自民党総務会長がNHK会長にロッキード企画を手控えるよう圧力をかけたことによるものであった．

　93年7月の衆院選で自民党は過半数を割り，細川護熙を首相とする非自民政権が誕生した．このときの選挙報道に関して，テレビ朝日の椿貞良報道局長は民放連の会合で，「自民党を敗北させないといけないと局内で話し合ったことがある」「すべてのニュースや選挙報道で55年体制を突き崩さないとダメとまなじりを決して選挙報道に当たった」などと発言した．自民党は強く反発して椿を国会に証人喚問し，郵政省は放送法の政治的公平に反する疑いがあるとして調査，5年に一度の放送事業者への再免許に当たってはテレビ朝日に異例の条件をつけて免許を出した．

　デジタル時代へ　CS，BSに続いて地上波テレビもデジタル化する．2003年12月に東京，大阪，名古屋の3大都市圏の一部で始まり，06年には全国に展開．11年7月にはアナログ放送が終わってデジタル放送一本になる．11年以降にはラジオのデジタル化も予想されている．

　デジタル化によって，視聴者はハイビジョンやCD並みの音質を楽しむことができ，番組表やガイド，関連の情報などを画面に映し出して見ることも可能だ．双方向性を生かして番組に参加したり，パソコンや携帯電話に番組を取り込んだりすることもできる．放送事業者にとっても，ハイビジョンと標準放送による多チャンネルサービスを併用してビジネスチャンスを広げ，放送番組のマルチユースが可能になる．受信機メーカーや番組ソフトの制作者は市場の拡大を期待できる．

　半面，デジタル化は巨額の設備投資を必要とする．NHKで5,000億円，民放127社で8,082億円．民放1社当たり平均63億円は年間利益の9年分にも相当する．経営を圧迫することは必至だ．民放局の間には政府に公的支援を求める声もある．だが「カネを出せばクチも出す」のが定法だ．放送の自由が脅

かされる心配はないのか．放送界は2011年までに全国4,800万世帯の1億台のテレビをデジタル化する目標を掲げている．それは視聴者にアナログ受信機の廃棄とデジタルの買い替えによる負担増を迫るものだ．魅力あるコンテンツ（番組内容）を確保するための競争は，スポーツ放送権料の高騰にみられるように，番組コストを引き上げ有料放送でしか扱えないイベントが増えることになりかねない．おカネのある人だけがいい番組を見ることができる──新たなデジタル・デバイドが生じはしないか．

　03年10月，日本テレビの社員が自分の番組を見てもらい視聴率を上げようと，視聴率調査会社のモニター家庭を割り出して金品を贈った事件が発覚した．視聴率競争が過熱して，番組の質の低下や取材・報道の行き過ぎを招きはしないか．BSやCSデジタル放送には商社や金融，メーカー，流通，出版などの異業種が資本参加している．放送の"産業化"が進むと文化創造やジャーナリズム機能が後退していかないだろうか．

　地上波テレビのデジタル化を契機に，日本の放送は激動期に移行しつつある．放送メディアの"光と影"がますます鮮明になっていきそうだ．

（小田　貞夫）

参考文献

NHK放送文化研究所監修，小田貞夫『放送の20世紀』NHK出版　2002年
日本放送協会『20世紀放送史　上・下巻　年表　資料編』NHK出版　2001年
日本民間放送連盟『民間放送50年史』　2001年
伊豫田康弘ほか『テレビ史ハンドブック　改訂増補版』自由国民社　1998年
日本民間放送連盟『放送ハンドブック　新版』東洋経済新報社　1997年
朝日放送『シンポジウム　検証・戦後放送』1996年
柳沢恭雄『検閲放送──戦時ジャーナリズム私史』けやき出版　1995年
南　利明『放送史事典』学友会センター　1992年

VI テレビの現場

§1 放送番組と現場の自由

現場の判断　テレビの現場の人間の役割は，一般企業の場合と違う点がある．どこが違うのだろうか．

　番組制作の総括的な責任者であるプロデューサーは，放送する時間と予算の枠を与えられる．放送する時間と予算の基になる編成方針を決めるのは放送局の経営者である．プロデューサーは，局から与えられたこの枠組みの中で，ヒト・モノ・カネの生かし方を決める．

　プロデューサーの指揮に従って働く現場のスタッフは，放送局の社員手帳に掲げられた放送基準や先輩から教え込まれた仕事のマニュアルなどを頭に入れ，決められた手続きと役割に従って番組づくりを行う．

　一般メーカーの場合も，経営トップの経営方針があり，その経営方針によって製品計画と製造マニュアルがつくられ，その計画とマニュアルによって製品の製造が行われる．経営方針，製品計画，そして製造の実施，この3つのレベルで構成される仕組みは，放送番組制作の場合となにも変わらないようにみえ

る．どちらも現代の企業である以上，根本的には変わらないはずである．

　しかしただ一点，重要な差異がある．それは，生放送番組を例にとればすぐ分かるように，商品の仕上がり具合，つまり視聴者に届ける製品の最終的な完成内容を，現場が現場だけの判断で決定してしまうという点である．

　もちろん企画の内容によっては，台本のチェックや録画されたものの事前の視聴が行われ，放送中止や内容の手直しが行われる場合も少なくない．しかし24時間放送される番組全体の内容，その仕上がり具合は，基本的には制作現場の判断に任されている．テレビの現場では，必ずといっていいほど，過去の経験やマニュアルにそのままあてはまらないような新しい出来事にぶつかる．そこで，生放送はもちろん，あらゆる番組制作の過程で，現場の制作者は新しい事態にぶつかった瞬間に，自分で判断していいかどうかを含め，まず自分の責任においてとっさに判断し，対応策を決めなければならない．

　　現場の責任　もともと番組の面白さは，当初のねらいや企画の意図からはずれる意外性に比例する場合が多い．テレビが時々刻々，社会の新しい動きを知らせ，人びとの心を引きつける楽しい映像を伝えるためには，いつも現場の自由，現場の創造的な判断を生かす必要がある．

　ところが放送局は，民放もNHKも電波法と放送法に定められた免許条件に従って存在し，放送内容は各放送局の放送基準と経営方針に沿うものでなければならない．個々の番組の内容も，アナウンサーの発する一言も，放送法・放送基準・局の方針をはずれたものであってはならない．

　そこで一番肝心なことは，放送法の内容を具体的に判断し，経営方針を実際に実現する方法である．そして日本の制度では，その方法は，免許を持つ放送局という組織の自律に任されている．つまり放送局は，個々の番組内容の端々，アナウンサーの発する一言が法と局の方針に沿ったものとなるように組織を運営する責任を負っている．しかしその責任の負い方をつきつめていけば，放送番組が法と局の方針に沿ったものであるかどうかを判断し，実現するのは現場の個人だということになる．

VI テレビの現場

ここに，現場の自由を担う個人の責任の大きさが浮かび上がってくる．

かつてジャーナリストとして大きな足跡を残した長谷川如是閑は，新聞記者の役割と，官庁や会社の仕事を比較してこう述べている．

「官庁や会社などと違って，（新聞）編集の職員は計算や記帳のような人格とは直接関係しないようなことしかしないのではなく，また企画や設計その他の青写真を作るに止まるものでもなく，記者その人の感覚・情操が紙面を内容づけ，その表現形式を決定している……いわば窓口の職員が，対外的には社長と同じ実質を働いているのである」（『新聞』朝日新聞社，1954 年，p. 40）

いまや新聞以上の社会的影響力を持ち，制作者の感覚・情操が，新聞記者の場合以上に直接的に伝達内容と表現形式を決定しているテレビにとって，この指摘は重大な意味を持つようになってきている．とくに 1989 年の TBS の坂本弁護士ビデオ問題は，現場の責任の重大性を物語る事件だった．

TBS 坂本弁護士ビデオ問題

TBS のワイドショー『3 時にあいましょう』では，月曜から金曜日までを総括する責任者のプロデューサーと，曜日ごとの担当プロデューサーが配置され，その 2 人の社員以外はすべて外部スタッフによって制作されていた．

そのころまだ無名のオウム真理教教団は，信者の家族の訴えを取り上げた一週刊誌の告発によって世間にその存在を知られ始めた．『3 時にあいましょう』の金曜日担当プロデューサーは，このオウム教団のイベントを取り上げ，現地取材を行った．ところがオウム側は，この番組の中でオウムを批判する坂本堤弁護士などの意見が放送されると知ると，深夜 TBS のスタジオに押しかけ，2 人のプロデューサーに対し，翌日に予定されていた放送の中止を要求し，さらに坂本弁護士へのインタビュービデオを見せることを要求した．

その結果，翌日の放送は中止され，その 1 週間後，坂本弁護士一家の失踪が報じられた．この 10 月 26 日深夜の出来事と坂本弁護士の事件の関係は，6 年間当事者以外には知られていなかったが，95 年の地下鉄サリン事件の捜査の中で，TBS がオウムに坂本弁護士のビデオを見せたこと，教祖はその内容の

報告を聞いて坂本弁護士の殺害を命じたことが分かり，国会による調査が行われた．

2人のプロデューサーの記憶はいずれも終始曖昧で，その行動の実態ははっきりしなかったが，結局，2人のプロデューサーは解雇された．また，こうした事態の究明を行えなかった社長と幹部らは辞職した．この後 NHK と民放は，放送局に対する批判の高まりに対応し，共同の「放送倫理基本綱領」を作成し，また視聴者からの苦情処理機関「放送と人権等権利に関する委員会機構」(BRO) を創設することになった．

この事件で明らかにされたことは，外部の力にふりまわされるテレビと，映像の面白さだけを考える姿勢では手に負えない社会の現実とのギャップであった．

§2 報道の現場

テレビ報道の影響力　日本でテレビ報道の影響力がはっきりと認められたのは，テレビ受信契約が200万から400万に急激な伸びを示した1960年の安保反対運動のテレビ中継であった．連日の国会デモが空前の盛り上がりをみせ，ついに1人の死者を出すにいたった．政府はデモのテレビ中継の自粛要請を行い，以後テレビ局は，デモの映像放送の自主規制など報道現場の管理体制の強化を進めた．

同じ年，アメリカでは大統領選挙が行われ，有権者の7割が，ケネディとニクソンの4回にわたるテレビ討論を見たが，このテレビ討論がケネディの勝利を導いたと評価された．

1980年代のヨーロッパにおける衛星放送の開始は，東西冷戦下で厳しい情報管理の行われていた共産圏諸国の体制の根幹を揺るがせ，ポーランドの非共産党内閣の成立，ルーマニアの独裁体制の転覆，ベルリンの壁の崩壊，そしてソビエト連邦の解体の原動力のひとつとなった．

日本においては，1993年，時の宮沢喜一首相が田原総一朗とのテレビイン

タビューで語った言葉が，直接，自民党政権の崩壊のきっかけをつくり，テレビの政治への影響が大きな社会的話題となった．テレビ朝日の報道局長は，新内閣が「久米・田原連立政権」と呼ばれたことを誇らしげに語った結果，テレビ朝日は新聞から"おごり"と"偏向"を批判され，郵政省（現総務省）から厳重注意を受けた．

近年は政治家のテレビ重視の傾向が一段と進み，新聞の政治記者が，日常的に「昨日のテレビ番組によれば」という記事を書かざるを得ない状況となり，98年の参議院選挙の敗北による橋本首相の辞任の意向表明は，記者会見ではなく，民放テレビの選挙速報中継番組の中で行われた．

テレビ報道の影響力の背景には，映像の迫力，分かりやすさ，小型カメラの自由な取材と世界をつなぐ衛星ネットワークの力がある．またその前提として，"1家に1台"から"1人1台"となった受信機の普及がある．

しかしこのハード面の威力が，公正な報道を求める視聴者の要求に役立てられるかどうかは，テレビを取り巻く政治的・社会的な条件，そしてこの条件に立ち向かうテレビ局の現場の姿勢にかかっている．

現場を脅かす力　テレビ報道の歩みは，戦後社会に育った言論の自由を新しい技術の可能性と結びつけようとする現場の意欲と，これを抑圧し制約する力との格闘のドラマとみることができる．

1965年5月放送の日本テレビ『南ベトナム海兵大隊戦記』第1部の，ベトナムの少年の生首の映像の放送に対して，政府とアメリカ大使館から社長に抗議があり，第2部以降の放送が中止になった．この事件を筆頭に，東西冷戦の激化した60年代から70年代にかけ，政府・与党の介入によって数十本の単発・シリーズの番組が放送中止となった．

1968年3月，成田空港問題を取材したTBSの報道クルーの車に，空港反対派の農民を乗せた事件は，TBSの報道姿勢の偏向の証拠とされ，報道局社員と幹部が処分された．また与党の批判の的であった人気キャスターが辞職に追い込まれ，この事件は外部の政治勢力が加わる長期の労使紛争となった．その

結果，TBSは管理体制を強化し，生番組，ドキュメンタリー番組を一時廃止し，テレビ報道全体の沈滞化傾向を招いた．

この後TBSを先頭に，キー局の制作業務の外注化が相次いで進んだ．とくに1971年，日本教育テレビはテレビ局の聖域とされた報道部門の完全な切り離しを計画し，3ヵ月におよぶ組合の反対を押し切ってこれを実現した．やがて時代の要求に逆らえず，報道部門の復活が行われるが，それは7年後，社名が全国朝日放送に変わってからだった．

1974年，一ジャーナリスト立花隆の調査記事により田中首相の金脈が暴かれた．しかし自民党によるマスコミ操作の圧力は変わらず，81年，NHKはロッキード特集番組に対する自民党の干渉を受け入れ，現場の強い反対を押し切って三木武夫元首相とのインタビューの放送を中止した．

80年代に衛星中継が一般化し，アメリカのCNNニュースの評価が高まり，85年には，テレビ朝日が午後10時台に展開した『ニュースステーション』は大きな人気を得，ようやくテレビ報道の商品性が高く評価される時代となった．しかし他方で，テレビ報道の現場を脅かす力として，経営内部にむき出しの視聴率主義の圧力が生まれた．

テレビ報道番組の現状　衛星放送による多チャンネル時代に入り，すでに報道現場を持たない民放局が存在し，他方，米英や日本でニュース専門局が誕生している．しかし既存の地上テレビ局は，放送法による総合放送として，「教養番組，教育番組，報道番組，娯楽番組の相互の間の調和」を義務づけられている．したがって地上テレビ局は，視聴者の生活時間のリズムに合わせた総合的な編成を行っている．その総合編成の中の定時ニュースは，毎正時ごとに公共的な情報を届け，1日の生活時間のリズムの骨組みを刻む番組と考えられてきた．現在もNHKはその原則を維持しているが，民放は娯楽優位の編成が進む中で，次第に定時ニュースを減らし，夕方と夜の遅い時間がニュースの中心となった．

民放は，こうしたニュース体系の不十分さを補うため，朝，昼のワイドショ

一の中にニュース枠を適宜つくり，大きな話題があればワイドショー風の特集番組が工夫されている．さらに地震などの災害，大事件，選挙，記念日などに，臨時の特別編成が一斉に組まれる．またNHKの『国会討論』などに対抗し，テレビ朝日の『サンデープロジェクト』や『朝まで生テレビ』，フジテレビの『報道2001』のような個性の強いパーソナリティを軸に据えた討論番組がある．民放のローカルニュースは全国的に夕方の時間枠に定着し，多様な生活情報とともにワイドショーを支える役割を果たしている．

しかし，娯楽番組のひしめく夜のゴールデンアワーにおいては，民放の報道番組が皆無で，数少ない民放のドキュメンタリー番組はほとんど深夜放送に限られている．NHKの国際的な調査報道や豊富なニュース番組編成との格差はさらに開きつつある．

他方，民放が商品性を求めて，報道とワイドショーとの境界線を曖昧にする中で，これと一線を画すと思われていたNHKもまた，視聴率アップをねらった"やらせ"番組（81ページ参照）を放送し，視聴率主義の病根の広がりを示している．

　テレビ報道の流れと組織　ニュース番組の現場のスタッフの名前は，なぜ，他のテレビ番組の場合のように紹介されないのだろうか．ニュース番組の場合も，番組ごとにプロデューサーもディレクターもいるが，個人の名前はほとんど紹介されない．

それは，ニュース番組の制作スタッフは，その全員が把握しきれないほど多いというだけでなく，ニュース番組は基本的に，スタッフ個人の力以上に，組織全体のシステムによってつくられるという考え方によるものである．

組織の規模の大小にかかわらず，情報の流れはほぼ以下のようになる．

企画方針→取材→物理的表現手段への素材化→番組ごとの編集→放送
　　　　　　　　　（VTR・読み原稿・テロップ）

企画方針は幹部・デスク全体による作業予定として具体化され，それ以後の

情報の流れは2つの異なった機能をもつ組織によって分担される．前半は取材組織，後半は番組編集組織である．これは，取材記者を花形として位置づける新聞社の伝統を引き継ぐ体制であるが，民放では，個々の番組のスタッフによる自主的な取材が行われる場合がある．

取材と番組編集を束ねる報道局は，民放のキー局で200～250人，全社員150人以下の地方局では20人程度である．NHKの報道は全国組織で，東京の記者・カメラマンだけで400人以上，地方にも1,000人以上がいる．ニュースとドキュメンタリー，ローカル番組を含む全国の番組制作のプロデューサー，ディレクターの数は民放の数系列に匹敵するとみられる．

取材組織は，政治部，社会部，経済部などの記者とカメラマンを中心とする内部組織を軸に，全国の系列局の報道局（NHKならば国内各放送局），海外支局，通信社，提携関係の放送局，現地コーディネーター，そして中継，編集，回線などの技術スタッフを結ぶネットワークとして構成される．

番組編集組織は，プロデューサーとディレクター群，キャスター，番組構成者を軸に，上記の取材組織のデスク，スポーツ担当スタッフ，映像ライブラリー，CG制作者などによるネットワークとして構成され，映像，音声，照明，美術と番組送出部門の技術を駆使して放送を行う．最近は科学・医療・軍事の専門家，フリージャーナリスト，視聴者によるファックスも重視される．

<u>テレビ報道の問題事例と今後の課題</u>　放送法，テレビ局の放送基準，NHKと民放の「放送倫理基本綱領」などは，共通して放送ジャーナリズムとしての「正確と公平」をうたっている．そして一方，現場では，「報道の基本とはスクープである」という考え方がある．報道が国民の知る権利に役立つためには，「正確と公平」の精神と，大胆なスクープの姿勢の双方を両立させる努力が必要である．そのための教訓となる3つの事例について考えたい．

1994年，松本市で発生したサリン事件について，テレビ・新聞は，警察のリーク情報により，競って第一発見者，河野義行氏を容疑者扱いし，人権侵害を重ねた．地下鉄サリン事件が起こって2ヵ月後，各社は横並びで河野氏に謝

罪を行った．しかし河野氏は，警察とマスコミによる冤罪は繰り返されると考えている．それは報道記者の取材が自主的なものでなく，警察と記者クラブの癒着の構造に依存していることを経験したからである（河野義行『疑惑は晴れようとも』文藝春秋，1995年）．

また1985年，一会社経営者である三浦和義逮捕のニュースは，テレビ，新聞のトップ記事となった．テレビ各社は，物理的証拠も公式情報も乏しい「ロス疑惑」について，週刊誌とともにこの容疑報道を増幅させる先兵の役割を果たした．

しかし98年，東京高裁は，殺人の部分について無罪判決を下し，マスコミ報道の「根拠の確かさを検討しないまま嫌疑をかける傾向」を批判した（03年，最高裁の判決により三浦氏の無罪が確定した）．

この「ロス疑惑」報道では，テレビ局が「正確と公平」を軽視しただけでなく，売れる情報なら何でも流す限度のない商業主義の体質を示した．

1997年のペルーの日本大使館人質事件における広島ホームテレビ記者の館内立ち入り取材はどうだっただろうか．この取材が，国民の知る権利に役立つことを目的に，大胆なスクープをねらったものであることは確かである．しかしこの立ち入り取材は，組織としての準備，身柄拘束などを予測した対策もないまま，ペルー警察に取材テープを押さえられた．また日本政府による露骨な介入を招き，視聴者の期待に応える情報は結局放送されなかった．

以上のケースは，テレビ報道が今後，多メディア時代におけるジャーナリズムとしての主体性をもつ上で，基本的な取材方法，役割意識，そして職業的訓練のあり方の再点検を迫られていることを示している．

§3 制作の現場

だれも知らなかったテレビ——番組制作の曙 1953年にテレビ放送が始まった時，現場の仕事は生中継ばかりであった．

歌舞伎，新派，落語，漫才，歌謡ショー，野球，プロレス．カメラで映せば

そのまま見せられる"ありもの"の中継ばかりであった．テレビ番組のつくり方を教えられる人はだれもいなかった．ビデオテープや編集機はもちろん存在しなかった．わずかに手がかりとなったのは，アメリカで番組を見た人の話であり，ラジオドラマ，クイズ，劇映画，演劇，雑誌編集などの経験だった．

テレビは番組についてのなんの準備もなく，多くの反対を退けて慌ただしく始められた．それは日米の政府が，正力松太郎という人物の政治的な野心に動かされて始められたものだった（佐野眞一『巨怪伝』文藝春秋, 1994年）．

しかし，街頭テレビに集まった群衆の熱いまなざし，過去のメディアにはできないことが可能になる不思議さ，番組制作者の慣れと工夫が，新形式のエンターテインメントを次々とつくり出していった．舞台やスポーツの生中継も，"ありもの"ではなく，演出によって創り出された映像世界の面白さを伝えた．テレビタレントという言葉などなかったこの時期，エノケン，柳家金語楼，林家三平などは浅草の芸人からブラウン管のコメディアンに変身し，NHKの『三つの歌』や『私の秘密』の司会アナウンサーは芸人を凌ぐ人気者となった．東京のテレビ局がNHK，日本テレビ，TBS，フジテレビ，日本教育テレビ（現，テレビ朝日）の5局体制になった1959年以降には，各種の視聴者参加番組，メロドラマ，サスペンス，ホームドラマ，幼児番組，多様な外国テレビ映画に加え，『スター千一夜』『兼高かおる 世界飛び歩き（のち『兼高かおる 世界の旅』と改称）』『光子の窓』，『月光仮面』など，その後定着するジャンルのほとんどが開発されている．芸術祭参加ドラマが脚光を浴びた時期は短いが，58年のTBSの『私は貝になりたい』（岡本愛彦演出）は，初めてVTRを活用し，戦犯で処刑された庶民の姿を描き，映画を凌ぐ社会的衝撃を与えた．

60年代を通じて，NHKはテレビ小説や大河ドラマ，日本テレビはスポーツとバラエティ，TBSはドラマと歌謡曲，フジテレビはアニメとショー，日本教育テレビ（現，テレビ朝日）はワイドショーと外国映画で，それぞれ特色を発揮した．テレビ番組編成の時間割りの骨格は，ほぼこの時期にでき上がっている．

制作者の情熱と制作条件

日本のテレビ制作費は，当初から現在までアメリカの 10 分の 1，あるいはそれ以下とみられている．それは，両国の経済力の差だけでなく，いち早くテレビに進出したハリウッドの市場支配力と，テレビを敵視した日本映画の対応姿勢との差であり，また日本の放送の競争状況の激しさの結果でもある．NHK を含む 6 系列のシェア争いは，かつて 3 大ネットワークが支配した時代のアメリカより厳しい面があり，アメリカでは夏の 3 ヵ月間以上，ゴールデンアワーで再放送が行われる習慣は日本では成立しなかった．

この日米の条件の差を乗り越え，年間 52 週，世界に類のないほど多彩な番組を大量につくった力は，草創期の制作者たちの創造への激しい情熱だった．

60 年代前半，まだプロデューサーとディレクターの区別もさだかでない時期に，彼ら第 1 世代の意欲は，『日本の素顔』(NHK)，『ダイヤル 110 番』『光子の窓』(日本テレビ)，そして岡本愛彦，大山勝美 (TBS)，和田勉 (NHK) らの芸術祭参加ドラマなど，時代をアクチュアルに表現する先駆的な番組を生み出した．そしてこれらの草創期の番組は，最初からテレビを自己表現の手段と確信してテレビ局に入る第 2 世代の新入社員たちの出発点となった．

1959 年の TBS の大量入社の社員たちは，アシスタントディレクター (AD) として，雑誌『dA』を発行し，同世代としての先鋭な自己主張を展開した．

「われわれには演劇コンプレックス，映画コンプレックスはまったくない」「相も変わらぬ新派歌舞伎俳優の演ずる生ぬるい人情の機微など，今更どうするすべもない」「われわれの世代がもつ共通意識を TV という媒体によって表現する」

この「dA」グループから今野勉，村木良彦，実相寺昭雄らが輩出するが，彼らは間もなく放送局を離れて自立した．「テレビマンユニオン」を創設した今野らは 77 年，初の 3 時間ドラマ『海は甦える』を生み出し，現在もテレビの可能性に挑戦している．また大阪の朝日放送に入った沢田隆治は，『スチャラカ社員』『てなもんや三度笠』など，オフィス街のサラリーマンが参加する

公開番組により，東京中心のテレビ編成の一角を崩し，関西発のお笑い番組の強烈な力を日本中に示した．

番組制作の組織と仕事の流れ　「番組は放送局がつくる」という原則は，70年以降のプロダクションの誕生によって大きな転換を遂げた．NHKは近年，関連会社の制作が増えているものの，いまでもレギュラー番組は自局制作が中心で，民放でもプロダクションのみが著作者として表示される番組は例外的である．しかし民放のゴールデンアワー番組の7割以上が，実質的にプロダクションの制作であり，自社制作の場合でも，ニュース報道以外の現場の仕事の大半は外部の労働力に依存している．

ドラマなど録画番組の制作過程の一般的な骨組みを企画決定段階，制作実施段階に分けて以下それぞれ表示する．

［企画決定段階］

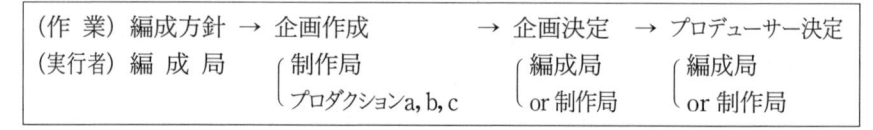

（作　業）	編成方針　→	企画作成	→	企画決定	→	プロデューサー決定
（実行者）	編　成　局	制作局 プロダクションa, b, c		編成局 or 制作局		編成局 or 制作局

orは，放送局の方針または番組の規模によって，編成局主導の場合と制作局主導の場合があることを示すが，いずれの場合も両者の協議が重要である．

［制作実施段階］

（作　業）	スタッフ・ 予算決定	→台本依頼	→出演者交渉	→美術・ロケ 打合わせ	→音楽打合わせ	→技術打合わせ	→リハーサル・本番
（実行者， または分担・ 協同作業）	P	P,D	P,D	D デザイナー	D 作曲者 音楽プロダクション	D テクニカルP テクニカルD スイッチャー,VE カメラ,音声,照明	全スタッフ

Pはプロデューサー，Dはディレクターを示す．プロダクション制作では，放送局側のPが加わり2人以上のPの場合がある．

映像技術の高度化が進み，技術の全般を計画するテクニカルP，技術スタッフ全体を指揮するテクニカルD，画面を構成するスイッチャーが協力し，ビデ

オエンジニア（VE）が映像信号全体のシステムを管理する．

ドラマでは主題歌の制作が重要な仕事であり，衣装，時代考証，方言，メイク，宣伝も欠かせない．バラエティやクイズでは，台本構成に多数の作家，ブレーンが参加し，ワイドショーではレポーター，カメラマンが表舞台に立つ．

制作者の環境の変化と今後の役割 70年代にカラーテレビが白黒テレビの普及を上回り，取材・編集両面の小型化と簡易化が進む中で，制作者の競争はこれらの技術革新の活用の仕方にかかってきた．照明の陰影がドラマの個性をつくり，ワイドショーのカメラは街角から玄関へ肉薄し，また記録映像の編集の工夫自体が面白い番組づくりとなった．75年にテレビが新聞を上回る広告媒体となって以後は，経営者の姿勢として，収益の優位性の維持に関心が注がれ，制作者の主体的な創造よりも，いかに効率的に制作するかの競争が行われた．

視聴率データは，当初はすべての番組の評価基準とは考えられず，また放送局の収支をそのまま左右するものではなかった．しかし70年代に，広告主の販売促進に直接つながるテレビスポットの比重が事業収入の中で飛躍的に増大し，さらに77年にビデオリサーチの視聴率調査結果の速報体制が生まれてから，業界全体の視聴率競争の重視の姿勢が強まった．そして個々の番組の評価も視聴率への貢献度によって行われ，番組制作者自身も，1分刻みの視聴率表によって台本，出演者，演出を評価するまでになった．

こうして制作者の内面性とつながらない外的な条件が重視されるのと並行し，80年前後に視聴者のテレビ離れが指摘され，視聴時間の減少傾向が生まれた．

しかし，80年にフジテレビが行った外注中心から社員制作拡大への転換，制作者の感性を重視する方針は，番組と視聴者を結びつける新しい活力を生んだ．これ以後，番組制作と映画，ラジオ，音楽，展示など多様なメディアのパワーを結びつける努力が重ねられたが，その結果得られたフジテレビの優位は，その後"若者志向"に矮小化され，各局における類似番組，同じタレントの起用による同じ層の取り合いによる視聴率競争を導いた．その中で，プロ野球放

送で切り札をもつ日本テレビが，若年層向けのバラエティの開発などにも成功し，現在の視聴率競争での優位を維持している．

　しかし2003年10月，この日本テレビの一プロデューサーが視聴率調査会社ビデオリサーチ社のサンプル世帯を見つけ出し，自分の制作番組を見てもらうことを目的に金品を渡していたことが発覚した．放送局への広告主の信頼を大きく揺さぶり，また放送事業自身も経営基礎データの不安定性について検討を迫られる事件となった．視聴率調査の開始以来，そのサンプル世帯はデータの客観性を守るため外部に極秘とされてきた．

　この視聴率不正操作事件の発生について，関係者の中には視聴率調査会社がビデオリサーチ一社であること，また関東地方のサンプル数が600世帯に過ぎないことに原因を求める意見もあった．しかし根本的な要因は，長年にわたる放送業界の視聴率への依存，視聴率だけで番組と制作者を評価する経営姿勢にあると考えられる．今後の再発防止のために，視聴率以外の質的な番組評価の方法の必要性が指摘されている．しかしそのためには，メディアの多様化，双方向機能の拡大の中で，テレビ番組制作者自身が，視聴者を単に不特定の数としてでなく，市民1人ひとりとの深いつながりを創ることを目的としてとらえることが重要だと考えられる．

§4　テレビのデジタル化と制作現場

　デジタル化とコストの削減　　2003年12月に地上放送のデジタル化が始まった．そのために巨額の投資を開始した民放，NHKは，ともに経費の削減，とくに人員と制作費の圧縮を進めており，制作現場の環境と労働条件は大きく変化しつつある．

　民放の従業員数は80年代，90年代の3万人規模から2002年7月現在約2万7,000人となり，さらに急速に減りつつある．NHKの職員数は80年代末の1万5,000人体制から減量が進められ，2003年3月末約1万2,000人となっている．従業員の中に占める編成・制作関連部門の人員の割合は民放キー局，

NHKで6割前後，民放ローカルでも4割前後で，現在の人員削減の大半はこの制作部門が対象となっているとみられる．衛星や通信による多メディア化，そして他方で生放送時間の拡大が進み，この業務の拡大と人員圧縮のギャップを埋めているのは番組制作会社とフリーのスタッフである．

制作会社とフリーのスタッフについては，ATP（全日本番組製作社連盟）の2002年の調査で，制作会社が81社，所属スタッフが約8,000人という数字がある．その他ポストプロ関連業務やフリーのスタッフを含めると，民放の現在の全従業員に匹敵する番組制作者が存在すると推定される．

すでに民放の番組では，ゴールデンアワーの番組の6割から7割が外部制作の番組であり，ワイドショーなどのスタジオの中は，社員のプロデューサーとディレクターが1人ずつ，他の数十人はすべて外部スタッフである場合が少なくない．80年代まで自局制作が100%を占めたNHKの場合も，「協力」として制作会社名が表示されるものが少なくない．その多くはNHKの関連会社であるが，世評の高い『課外授業──ようこそ先輩』のように，多くの制作会社が腕を競う形で企画・制作に参加している番組もある．また近年，全国的に拡大が進んでいるNHKの午後のローカルワイドでは，各地域の多様な外部スタッフの協力を得ているものがほとんどである．

ニュース番組については，自社制作の砦とみられていたが，テレビ朝日の『ニュースステーション』のようにキャスターの属する制作会社との共同制作の形態も生まれ，03年のイラク戦争ではフリーのジャーナリストやカメラマンの活躍が目立った．

こうした制作体制の変化と経営合理化の進行の中で，ドキュメンタリーなど人手と時間をかけた番組づくりは減少し，有力なローカル局でも制作費の3割削減を行っている．撮影クルーはディレクターとカメラの2人だけのチームは珍しくなく，ラジオ並みの予算の枠を守るため，ディレクターが自分に向けたカメラを片腕に抱え，撮影とレポートを1人で行う軽業的な工夫も生まれている．

制作会社の苦悩　労働条件における局の内部と外部の格差の問題は，これまで改善の必要が叫ばれながら，広告不況の深まりの中で，実質的な賃金格差はむしろ広がっている．大手の制作会社でも固定給は低く，出来高払いあるいは本数契約による報酬が大半である．新人採用にあたって，賃金の保証なしにまず身銭を切って仕事を覚え，その実績によって初めて契約者とするような実態もある．また，労働基準局の2003年の全国調査では，85カ所の番組制作の事業所の中で，高所からの転落を含む労働災害を経験したところが31％に上り，安全対策マニュアルのあるところは3割以下である．すでに触れた日本テレビの視聴率不正操作事件で，7つの制作会社が買収の実行作業をやらされていたという事実は，制作会社の現在の立場を物語っている．

　歴史的にみると，日本のテレビ番組制作は，アメリカと異なり，1960年代まではNHKの伝統に習って自局制作中心の体制を維持してきた．70年に至って「テレビマンユニオン」など自由な制作を志すテレビ専門の制作会社が誕生し，多くの新機軸を生み出した．しかし放送局にとって制作会社は基本的には制作体制の合理化とコスト縮小の手段として位置づけられてきた．そのため制作会社へ支払う制作費は切り詰められ，著作者としての権利が認められず，労働条件の格差は広がってきた．また多チャンネルの流れは，放送局側の権利確保の姿勢をさらに強めている．

　この状況に対し，全国の制作会社が組織するATPは97年，「制作会社はテレビ番組制作の著作権法上の映画制作者として正当な権利を保有し，それを行使できる」とするアクションプログラムを提起した．「契約内容は放送事業者と制作会社が対等の人格のもとに決定される」「二次利用管理権を，はじめから放送事業者が独占することがあってはならない」という主張である．制作会社のこうした活動の結果，98年10月，公正取引委員会は「役務の委託取引における優越的地位の濫用に関する独占禁止法上の指針」という"ガイドライン"を出すことになった．これは「放送局が番組制作費を出したからといって，制作者としての権利を，一方的に放送局に帰属させたり，二次利用権を制限し

てはならない」というものだ．それ以後このガイドラインを前提に交渉が積み重ねられ，NHKが委託取引における透明性や公正性の確保のための「自主基準」をつくるなど，一部の局の中に，制作会社の権利への配慮を示す姿勢が生まれつつある．

またATPは，デジタル化の進行の中で制作費の切り詰めが進む傾向に対し，2002年2月「制作費削減に対する見解」を各局に送付し，局に制作費削減の具体的な理由の説明を求め，「それが明確でない場合は公正な取引ではないと考える」と主張した．しかし各局の制作費の削減傾向は続き，制作会社の困難な状況の解決の展望はまだみえていない．

§5 番組規制の動きと制作現場

法律による規制の動き　80年代以降のテレビの影響の拡大の中で，テレビへの社会的批判を招く事件が続発した．92年以後相次いだ民放とNHKの"やらせ"，96年のTBS坂本ビデオ問題，97年の少年による神戸市の連続殺傷事件以降の少年犯罪，同年の『ポケットモンスター』による健康被害，98年の和歌山毒物カレー事件の過熱取材，99年の高知の病院における臓器移植報道のプライバシー侵害，同年のテレビ朝日のダイオキシン問題報道による農家の経済的な被害．これらをめぐるテレビの社会的責任追及の声は国会の論議の主題となり，政府による取材方法や番組内容の規制の立法化の動きを生み出した．また裁判所は，メディアによる名誉棄損の損害賠償額を大幅にアップさせる傾向をもたらした．

2000年の自民党による「青少年社会環境対策基本法案」は，メディア全体を対象に，総理大臣，都道府県知事が，「青少年の性もしくは暴力に関する価値観の形成に悪影響を及ぼすおそれのある商品・役務の供給方法等について，必要な指導・助言を行う権限を持ち，勧告・公表を行う」というものだった．メディア業界全体の反対の結果，国会提出はひとまず見送られたが，2003年7月現在，自民党はこの原案を2つに分割した修正案の骨子を決め，次の国会

提出を準備している．

また98年以降法務省の主導により，人権侵害に対し，これを直ちに救済する機関の設立と救済手続きを定める「人権擁護法案」が検討された．これは本来，社会的差別，公権力による人権侵害を対象とするはずであったが，02年に閣議決定された内容は，マスメディアによる人権侵害を重視するものとなった．報道によるプライバシー侵害と，過剰な取材（つきまとい，待ち伏せ，見張り，電話かけなどの継続・反復）による被害への積極的な救済を掲げていた．これは取材の自由を含む表現の自由に抵触するとする反対論が高まり，同法案は03年，衆院解散に伴い廃案となった．

01年3月に国会に提出された「個人情報保護法案」は，もともとデータベースを持つ企業の個人データの流失を防ぐのが狙いであった．しかし具体化された政府の方針は，個人情報を取り扱うすべての者に，利用目的，情報の取得，内容の正確性，安全保護について原則を設け，主務大臣に改善・中止命令の権限を与えるものであった．この案では全メディアが官庁の監督下に入るとも考えられ，全国的な反対が起こった．そこで政府は03年3月，新たに報道活動，著述，個人ジャーナリストの活動を適用除外とする修正案をつくり，一部の新聞の支持も得つつ，03年5月，衆参両院で可決成立させた．この法律の中で新たに「報道」の定義を定め，政府がその定義の解釈を下すことになり，言論活動に対する政府の介入が制度化されたといえる．

放送界の対応 放送界は，97年に民放とNHKによる「放送と人権等権利に関する委員会機構」(BRO)の設立により自主規制の強化を図り，以後5年にわたり1万3,000件を越える苦情を受け付け，人権侵害や番組への批判に対して調査，斡旋，見解，勧告を行ってきた．また2000年に，番組内容の自主規制機関として放送番組向上協議会の中に「放送と青少年に関する委員会」を置いた．この委員会はバラエティ番組の中の"いじめ"や過度の下品な演出を指摘し，そのコーナー企画は自主的に中止となった．2003年，BROと放送番組向上協議会は「放送倫理・番組向上機構」(BPO)へ統合された．

少年による犯罪をめぐっては，関係者の実名や映像の規制について各社の規定が作られた．また大事件の取材における集団的過熱取材（メディア・スクラム）への批判に対して，マスメディア各社は，人権尊重のための内規の強化，記者クラブや現地の取材責任者の協議によって取材方法を規制し，乱暴な"突撃取材"やプライバシーを損なう取材を排除し，遺族あるいは近隣住民の人権への配慮を行うことにしている．北朝鮮による拉致家族の場合は，2002年の帰国以後，帰国者や家族の立場を尊重し，合同の会見以外の個別取材は原則として行われていない．

　しかし02年以降の言論規制の動きは民間団体や野党の支持で生まれた．その背景には，識者の中から「マスコミの自業自得」という発言が出るほど，テレビの公共的な使命感の希薄化の実態がある．03年の日本テレビのプロデューサーによる視聴率不正操作事件の衝撃を経て，テレビが視聴者の信頼を取り戻すためには，経営者は番組編成表そのものの中に公共性を打ち出し，制作者が使命感をもって演出を競う場をつくる責任がある．また制作現場は与えられた役割にとどまらず，放送局社員と外部制作者が制作条件の改善のために結束し，公共性の守り手となることが期待される．

（田原　茂行）

参考文献
岡村黎明『テレビの21世紀』岩波書店　2003年
田原茂行『TBSの悲劇はなぜ起こったか』草思社　1996年

VII 放送産業の構造と特質

　本章は，日本の放送産業の構造と特質を，以下の4つの節に分けて検討することとしたい．まず第1節では，日本の放送産業の基本的な構造を，公共放送と商業放送（民放）による二元体制の現状とその意味の考察を通じて探る．次の第2節では，その日本の放送体制を構築している法制度の基本構造を明らかにし，あわせて最近の多メディア・多チャンネル化の進展に伴う法制度の変容の模様をみていく．第3節では，今後の日本の放送産業のありようにとくに大きな影響を及ぼすことが予想されるものとして，ハード・ソフトの分離政策の導入とマスメディア集中排除原則の緩和の動向をみていく．最後の第4節においては，衛星放送（BS, CS）の成長，テレビとインターネットの連動に象徴される，放送と通信の融合の進展，さらには，地上波テレビのデジタル化がもたらす放送産業構造の変容について検討する．放送と携帯電話の関係についても触れたい．

§1　公共放送と商業放送の二元体制

　二元体制が世界の大勢　　現在，世界の放送は，欧米はむろん，その他の地

域においても，公共放送（公共事業体による放送）と商業放送（商業事業体による放送）の二元体制が大勢となっている．日本は1950年，電波法・放送法の成立（4月26日，施行は6月1日）とともに，それまでのNHKラジオ単独時代に終止符を打ち，公共放送（NHKラジオ）と商業放送（民放ラジオ）の二元体制に移行した．この二元体制は53年にスタートしたテレビ放送にも引き継がれた．55年に商業テレビを開始したイギリスを除き，長らく公共放送単独体制を伝統としてきた西欧でも，イタリアが70年代後半から，フランスとドイツ（旧西独）が80年代半ばから後半にかけて商業放送の参入を認め，二元体制に移行した．また，3大ネットワーク（CBS，NBC，ABC）を中心に商業放送がすでに高度に発展したアメリカにおいても69年，非営利のテレビ局への番組調達，伝送などを担当するPBS（Public Broadcasting Service）が設立され，公共放送システムが"追加導入"された．アジアでも，韓国が60年代に移行したのをはじめ，中国，その他二元体制を採用する国が大勢を占めてきている．

　公共放送の財源方式（受信料方式，受信料と広告収入の併用方式，国・連邦や州の交付金，企業や財団などの寄付金など），商業放送の財源方式（広告方式，有料方式）ともさまざまだが，公共と商業の二元方式が，その国固有の放送事情や多チャンネル化のレベルの違いなどを超えて，普遍的な流れとなっている．

　なぜ二元体制なのか．フランス，ドイツについては，広告需要の増大（広告メディアとしての商業チャンネルに対する需要の高まり）に応え，経済振興を図るという狙いが，二元体制を実現した要因のひとつに挙げられる．日本については，第二次世界大戦の反省に立ち，日本に民主主義を根づかせる狙いが，商業放送導入にあった．

　<u>相互補完による情報の多元化</u>　だが，近年二元体制が世界の大勢となってきた要因は，別に考えられる．人びとの多チャンネル化欲求（モア・チャンネル欲求）の高まりである．つまり，公共放送優位の国にあっては，「お堅い番組」「お仕着せの番組」といったイメージの強い公共放送の番組に飽き足らなさを覚え始めた人びとの商業放送チャンネル欲求，また，商業放送優位の国にあっ

ては，視聴率主義が覆う商業チャンネルには期待できないマイノリティー向け番組や，視聴率とは無縁な高質番組に対する欲求である．放送最先進国のアメリカで，60年代後半から公共放送が各地に登場したのは，後者の要因を示す典型例といってよい．85年から放送を開始した日本の"第2の公共放送"「放送大学学園」の登場も，テレビの教育番組の拡充という意味で，これに近いケースといえよう（同学園の財源は，政府の補助金と学生の納入金で賄われている）．

　公共―商業の二元体制の意義は，つまるところ，公共放送と商業放送の相互補完による「情報の多元化」の維持，促進にある．そうした観点から日本のNHK―民放を基軸とする公共―商業二元体制は，総体的にはうまく稼動している，といってよい．民放テレビ番組に対する低俗批判，NHKの商業主義的傾向（関連企業による商業行為）に対する批判など，問題がないわけではない．だが，全体的に見れば，NHKと民放が競争と同時に，互いの足らざるところを相補い，多様な情報が安定的・継続的にフローする"情報の多元化状況"の実現に貢献している，とみてよいのではないか．

　全国放送と県域放送　NHKと民放を基軸とする公共―商業の二元体制は，地上波放送については，NHKが全国放送を中心に担い，民放が地域（県域）放送を分担する"分業体制"を基本にしている．NHKの目的を定める放送法第7条は，「協会は，公共の福祉のために，あまねく日本全国において受信できるように豊かで，かつ，良い放送番組による国内放送を行う」としている．この規定では，NHK＝全国放送という図式は明確には示されていない．現実にNHKは各地の主要放送局を拠点に，地域放送を実施している．だが，民放が原則として県域を放送対象地域にして放送免許を付与されていることから考えて，NHKの地上波における主要放送業務は全国放送である，といって差し支えない．全国放送をNHKが，地域放送を民放がそれぞれ分担し，車の両輪のように相互補完して日本の放送を発展させるというのが，放送法ないし電波法（第6条第2項に放送区域に関する規定がある）の立法者の期待であったと推測される．民放＝地域放送の図式は，たとえば，放送法第2条の2に基づき総

務大臣が定める放送普及基本計画が,「放送事業者の構成及び運営において地域社会を基盤とするとともにその放送を通じて地域住民の要望にこたえることにより, 放送に関する当該地域社会の要望を充足すること」(同計画第1の3)と規定していること, また, 放送局の開設の免許に関する基本的方針を定めた「放送局の開設の根本的基準」第9条第9項が,「開設しようとする放送局の主たる出資者, 役員及び審議機関の委員は, できるだけその放送に係る放送対象地域に住所を有する者でなければならない」と規定していることからもうかがえる.

　なお, 民放の放送対象地域では, 関東, 中部, 関西の3地区については, 周波数の効率的利用などの観点から複数の都府県をひとつの放送対象地域としている (広域圏免許). また, 島根・鳥取両県はエリアの経済的事情 (市場性が低い) から, 岡山・香川両県は瀬戸内海を挟んで隣接する地理的条件 (電波が混信しやすい) から, 2県を1地域とする免許方式 (相互乗り入れ方式) が例外的に採用されている.

　民放テレビ・ネットワークの存在　　立法者の期待はさておき, 民放を地域放送中心としておくことは, 経営的にみて現実的ではないといわざるを得ない. 民放が先行するNHKに伍して番組活動を安定的・継続的に行っていくためには, 何らかの形で「全国性」を確保する必要がある. 報道メディアとして, 全国各地に取材網を持つNHK, あるいは新聞 (全国紙) に対抗していくうえでも, 全国性は不可欠である. また, これらの活動を支え, 安定した経営を維持するためには, 広告メディアとしてのスケールメリットの追求, すなわち, 全国性の確保が必要となる.

　そうした要請から, いわば必然的に形成されたのがネットワークである. したがって, 日本の公共―商業二元体制の一方の車輪は, 民放ネットワークによって形成されているといえる. 民放テレビ・ネットワークは, 59年に東京放送 (TBS) をキー局とするJNN (ジャパン・ニュースネットワーク) が正式にスタート, 他のNNN (日本テレビ系列, 日本ニュースネットワーク), ANN (テレビ朝日

系列，オールニッポン・ニュースネットワーク），FNN（フジテレビ系列，フジニュースネットワーク）も同時期に事実上発足，83年にはテレビ東京をキー局とするメガTONネットワーク（現TXN）がスタートした．

テレビ・ネットワークは，ニュース取材の協力，素材の交換，番組の共同制作・販売などの活動を通じ，加盟各局の経営的安定・発展を目的とする組織である．だが，加盟局，とくに地方局の経営は，番組面，営業面双方でネットワークに依存する度合いが強く，その依存体質からの脱却が民放テレビ界の大きな課題とされている．地方局の全番組に占めるネットワーク番組の比率は，局の番組制作能力によって開きがあるが，およそ80～90％程度であり，全収入に占めるネットワーク収入（ネットワーク番組を放送することにより受ける配分収入）の割合は，これも局によって開きがあるが，30％前後の局が多い．なお，前記の広域圏内の民放UHF局（独立U局）13局（2003年12月現在）は，番組のほとんどを自主制作，自主調達し，独自の番組活動を展開している．

　　ラジオ・ネットワーク　　テレビに比べ，地域性の強い番組活動を特色としてきた中波ラジオ（AMラジオ）も1965年，テレビ放送の成長などを要因とする経営苦境の打開策のひとつとして，TBSラジオを中核局とするJRN（Japan Radio Network）と，ニッポン放送と文化放送を中核局とするNRN（National Radio Network）が結成され，協力体制を強めている．また，FM放送でも，81年にエフエム東京を中核局とするJFN（全国FM放送協議会），93年にエフエムジャパンを中核局とするJFL（ジャパンエフエムリーグ）が，それぞれスタートした．99年には，外国語FM局を結ぶMEGA-NET（メガポリス・レディオ・ネットワーク）も結成されている．

これらラジオのネットワークは，東京の局が制作し，ネット回線を通じて供給する番組を，加盟局が自局で放送したい番組だけを随時受けて放送するシステムが主流である．ネットワーク番組は原則として放送することを義務づけられ，運命共同体的な強い拘束力をもつテレビ・ネットワークとは，性格を異にしている．中波のネットワークでは，ほとんどの局がJRN，NRN両方のネ

ットワークに加盟している（クロス・ネットワーク）のも，特徴のひとつである．これは，大都市圏以外の地方では中波ラジオ局が1県1局であり，同一エリア内で放送重複という事態が生じないという置局状況による．

なお，放送法には，一般放送事業者（民放）について「特定の者からのみ放送番組の供給を受けることとなる条項を含む放送番組の供給に関する協定を締結してはならない」とする規定（第52条の3）がある．ネットワーク禁止条項と呼ばれる規定だが，この規定は立法・行政サイドの，民放の地域放送活動への期待を表明した精神的規定と，一般には解されている．

§2 制度的メディアとしての放送

電波法と放送法の存在　「放送は制度的メディアである」といわれる．これは，新聞や雑誌，映画といった他のマスメディアとの対比でいわれる放送の特質である．この特質の中身は，大きく分けて2つある．第1点は，電波法に基づく免許事業であること，2点目はソフト（番組）の内容に言及する放送法という言論法を持っていることである．新聞や雑誌など他のマスメディアも，憲法はもちろん，民法，刑法，商法など一般法の規律に服することは，いうまでもない．しかし，放送のように電波法，放送法といういわば特別法はもっていない．これは，放送が資源に限りのある電波（周波数）を使用するメディアであること（周波数の希少性）と社会的影響力がきわめて大きなメディアであること，の2つの要因に起因する．社会的影響力は，とくにテレビの場合，活字メディアと比べ，求められるリテラシー（ソフト内容の理解に必要な能力）のハードルが低い映像メディアであること，また，居ながらにして接触可能なメディアであることによる大衆把握力の大きさに起因するものである（なお，放送法などに相当する特別法は，電話に代表される通信メディアにも電気通信事業法があるが，こちらは通信内容の"秘密の保護"が大原則であり，番組内容に政府・行政が介入する余地を認める放送法とは異なる）．

免許事業　放送局は無線局の一種である．したがって，放送局を開設しよ

うとする者は，電波法により「総務大臣の免許を受けなければならない」（第4条）．有限の資源である電波は，効率的利用の確保を図る必要があること，また無線通信は，その使い方いかんによっては，人びとの生命，社会の安全，ひいては国の存在すら危うくしかねないほど社会的影響力が強大だからだ．電波法第5条第1項が，「日本の国籍を有しない人」「外国政府又はその代表者」「外国の法人又は団体」「法人又は団体であって，前三号に掲げる者がその代表者であるもの又はこれらの者がその役員の三分の一以上若しくは議決権の三分の一以上を占めるものには無線局の免許を与えない」と規定するのは，放送の社会的影響力を考慮してのことである．外国国籍の人や法人は，免許対象から排除する趣旨である（こうした規制は，日本に限らず諸外国に共通するものである）．

免許事業の法的意味　放送が免許制度の下に置かれているということは，放送局は免許状記載事項の遵守義務（電波法第52条，第53条など）を負い，これに違反したときは「三箇月以内の無線局運用の停止」などの行政処分を受ける（同法第76条）ということである．つまり，政府の強力な行政監督の下に置かれているということにほかならない．この点について，電波法，放送法の制定作業に携わった荘　宏は，その著書『放送制度論のために』で，「放送と同じく国民の言論・表現の手段である新聞，書籍，雑誌，映画，演劇等が政府の免許・許可を必要としないのに反し，放送においてのみ免許制をとることは，憲法に保障された表現の自由を侵すかに見える．しかし自由に入手できる紙と輪転機，あるいはフィルム，撮影機，舞台等によって無制限に発行，出版，上映，上演のできるそれらのものと，有限で且つ合理的な秩序の下でなければ全国民の利益に合致した利用のできない電波を使う放送とは，公共の福祉を確保するためにどうしても異った取扱をせざるを得ない」(p.36) と述べている．

　同書で示されている考え方が，現在においても一般に認められている考え方である．後述するCS放送の開始に伴い新しく登場した委託放送事業者については，同事業者が自らは無線局を有しない事業形態をとることから，「免許」ではなく「認可」制が採用されているが，その法的意図は「免許」とほぼ同様

である（放送法第52条の13第1項）．ただし，これも後述するように，このところ顕著な放送と通信の融合化と，急激な多チャンネル化の進展は，既存の放送の概念（定義）の曖昧化現象を促し，放送規制のありようにもさまざまな修正を迫り始めている．この免許制度のあり方も，そのひとつである．なお，放送免許の有効期間は5年間とされている（電波法第13条第1項）．

放送法による番組規制　放送が「制度的メディアである」といわれるもうひとつの理由が，放送法の存在である．同法は，放送番組の内容に言及する条項を持っており，その意味で言論法的要素を持つ法律といえる．かつて総選挙（93年）の報道に絡むテレビ朝日・椿報道局長発言問題（同局が非自民党候補に有利なように報道したのではないかという問題）で，この放送法の言論的側面が議論を呼んだことは，記憶に残る．ニュース報道番組などで，キャスターの発言が同法との関係で問題となるケースは，あとを絶たない．

　放送法はまず，第3条で「放送番組は，法律に定める権限に基く場合でなければ，何人からも干渉され，又は規律されることがない」とし，放送活動が新聞や雑誌など他のマスメディア同様，憲法第21条がうたう「表現の自由」の法理の下にあることを明らかにしている．だが，第3条に続く第3条の2は，その第1項で，「放送事業者は，国内放送の放送番組の編集に当たっては，次の各号の定めるところによらなければならない」として，①公安および善良な風俗を害しないこと，②政治的に公平であること，③報道は事実をまげないですること，④意見が対立している問題については，できるだけ多くの角度から論点を明らかにすること，と放送局が番組編集に際して守るべき4つの項目を掲げる．いわゆる「番組編集準則」といわれる規定である．そして，同条第2項は，「放送事業者はテレビジョン放送の放送番組の編集に当たっては，特別な事業計画によるものを除くほか，教養番組又は教育番組並びに報道番組及び娯楽番組を設け，放送番組の相互の間の調和を保つようにしなければならない」と規定する．「番組種目間調和原則」と呼ばれる規定である（ラジオは規定除外）．両規定は，第3条にある「法律に定める権限」によって根拠づけられ

る，法律による番組規制である．

すでに述べたように，現憲法下で民法や刑法などの一般法以外に，こうしたソフト（番組）内容に"立ち入る"特別法を持つマスメディアは，放送だけである（正確にいえば，CATV も放送法第3条の2第1項を準用する有線テレビジョン放送法第17条第2項により，その番組編集が規制の対象とされている．ただ，CATV はもともとテレビ放送の補完メディアとして登場したメディアであり，したがってここでは，CATV も「放送」のうちに加えて考える）．

放送事業者の自律　さまざまな規制を規定する放送法も，本来は，放送事業者の自律によって放送を国民の福祉に最大限貢献させることを目的に制定された法律である．このことは，放送法の目的を規定する第1条第1号の「放送が国民に最大限に普及されて，その効用をもたらすことを保障すること」および第2号の「放送の不偏不党，真実及び自律を保障することによって，放送による表現の自由を確保すること」という内容からもうかがえる．また，放送事業者に課された「番組基準の作成と，同基準に基づく放送番組の編集」義務（第3条の3）や「放送番組審議会の設置と審議会意見の尊重」義務（第3条の4）といった，放送事業者の自律的な業務遂行に期待を置く諸規定の存在からも推測される．第3条の2の規定も，この文脈で解釈されるべきだというのが，一般的な考え方である．

放送事業者はこうした放送法の規定を受けて，NHK が「国内番組基準」を，民放各局もそれぞれ番組基準を定め，番組審議会の設置・運営を行うなど，自律的な活動を実施している．民放では各局ごとの番組基準のほか，日本民間放送連盟（民放連）の「放送基準」があり，同基準が民放全社の合意に基づく基本的基準として機能している．

だが，やらせ事件や人権・プライバシーの侵害といった不祥事があとを絶たないのが，実情である．そうした状況を踏まえ，NHK と民放連では，96年9月に共同で「放送倫理基本綱領」を定め，さらに97年5月には，放送番組に関する苦情対応機関「放送と人権等権利に関する委員会機構」（BRO）を設

け，外部有識者による「放送と人権等権利に関する委員会」(BRC) 活動をスタートした．BRC (Broadcast and Human Rights / Other Related Rights Committee) は，「放送事業者が担う社会的責務を積極的に遂行するとともに，放送による言論と表現の自由を確保し，かつ，視聴者の基本的人権を擁護するため，放送への苦情に対して，自主的に，視聴者の立場から迅速かつ有効に対応し，もって正確な放送と放送倫理の高揚に寄与することを目的」に設立された組織である．この BRC の活動は，2003 年 7 月から BRO を発展的改組した「放送倫理・番組向上機構」(BPO：Broadcasting Ethics & Program Improvement Organization) に引き継がれている．

　視聴率至上主義の弊害は，テレビ放送のスタートと同時にいわれ始めた，テレビ放送にとってはまさに"持病"ともいえるものである．2003 年 10 月に明るみになった日本テレビのプロデューサーによる視聴率不正操作事件は，はしなくもその病状が露呈したケースといえなくもない．放送事業者の一段の自律努力が望まれるところである．

　放送の「概念」の曖昧化　多メディア・多チャンネル化が急テンポで進む一方，コンピューター技術やデジタル技術の進歩は，放送と通信の間の垣根を急速に低下させ，従来の放送「概念」(定義) にも変更を迫ってきている．

　放送法第 2 条は，「放送」を次のように定義する．

　　「放送」とは，公衆によって直接受信されることを目的とする無線通信の
　　送信をいう．(電波法第 5 条第 4 項に同様の定義がある)

　この定義をキーワードに分解すると，「公衆」「直接受信」「無線通信の送信」となる．この 3 つのことばの意味を，前掲『放送制度論のために』に求めると，「公衆」は「差別や限定のない不特定の多数人」，「直接受信」は「中間に何ものかを介して公衆が受信するものは，放送ではない」つまり，"中間に何ものも介さない受信"であり，また，「無線通信の送信」は「電波を利用した通信」の送信である．

　今，これらキーワード，言い換えれば「放送」の定義を構成する 3 要件は，

放送事業者の事業形態，視聴者の受信形態からみれば，すべて大なり小なり変容をきたしている．BS放送の有料テレビ局である日本衛星放送（WOWOW）の登場（90年11月サービス放送開始，91年4月有料放送開始）は，「不特定多数」に「特定多数」を，通信衛星を利用するCS放送事業者，すなわち委託放送事業者の登場は，視聴者の多くがその放送をCATV経由で視聴しているという実態に即していえば，「直接受信」に「間接受信」を，「無線通信の送信」に「有線電気通信の送信」を，それぞれ含み込んだ内容へと変えた．テレビ放送の補完システムでもあるCATVを「放送」のうちに加えれば，「直接受信」と「無線通信の送信」という2要件の変形は，有線テレビジョン放送法が制定された72年までにはすでに始まっていた．なお，委託放送事業者の登場は，従来の放送体制の基盤のひとつである「ハード・ソフトの一致原則」の修正も促したが，これについては，次の第3節で改めて触れることとしたい．

　こうした放送の概念の変容は，インターネットとのドッキングによるいわゆるインターネット放送の普及により一層明確なものになろう．放送法は，これまでの規定に必ずしもそぐわない新しい事態（多重放送や有料放送，委託放送の開始など，放送技術の発展に伴う新事態）の出現に，対症療法的に対応してきた．ここ十数年，ほぼ毎年のように放送法を初め関連法の改正が行われている．しかし，今進展しつつある放送産業構造の大きな変化は，もはやそうした対応では処理しきれないものとなっている，とみるべきだろう．双方向通信を可能にしたデジタル放送の普及，さらには，放送受信も可能な携帯電話の普及は，放送概念の変容とは直接関係するものではないが，従来人びとが放送というメディアに対して抱いていたイメージの変化には大きく作用するだろう．

§3　規制緩和と放送産業

　ハード・ソフトの一致/分離　　無線局の免許申請者の適格性審査のチェックポイントを規定する電波法第7条は，その第2項で無線設備の工事設計が法定の技術基準に適合していること（第1号）や，周波数の割り当てが可能であ

ること（第2号）などを条件に挙げるとともに、同項第3号で「当該業務を維持するに足りる財政的基礎があること」を挙げている。無線通信業務が社会活動の円滑な展開に役立つためには、特定の目的のために設置される臨時施設を除き、安定的かつ継続的に行われる必要がある。それを保障するのが、「財政的基礎」であり、それゆえに適格性審査のチェックポイントに加えられているのである。法律によって財政的基礎を求められている点も、放送が制度的メディアといわれるゆえんであり、また、新聞など他のマスメディアと異なる点である。

　財政的基礎を制度的に担保とし、放送産業の基本的な枠組みを構成する原則のひとつに、「ハード・ソフトの一致」原則がある。放送事業者は、従来「電波法の規定により放送局の免許を受けた者」というのが、放送法の規定だった。つまり、放送事業者は放送局施設の所有者である、言い換えれば、施設所有が放送事業者たる絶対的要件であった。この原則は、放送事業の財政的基礎要件との関連で確立されたものであり、1989年に委託放送制度の導入に向け、放送法が改正されるまで、放送免許行政の基本的原則として機能してきた。現行の放送法は、電波法の規定により放送局の免許を受けた者（つまり通常の放送局）とともに、放送局（この場合は人工衛星の無線局）施設の非所有者（所有者を受託放送事業者と呼ぶ）である委託放送事業者を放送事業者のうちに加えている（第2条）。

　こうした放送局施設の所有を放送事業者の要件としない形の制度を、「ハード・ソフトの分離」という。通信衛星を利用するCS放送について、ハード・ソフトの分離方式を採用したのは、ひとつには衛星事業が、衛星の調達と打ち上げに億単位の費用を要し、打ち上げ失敗の危険性も伴うなど、きわめてリスキーな事業であることも理由だが、もうひとつ、多チャンネル化を推進する狙いもあった。放送局施設の建設・維持に要する多額な資金を必要としないことによって、放送事業への新規参入を容易にし、多様なサービスを行う放送事業者・チャンネルを育成する狙いである。

CS放送は，テレビが92年5月，ラジオが同年12月から，アナログ方式による放送を開始し，96年10月からはデジタル方式の放送（CSデジタル放送）がスタートした．放送事業者数は，2003年3月末現在で，テレビ93社182局，ラジオ4社104局，データ放送3社4局である．CS放送における委託放送制導入は，多チャンネル化推進という面では一応成功，といってよいだろう．このハード・ソフト分離制は，2000年12月にスタートしたBSデジタル放送でも導入された（BS・CS放送については，次の第4節で詳述する）．

　最近このハード・ソフトの分離制を地上波放送にも拡大導入を図る動きが，政府サイドなどで出てきている．2001年12月6日，政府の小泉首相を本部長とするIT戦略本部・IT関連規制改革専門調査会が「IT分野の規制改革の方向性」と題する報告書を発表した．通信や放送業界の競争を促進するため，通信，放送（地上波放送を含む）の設備を保有する者と，番組などコンテンツを制作する者を分離することが望ましい，というのが骨子である．同様の趣旨を内容とする考え方は，IT戦略本部とほぼ同時に，経団連が「IT分野の競争政策と『新通信法（競争促進法）』の骨子」報告書で，また公正取引委員会が「通信と放送の融合分野における競争政策上の課題」報告書（中間報告）で，相次ぎ打ち出している．この分離原則の地上波への導入については，基幹メディアとしての地上波放送の社会的責任が十全に果たせなくなるといった反対論が，放送関係者の間に強く，この議論は今のところ棚上げ状態になっている．

　マスメディア集中排除原則　「放送局の開設の根本的基準」の第9条第1項は，「放送をすることができる機会をできるだけ多くの者に対し確保することにより，放送による表現の自由ができるだけ多くの者によって享受されるようにするため」の放送行政指針，すなわち，「マスメディア集中排除原則」を規定している．社会的影響力の大きな放送メディアが特定の少数者の手に集中することによる弊害を未然に除去しようとの趣旨である（同趣旨の規定は，放送局の置局行政に関する基本的な方針等を定める「放送普及基本計画」の第1の2にもある）．

　同原則の内容は，具体的には「複数局支配の禁止」（同条第1項）と，「中波放

送・テレビ放送・新聞の3事業支配の禁止」(同条第3項)である．前者は，「一の放送事業者が2局以上の放送局を所有または支配しないこと」であり，後者は，「一の放送事業者がラジオ・テレビ・新聞の3事業を兼営または支配しないこと」である．ただし，例外があり，一部，中波ラジオとテレビの兼営が認められており，3事業支配についても，「当該放送対象地域において，他に一般放送事業者，新聞社，通信社，その他のニュース又は情報の頒布を業とする事業者がある場合であって，その局が開設されることにより，その一の者(その一の者が支配する者を含む．)がニュース又は情報の独占的頒布を行うこととなるおそれがないとき」(同条第3項)は，禁止除外となる．なお，ここでいう「支配」とは，地上波民放に即していえば，他局への出資比率が，

①同一の放送対象地域の地上波局の場合：出資比率が10％を超える状態 (同条第6項第1号)．

②別の地域の地上波局の場合：出資比率が20％を超える状態 (同条第7項)．

③BSデジタル放送局又はCS放送局の場合：出資比率が3分の1を超える状態 (同条第8項)．

以上の規定からも分かるように，有限かつ希少な周波数を可能な限り多くの者に分かち，利用させ，放送というメディアを「表現の自由」(すなわち，国民の福祉)に最大限有効に役立てようというのが，このマスメディア集中排除原則の趣旨である．

周波数の希少性とともに，放送の社会的影響力の大きさが，この原則を必要とせしめたもうひとつの理由であることはいうまでもない．それゆえに所有・支配局数の上限はまちまちだが，諸外国にも同様の規制がみられる．

集中排除原則の緩和　マスメディア集中排除原則も，最近の多メディア・多チャンネル化の進展に伴い，総務省の政策方針も徐々に規制緩和の方向に向かっている．2003年12月には，民放地方局の経営基盤強化を意図する規制緩和策(省令案)を発表した．2006年までに順次スタートさせるデジタル放送

（関東・中部・関西の3大都市圏は2003年12月1日に他地区に先行開始）に多額の投資負担を強いられる地方局の経営基盤を強化し，地上波放送のデジタル移行を促進するのが狙いである．省令案のポイントは，以下のとおりである．

①隣接する放送局同士の連携強化を図る．
　＊出資比率の上限を現行の「20％未満」から「33％未満」に引き上げる（関東広域圏を除く）．
②隣接する複数地域で，合併・子会社化を認める．
　＊東北6県，九州7県など，地域的な関連性が密接なら対象になる（関東・中部・近畿広域圏を除く）．
③経営困難時の特例として完全子会社化も認める．
　＊会社更生法，民事再生法の開始決定があった場合などに認める．
　＊在京キー局や同一県内局による子会社化もできるが，合併はできない．
　＊いったん子会社化しても，経営が改善されると判断した場合は元に戻す．

　デジタル化に伴う設備投資額は，1局あたり平均数十億円にのぼるといわれ，経営基盤の弱い地方局は相当な経営困難が予想されている．省令案は，そうした地方局の経営を支援する目的で立案されたものである．

§4　デジタル放送の時代

　衛星デジタル放送の普及　　既述のとおり，衛星はすでにデジタル放送に移行している．CSデジタル放送は1996年10月に，またBSデジタル放送は2000年12月に，それぞれスタートした（CSアナログ放送は98年9月に終了．NHKとWOWOWが使用中のBSアナログ放送は，デジタル放送の普及との兼ね合いで，当面少なくとも2007年までの続行が予定されている）．

　CSデジタル放送の契約件数は2003年9月末現在で約352万件である（総務省調べ）．ここでCSデジタル放送の事業構造について，テレビ放送を例に，簡単に説明しておこう．3種類の事業者による複合構造になっている．

　㋐受託放送事業者：放送を行う通信衛星の所有者．現在2社があり，どち

らも大資本を持つ商社が主要株主となっている．1社は伊藤忠・三井物産・住友商事・日商岩井グループの日本サテライトシステムズ（JSAT）で，「JCSAT」系衛星を所有・運用している．もう1社は，三菱グループの宇宙通信（SCC）で，「スーパーバード」系衛星を使用している．

　(イ) 衛星放送事業者：通称プラットホームといわれる事業者で，衛星の所有者から放送用チャンネルを一括して借り受け，自己の管理責任においてチャンネル編成を行い，番組供給事業者（委託放送事業者）から供給された番組を放送する．「CSデジタル放送事業者」という場合は，通常この事業者を指す．日本デジタル放送サービス（サービス名：パーフェクTV！）と，ディレク・ティービー（ディレクTV）の2事業者でスタートしたが，2000年3月にパーフェクTV！とディレクTVが事業統合し，スカイパーフェクト・コミュニケーションズ1社（サービス名：スカイパーフェクTV！）となった．

　(ウ) 委託放送事業者：番組を供給する事業で，既述のとおり放送法により「認定」を得た事業をいう．

　なお，CSデジタル放送では，2000年10月，東経110度に打ち上げられた通信衛星を利用する新CSデジタル放送（通称：110度CS放送）が2002年3月から放送を開始した．東経110度はBSと同一軌道であるところから，BSデジタル放送とアンテナとチューナーを共用できる点がセールスポイント．スカイパーフェクト・コミュニケーションズ（ソニー，フジテレビ系），プラット・ワン（三菱商事，日本テレビ，WOWOW系），イーピー（東芝，松下電器，日立製作所系）の3社が運営している．加入件数は，2003年12月現在で約10万件である．

地上波テレビ放送のデジタル化　　地上波でも，2003年12月に東京・大阪・名古屋の3大都市圏の一部でデジタル放送がスタートした．その他の地区も，2006年から順次デジタル放送に移行する．3大都市圏での当初視聴可能世帯数は合計で約1200万世帯だが，その普及にはソフト（番組）の手当て，地方局のコスト負担，広告ソースの限界などさまざまな課題があるが，2011年

7月に現行アナログ放送の打ち切りが予定されており，とにもかくにも地上波テレビのデジタル化は，今後，既存の放送産業構造を大きく変容させるものと考えられる。多チャンネル，鮮明なハイビジョン画面，高音質，双方向サービス，データ放送等々は，大きな魅力であることは疑いない。

デジタル技術はまた，通信やコンピューターと信号を共有することによって，他メディアとの連携や結合をしやすくするという特徴を持っている。このことは，インターネットと放送の連動による新しい多彩なサービスの提供，携帯電話との連動（携帯電話を受信端末とする放送サービスの提供）を，可能にする。インターネットとの連動はすでにいろいろな形で展開され，放送番組サービスの魅力を増大させている。携帯電話との連動も，2003年12月にラジオ・テレビ放送受信が可能な機種が発売されている。

これらの新サービスは，視聴者の放送に対する接触態様の変容をも促すものである。今まで「受け手」と位置づけられてきた視聴者が，テレビを通じて情報の発信者となる。また，携帯電話によるテレビ放送の視聴は，テレビにモバイル・メディアとしての性格を付与する。テレビのモバイル視聴は，すでに小型受像機で可能ではあったが，"ハンディ"という点では，持ち運びに適さず定着しなかった。今後，電車の中，公園のベンチに座って，テレビに親しむ人びとの姿が見られるようになることも，大いに予想される。こうした新しい放送状況の進展は，間違いなく放送産業の構造を変容させるものと考えられる。

(伊豫田 康弘)

参考文献

日本民間放送連盟編『民間放送50年史』日本民間放送連盟　2001年
日本民間放送連盟編『放送ハンドブック（新版）』東洋経済新報社　1997年
日本放送協会編『20世紀放送史』日本放送出版協会　2001年
松岡新兒編『新 現場からみた放送学』学文社　2004年
荘　宏『放送制度論のために』日本放送出版協会　1963年
伊豫田康弘ほか編『テレビ史ハンドブック（改訂増補版）』自由国民社　1998年

VIII 放送ジャーナリズムの課題

§1 戦争報道

フリー記者の活躍 1940年9月,第2次世界大戦のさなか,ドイツ空軍空襲下のロンドンから実況中継するアメリカのCBSヨーロッパ支局長エド・マローの声は,大西洋を隔てたアメリカ本国で大きな共感を呼んだ.ラジオによる初の戦争の実況中継である.翌年帰国したマローはニューヨークで大歓迎を受け,以後,キャスターの元祖として放送ジャーナリズムの基礎を築いていく.

半世紀以上を過ぎた今,われわれは中東で行われているイラク戦争を音声だけでなく映像まで中継で見ることができる.ところが,イラクのバグダッドの模様を伝える現地からのリポートは,なぜかフリーランスのジャーナリストたちであった.フリーが悪いというのではけっしてない.視聴者にとっては,現地の実情が正確に早く分かれば誰が伝えようと一向に構わないことだ.だが,これまで「○○特派員」という表記を見慣れてきた目には奇妙に映ったことも確かだ.大手メディアの記者,カメラマンは開戦日前にバグダッドを引き揚げ,

隣国ヨルダンのアンマンなどに移っていたので，開戦時のバグダッド報告はフリーのジャーナリストたちに頼るしかなかった．

この間の事情について，あるシンポジウムで大手テレビ局の外信部長が，「アメリカが始めた戦争で社員を危険な目に合わせるわけにはいかない．また，今のシステムでは，万一の場合に会社が負わねばならない負担が大きすぎる」と語っていた．妙に納得できる話ではあった．

フリーのジャーナリストの活躍は，アフガン戦争を経て2003年のイラク戦争でとくに目立つようになった．これは，ひとつにはカメラや中継機器の小型化，簡素化によるもので，財政的に小規模なグループでも海外取材が容易になったことが原因のようだ．これによって，これまでクルーと呼ばれる何人かが一組になって行動することが多かったテレビ取材も，新聞記者と同じように単独での取材が可能になり，映像取材の幅がより広がったといえる．このようにフリーの記者の活躍が目立ったのはイラク戦争の大きな特徴のひとつで，今後も大手メディアとは違った視点での活躍に期待したい．

バグダッドの中心部に米軍が到達する前日の2003年4月8日，各国のジャーナリストが宿泊しているパレスチナ・ホテルがアメリカ軍戦車の砲撃を受けて2人が死亡した．近くで取材していたジャパンプレスの佐藤和孝と山本美香が直後に駆けつけて，救助に当たりながら取材する生々しい場面が日本テレビで放送された．佐藤の怒鳴り声や怒りと涙に詰まりながらのリポートは，戦争の無惨さと冷酷さを余すところなく伝えていた．

歴史の記録者 このようにフリーの記者の活躍が増えることは，取材，報道の場での競争が，より多角的に広がっていくことで大いに結構なことだ．しかし，放送番組の多くが下請けといわれる制作会社に発注されている現状では，ニュース取材もフリーの記者に任せるケースが増えることは容易に予想される．

ジャーナリストは歴史の記録者であるはずだ．歴史の大きな転換点になるかもしれない戦争で，記録者の立場に立てるせっかくのチャンスを逃すことに，無念の思いを抱いた人もいたに違いない．日本のジャーナリストは幸か不幸か

欧米に比べて戦争取材の経験のある人が少ない．大手メディアは，社員記者のせっかくのチャンスと人材育成の機会を逃してしまったことになる．

　種々のハード，ソフトの進歩もあって記者の足腰が弱くなったといわれて久しい．現場に行って自分の目で見，当事者から取材するというジャーナリズムの基本中の基本を，大手メディアが率先して今一度見つめ直し，ジャーナリストの人材育成に十分な力を注いでほしい．

　イラク戦争に限らず戦争の取材に危険はつきものだ．メディア各社はそれぞれ議論を重ねた上での引き揚げだったと思われる．現実に何人かのジャーナリストが被害を受けていることを考えると，やむを得ない措置だったということになるのだろうが，やはり，危ないところはフリーの記者任せというのでは，納得がいかない読者，視聴者も多いに違いない．

　冒頭に述べたエド・マローについて，ハルバースタムは「だれよりも放送の社会的な地位を高めるのに貢献した．テレビが尊敬されなかった時代にテレビに移ると，テレビを報道媒体としてもっと正当性があり，社会の尊敬を受けるものに変えていった」[1]と述べている．そのマローも，後年，営利に走るテレビ界で孤立感を深め，共和党色を強めるCBSを追われるように去り，ケネディー政権に迎えられたが，4年後の1965年に世を去った．

　その後40年近くが経ち，取材の場は無限に広がり，スピードも速報を通り越して即時性，同時性の時代になった．記者，カメラマンといった取材に飛び歩くジャーナリストたちは，現在のシステムから抜け出して企業の枠を超えた職能的な組織を作り，より自由に，より闊達に，自分の責任で働けるようにした方がよいのではないか．いつまでも企業の論理に拘束されているよりは，よほど社会の信頼を勝ち得ることができると思うのだが．

　同行取材　イラク戦争では，バグダッドへ向かって進撃する部隊や空母などへの同行取材が認められ，約600人の記者が同行した．Embed（埋め込み）方式といわれ，部隊と寝食を共にする従軍取材であった．

　かつてのベトナム戦争で比較的自由な取材が行われた結果，米軍兵士の死体

や傷つき恐怖におののくベトナムの女性，子どもの無惨な姿が新聞，テレビで大きく報道されたため，アメリカ国内で反戦の機運が盛り上がり，米軍が撤退に追い込まれることになった．それ以後の戦争では，米軍は厳しい報道規制を行い，湾岸戦争でも，軍の発表が中心で，戦争末期に申し訳程度にプール取材という代表取材が行われた程度であった．

このため反発を強めたメディアが強く抗議した結果，戦争終結の翌年，国防総省との間で，独自取材，独自報道を原則とすることなどの合意文書を交わした．今回の同行取材はその結果ともいわれるが，実際には，湾岸戦争時と同様な米軍の快進撃ぶりとフセイン打倒を喜ぶイラク民衆の歓迎ぶりを見込んだ国防総省の期待が込められていたのではないか．いってみれば，これまでの規制一点張りから，メディア・コントロールへの方針変更とみるべきではないか．

この同行取材は，各メディアが米軍に申し込む方式をとったため，米軍から許可された大手メディアの記者，カメラマンのみの同行となった．文字通り，兵士たちと寝食を共にして，敵襲を受けながら進むのだから，情が移るのは当然で，愛国心をあおったといわれるアメリカのメディアだけでなく，全体に客観報道を貫き通すのはなかなか難しかったようだ．だが，報道機関としては，どのような難点があっても，現場に行けるチャンスがあれば，必ずそのチャンスを生かしてできるだけの取材をし，制約を公表しながら報道するのがジャーナリズムの責任であろう．戦争の全体像を把握することなど現地では不可能に近い．一つひとつの情報を集めるための一石であり，見る側もそれなりの心構えが必要であろう．

同行取材では，ビデオフォーンと呼ばれる小型の中継器を使って実際の戦闘を中継するということまで行われたが，米軍と共にかなりのスピードで進むのだから，どうしても米軍の進撃ぶりや砲撃が中心になる．また，洋上の艦から発射するミサイル，空母から飛び立つ攻撃機も繰り返し報道された．しかし，イラク側の損害を初め周辺で巻き添えになった市民の悲惨さむごさという戦争の実態があまり伝えられなかったことは，結局は米軍のメディア・コントロー

ルがうまくいったとみるべきなのだろう．

　一方，イラク側も，被害状況については，バグダッドに残ったジャーナリストに対して，決められた場所にバスで案内する誤爆ツアーなるものを行っていたようだが，自由な取材は許されなかったという．しかもこのツアーに参加できた日本人ジャーナリストは，前述したフリーの人たちだけであった．

　このような状況が戦争だといってしまえばそれまでだが，現代の戦争は，3,000メートルの上空から爆弾やミサイルを発射し，20キロ30キロのかなたから砲撃することで大勢が決してしまう．しかし，いかに精度を誇示しても必ず限界はあるわけで，そのたびに多くの市民が巻き添えになることは疑いを入れない．さらには，劣化ウラン弾やクラスター爆弾の惨状など，戦争報道は戦争の負の面をこそ，より多く世界に伝えねばならないはずだ．そのためには，戦闘が終わった後こそ，多くの検証報道が必要なのではないか．

　フセイン銅像の引き倒し　戦争が始まって20日後の4月9日，米軍の戦車部隊がバグダッドの中心部にある広場に達してバグダッドは陥落した．喜んだ群集が広場に集まってきてフセイン大統領の銅像を引き倒そうとした．だが，彼らの力だけでは銅像は倒れず，結局アメリカ軍の戦車牽引車が倒した．これは現地時間の午後3時半頃から午後7時頃まで，日本時間の夜8時半頃から深夜の0時頃だったため，夜のニュースでは，各局がバグダッドからの中継映像で次々と銅像周辺の変化する模様を伝えた．

　その伝え方の中で気になったことが2点あった．ひとつは群衆の数である．画面を見る限りでは，夜10時前からの『ニュースステーション』で，せいぜい200人程度，11時前からのTBS『ニュース23』では倍増といっても500人前後，それ以後はあまり増えなかったような感じを受けた．いずれにしろ，ほとんどが銅像やアメリカ軍の牽引車の周りに集まっていて，歓喜に沸き立つ群衆が後から後から広場に詰めかけるという状態ではなかった．"残虐"な独裁政権が倒れた割には民衆が少ない，という感じを受けた．

　テレビニュースのバグダッドからの報告は，前述したようにフリーの記者た

ちであったが,『ニュースステーション』と『ニュース23』では,同じリポーターが「広場の人たちは少数で冷静」「米軍を歓迎する人たちは,中にはいますが」と報告。ところが,銅像が倒れた後の午前0時から始まった日本テレビ『ニュースの出来事』では,別の記者が「多くの人たちが集まり」と報告していた。なお,NHKは銅像が倒れる前後20分を中継したが,現地からのリポートはなく,東京のスタジオからの淡々としたナレーションが中心であった。

市民の数が多いか少ないかはリポーターの主観によるので一概にはいえないが,このフセイン銅像の引き倒しは,フセイン政権が崩壊した象徴とも受け取れる出来事である。バグダッドの市民がどのように受け止めるかは,その後のイラクを見通す上でも世界の関心事であろう。現場にいるリポーターの感性と問題意識が問われるところだ。

また,市民が少数なのはなぜなのか,フセインによる後難を恐れてか,アメリカ軍を嫌ってか。単独の取材で厳しい状況とは思うが,あの場で市民の生の声が聞きたかったと思うのは筆者一人ではあるまい。このような不満が残るのも,やはり,大手メディアの引き揚げによって,自由に移動できるカメラが少なかったことも大きな原因のひとつではないだろうか。

米軍が仕組んだ? もうひとつの点は,この銅像の引き倒しがアメリカ軍の仕組んだものかどうか,ということである。当日の日本のニュースでは,そのような論調は出ていなかったが,アメリカのABCテレビでは,銅像引き倒しの一部始終を詳しく放送した後,倒した銅像を引きずり回す映像を流して,群衆が11人,カメラマンが8人と色分けをしていた。いかにもアメリカ軍が仕組んだのではという,思わせぶりな演出であった。

見ている側としては,疑わしい点を見せられると,本当はどうだったのかが知りたくなる。『ニュース23』は,10日ほど後の4月20日に「フセイン大統領の銅像引き倒しは仕組まれたものか」という10分前後の特集を組んだ。この特集では,軍事やイラク問題の専門家,評論家が出演して,「戦車のハッチを開けて上半身を見せているのは,少なくとも半日前には市内の掃討が終わっ

ていたから」「群衆はスラム街の人たち」「金さえ出せば何でもする」「この映像はアメリカ軍の中央軍司令部だけでなく，ワシントンも見ていた」「アメリカ軍にはメディアを専門に研究するセクションがあるくらいだから，メディアが何を期待するか知らないはずがない」と，アメリカ軍の演出を強く示唆する内容であった．

　フセイン銅像の引き倒しは，アメリカ軍の戦車が銅像の立つ広場に来てからすぐ始まった．そこは各国のジャーナリストがカメラを据え付けているパレスチナホテルの真ん前である．米軍がフセイン政権倒壊を世界に告げるには最高の場所であった．また，米軍到着と時を同じくするように，10数人の群衆が集まったこと，さらに，最終的に群衆がそれほど増えなかったこともあって，米軍が仕組んだのではと，多くの人が思ったのも無理のないことだった．

　<u>検証報道</u>　しかし，それから約3ヵ月半後，朝日新聞は当日の当事者に対するインタビューを中心にした「大統領の戦争」という4回連続の特集記事を組んだ．第1回目の7月29日付朝刊では，当日に広場にいたイラク人数人を訪ねてインタビューしているが，それによると，いずれもがアメリカ軍とは関係なしに自ら広場に来たと述べている．

　また，8月11日の『ニュースステーション』でも，この問題に関して10分程度の特集を放送している．これは当時バグダッドにいて各テレビ局のニュースにリポーターとして登場していた「アジアプレス」の綿井健陽記者の報告によるもので，綿井記者は，雑誌『論座』2003年10月号でも同じ趣旨の記事を書いている．

　それによると，銅像の台座に最初に上ったカリド・ハメッドら2人は「アメリカ軍の戦車を見て真っ先に広場に向かった．あの銅像を倒すことしか頭になかった」と述べている．また彼らは「ロープを巻いた後，下から引っ張ったが倒れなかったので，像が倒れる瞬間を見ることなく，家に引き揚げた．自分たちの力だけでは倒せないことに気付いて急に熱気が冷めた」と語っている．

　さらに朝日新聞では，「戦後，彼（朝日ではハリド）のところに外国人記者が

来て『像を倒したのはアメリカ軍から金をもらったからだろう』としつこく質問した．否定してもまた同じ質問を繰り返した」と書いている．

また，翌日の2回目の記事では，「戦車隊の小隊長が『朝から撃ち合いの中をくぐってきた．警戒しか考えていなかった』と述べ，広場で戦車を降りたとき，自分がどこに来たのかは明確に把握していなかった」と書いている．

この2つの記事は，それぞれの記者が，銅像が倒されるとき広場にいて，それなりの動きをしていた人を，当日の映像をもとに探し当てて，直接話を聞いたものである．いわば，〝当事者〟に取材した結果の記事であり報告である．

初めにも述べたように，現場での取材と当事者からの取材は，ジャーナリズムの基本中の基本である．この記事を書いた記者たちは，当日の取材の不足する部分を補い，さらに確認を取って事実関係を確かめようとしたのであろう．あるいは，銅像倒壊後，アメリカ国内でも「アメリカ軍が仕組んだ？」という噂が流れたことに対して（朝日新聞上記特集），とくに当日現場で取材していた綿井氏にはその思いが強かったのであろう．

前述の識者の意見は，専門家としての知識の蓄積は豊富で耳を傾けるところが多いが，現場にいる訳ではないので，今現在の現地の状況については，想像を交えて語るしかない．その場で十分な取材ができず，不確かな面や疑問点が残れば，後日に機会をみつけて再取材し，事実関係を検証していくことは，ジャーナリズムにとって，きわめて重要な責務であろう．

真相は？ ただ，この場合についていえば，イラク人は，まだ混乱が続いている最中であること，さらに規律の厳しい軍の関係者で，しかも将校という地位まで考えると，当事者たち全員が果たして真実を語っているかどうかは疑問なしとはいえない．さらには，アメリカ軍の特殊部隊などが関係しているとしたら，果たして全貌が明らかになるのか，たとえ明らかになるとしても，かなりの時間がかかることであろう．

湾岸戦争の「ナイラの議会証言」[2)]を待つまでもなく，今回の戦争の大義といわれる大量破壊兵器の存在の有無を初め，戦争になれば軍や政府の情報操作が

必ず行われるといってよい．その疑いがあれば，メディアはあくことなく徹底した真相究明に努力する必要がある．いつも「ホントは何？」と思わされている読者・視聴者の疑問に丁寧に答えていくことが，結局は多くの人の命を救い，ニュースの信頼を高めていくことにつながると思うからである．

§2 ダイオキシン報道の最高裁判決

ダイオキシン報道 テレビ朝日の『ニュースステーション』が，1999年2月1日に「今夜の特集」として放送した所沢ダイオキシン汚染問題をめぐる名誉毀損訴訟で，最高裁は2003年10月16日，1，2審の判決を退けてテレビ朝日側実質敗訴の判決を下し，東京高裁へ審理を差し戻した．

この判決は，今後の名誉毀損裁判の判断に影響を与えるばかりでなく，テレビ報道，とくにこの特集のような調査報道に大きな影響を与えるものと思われる．そこで，本節では，判決文の中で言及されているテレビの特性に重点を置いて，テレビジャーナリズムのあり方を考えていくことにする．

この判決については，特集の中でどのような事実が名誉を毀損したのかを判断するに当たって，新聞よりテレビ報道に，より厳しい基準を示したこと，また，放送全体から受ける印象を考慮して判断するとして，"印象"という，あいまいな要素が含まれていることを指摘して，テレビ報道に萎縮効果をもたらし，結果として報道の自由を損なうのではないかと危惧する意見が多いようだ．

まず，『ニュースステーション』の特集を簡単に振り返っておこう．特集は16分ほどで1部と2部に分かれて放送されている．1部は，所沢市内のダイオキシン汚染の実態と行政や農協の対策の遅れ，住民の声などを映像とインタビューをまじえて伝えている．ここでは，野菜畑の近くに焼却施設が建ち並び，白い煙を間断なくはき出している映像や，JA（農協）に調査結果の公表を迫る緊迫したやりとり等が映し出されている．

後半の2部は4分あまりで，スタジオに所沢の農作物の汚染濃度を検査した民間の調査会社「環境総合研究所」の所長を招いて，久米キャスターと検査結

果について話し合う形を取っている．ここでは，下記のようなフリップが映されていた．

「野菜のダイオキシン濃度」ピコ＝1／1兆
全国（厚生省調べ）……0〜0.43 ピコ g/g
所沢（環境総合研究所調べ）……0.64〜3.80 ピコ g/g
WHO の一日摂取許容量……体重 1 kg あたり 1〜4 ピコ g
体重 40 kg の子供……約 10〜40 g でアウト

このフリップを見ながら，久米キャスターが「この野菜というのは，これはほうれん草と思っていいんですか」と尋ねたのに対して，研究所の所長が「ほうれん草がメインですけれども葉っぱものですね」と答えている．

さらに，この少し後で，所長は，WHO が出した一日の摂取量を説明する際に，「40 キログラム位の体重の子どもさんが，たとえばほうれん草を20グラム食べると，その基準値にほぼ達する」と述べている．

この放送の後，所沢産の野菜の取引停止があいつぎ，値段も下がり始めていったので，所沢の農家がこの番組によって名誉を毀損されたとして，テレビ朝日に対して，謝罪広告と損害賠償を求めて訴訟を起こした．これがこの訴訟の発端である．

ところが，このフリップにある 3.80 ピコグラムの高濃度に汚染されているのは，ほうれん草ではなく煎茶であることが分かったため，『ニュースステーション』は，2月18日の放送で，2月1日の放送の際，ダイオキシン類の濃度が 1 g 当たり 3.8 ピコグラムもあるとされたのは煎茶であることを明らかにして，所沢産のほうれん草生産農家に迷惑を掛けたことを謝罪している．

最高裁判決　次に最高裁の判決の主要部分をみてみよう．今回の判決で注意すべき点は，放送番組の中で示された事実が何かを判断する際に，全体から受ける印象も含めて，テレビのさまざまな特性を総合的に考慮して判断するという考え方を示したことである．最高裁のいうテレビの特性とはどのようなも

のか，テレビ報道にとってきわめて重要な指摘と考えられるので，分かりやすくするために，判決のこの部分を仕分けしてみた．[3]

① テレビジョン放送された報道番組によって摘示された事実がどのようなものであるかという点についても，一般の視聴者の普通の注意と視聴の仕方とを基準として判断するのが相当である．

② テレビジョン放送をされる報道番組においては，新聞記事等の場合とは異なり，視聴者は，音声および映像により次々と提供される情報を瞬時に理解することを余儀なくされるのであり，録画等の特別の方法を講じない限り，提供された情報の意味内容を十分に検討したり，再確認したりすることができないものであることからすると，当該報道番組により摘示された事実がどのようなものであるかという点については，

③ 当該報道番組の全体的な構成，

④ これに登場したものの発言の内容や，画面に示されたフリップやテロップ等の文字情報の内容を重視すべきことはもとより，

⑤ 映像の内容，効果音，ナレーション等の映像および音声にかかわる情報の内容

⑥ ならびに放送内容全体から受ける印象等を

⑦ 総合的に考慮して，判断すべきである．

まず，①については，これまでも下級審でいくつかの判例があり，問題はない．

②では，「新聞記事等とは異なり」とあるとおり，新聞とは違ったテレビ視聴のもっとも基本的な部分の指摘である．では，どんな点が異なっているのか，テレビ人は，それをどう受け止めればよいのだろうか．

新聞の一覧性，ざっと見ただけで，どこにどんな記事があり，見たい記事をすぐ読めるという便利さはテレビにはない．見たいニュースが出てくるまでじっと待っていなければならない．ようやく出てきたニュースも，放送局側の決めたスピードで，一回きりである．縮刷版も含めて，繰り返し，いつでも読め

る活字情報の持つ記録性は「録画等の特別な方法を講じない限り」テレビにはない．したがって視聴者は，結局「次々と提供される情報を瞬時に理解することを余儀なくされ」てしまうのである．「瞬時」では，詳細な理解は難しい．一回放送してしまえば終わりで，結局残るのは印象だけということになる．この記録性のなさが，テレビで働く人たちに，責任感に対するある種の安易さを与えていることはないのだろうか．

　<mark>判断の拠り所</mark>　③以降は，この番組の中で示された事実をどのように判断したらよいかを示したものである．この特集のような調査報道は，事実をありのままに伝えるという，いわゆる事実報道とは違って，初めから送り手が一定の意図をもって作ることが多い．たとえば，公害に関していえば，現場の実情をリポートすることで被害の実態を世間に知らせることができ，さらに問題点の指摘，影響，原因，対策等々，長期間，段階的に取り上げて行くことで，世間の関心を高め，腰の重い行政を動かして公害防止へつながっていくことができるのである．権力者の汚職摘発も同様である．

　このダイオキシン問題については，テレビ朝日は，『ニュースステーション』と『ザ・スクープ』の両番組で数多く取り上げ，外国との比較もまじえて，汚染の危険と日本の対策の遅れについて警鐘を鳴らしてきた，という経緯がある．調査報道は，番組の意図が視聴者に伝わるように作るのは当然のことで，そのためには，視聴者が番組全体を興味をもって視聴できるように努力することになる．しかし，これはけっして興味本位の番組制作をいっているのではなく，地味で丹念な取材と正確な表現の積み重ねこそが，事実を雄弁に物語ってくれ，結果として視聴者の共感と信頼をかちとることができるのである．

　④番組内の"ことば"についてであるが，⑤と比較すれば，ここは，映像の中で話されていることばではなくスタジオにいる出演者の話であろう．また，画面に表示された文字情報には，フリップやテロップだけでなくスーパーインポーズも含まれることになるであろう．ここは，今回の番組の２部に当たる部分を主に指していると思われる．

⑤ここは，テレビ画面に出てくる映像と音声についてである．今回の番組では，主に1部の部分を指しているとみてよいであろう．数多くの焼却施設から白い煙が大量に排出されて，中には畑に灰が降り注いだと思われる場面もある．この映像を見ていると，所沢産の野菜はいかにも危ないという感じ（印象？）を与える映像だった．

⑥この部分がもっとも大きな疑問点として批判の対象になっているところである．放送内容全体から受ける印象等というのは，③の番組の全体構成とも密接に関連するものだが，批判を受けているのは「印象」ということばである．その理由のひとつは，この訴訟の東京高裁における2審の判決にある．そこでは，一般視聴者がテレビ報道から受ける印象は千差万別なので，報道の事実関係を判断する基準に用いると，テレビ局の表現行為を客観的な基準なしに規制することになってしまう，と述べている．さらに，ダイオキシン汚染のような国民の健康に対する影響といった公益性の高い報道は，なるべく早く視聴者に届いて，国民の間で自由な意見交換と健全な世論形成が行われることの重要性も指摘している．以上のように，印象についての原審の判断はきわめて意義深い．しかし，最高裁はこれを退けて番組内容の判断基準に印象を含めた．

⑦確かに，印象というのは，人それぞれに千差万別のものであることは事実だが，この⑦の部分を読むと，「……印象等を総合的に考慮して，判断すべきである」とある．つまり，上記に分けたように番組内で示された事実を判断する際の要件として，この判決は③から⑥までの要素を総合的に判断するように言っているのである．印象部分は，4つの要素のひとつの部分なのである．だから「放送内容全体から受ける印象」だけをもとに番組内容を判断するのではなく，他の3つの要素も総合して判断すべきと判決は述べている，と理解すべきであろう．また，印象を除いた，この3点こそが，テレビの報道番組の主要な柱であり，送り手側は，なにはさておき，この部分を堅実に作る必要があると判決は示唆しているのであろう．

番組から受ける印象　ここで，印象について考えてみたい．名誉毀損は人の社会的評価を低下させることで，この場合，特集がこれまで所沢農民が受けていた評価を傷つけ，そのために損害を与えたかどうかが争われる．ただし，その番組が公共の利害に関わることで，しかも公益を図ることを目的としていて，さらにその事実が真実ならば免責されることになっている．

ここでは，ダイオキシン汚染の実態と対応の遅れを訴えることが狙いの番組だから，公共の利害に関することと公益を目的としていることは明らかなので，法廷で争われるのは，番組が示した事実が真実かどうかが争点となる．そこでまず，その番組内で表現された事実が何かが問われることになる．前述の7点で仕分けした内容は，この番組で表現されている問題の事実がどのようなものであったかをみるための基準を示したものといえる．

131ページで示した通り，一般の視聴者の見方を基準とすれば，放送番組は瞬時に理解しなければならなくなり，ビデオでも使わない限り十分な検討や再確認はできない．この指摘は正しい．前にも触れたが，わからなかった場合や後で再確認の必要ができたときに何度でも読み直しができる新聞と決定的に違うところである．

したがって，このような瞬時の視聴で一般視聴者に残るものは，印象しかあり得ないというのが常識的な見方であろう．運良く録画をしたり，再放送を見たりした場合，最初に感じていたこととは違って，実はこうだったのか，という場合がいくらでもある．これが一般視聴者の見方である．したがって，印象は普通のテレビ視聴と切っても切れないものといわざるを得ない．とすれば，原審の判決で，印象を立証の対象からはずしたのは，かえって，一般の人の見方を退けてしまったことになるのではないだろうか．

その意味で，最高裁が，一般視聴者の印象を判断のひとつに採用したのは，むしろ現実に合っているといえる．しかし，印象が千差万別なのも事実で，これを判断基準のひとつとして採用する際は，きちんとした定義をするか，その問題について広く世論調査をして，たとえば，半数以上を占めた意見を取る，

というような仕組みを考える必要があるのではないだろうか．

　もともと，テレビは娯楽の要素が強い．肩ひじ張って，理詰めで内容を理解しようとする習慣はあまりない．何かをしながら片手間に，横目で見るという，"ながら"視聴が多い．だからこそ，刺激の強い内容でテレビの前に引きつけて視聴率を稼ごうということになるのだろうが，それでは，ますます印象視聴が幅をきかすだけだ．テレビとはそんなものだ，と割り切るのは簡単だが，それにしては影響が大きすぎる．

　最近メディア・リテラシー教育が盛んになり，主に子どもを対象にいろいろな試みが行われているようだが，成人を対象にしたメディア・リテラシー教育はまだまだの感がある．テレビ関係者，研究者がテレビ視聴の際の印象についてさらなる検討，研究を進める必要があるのではないか．

　テレビとチェック機能　今回の問題の発端は，特集の２部で使用されたフリップに所沢産の野菜が 0.64〜3.80 ピコ g/g の高い汚染濃度を示していて，このもっとも高いのは煎茶であったにもかかわらず，久米キャスターと調査会社の所長との会話の中では，煎茶には触れず，ほうれん草が高濃度に汚染されていると受け取られるような発言をしたことにある．久米キャスターが「これはほうれん草と思っていいんですか」と聞いたのに対して所長が「ほうれん草がメインですが，葉っぱものですね」と明確に答えている．所長は，その後もほうれん草を例にとった説明をしている．

　これは前記のフリップを前にしての会話であり，これを視聴した視聴者の多くは，ほうれん草が危ないという印象を強く受けてしまう．ほうれん草でなくても，所沢産の野菜と思った人はもっと多かったのではないか．検査をした所長はともかく，久米キャスター自身が，高濃度に汚染されているのはほうれん草であると信じて疑わない様子であった．

　テレビ朝日の看板番組『ニュースステーション』で，なぜこんなことが起こったのだろうか．答えは，'03 年 10 月 16 日，最高裁判決の日の夜に行われた『ニュースステーション』で，久米キャスターが述べたお詫びのことばにある．

「これは放送が始まる寸前の猛烈に忙しい時間帯で起きた確認ミスです。私自身非常に重大な責任を感じております」

しかし、このようなニュースの仕事をしているものにとって、始まる寸前が猛烈に忙しいのは、当たり前のことである。寸前に入ってきたニュースを手際よく処理して、放送できるようにするのが編集者の仕事であり、そのためにも、日頃から準備をしているのが普通なのである。したがって、「猛烈に忙しい時間帯で起きた」というのは、実は内輪の言い訳にすぎず、視聴者に対しては通用しないのである。

もっとも、自ら確認ミスといっているところからみると、いくら忙しい中でも「この一番高い濃度というのはほうれん草か？」と一言確認しておけばよかった、という自責の念が込められているのだろう。だとすると、この数値を取材した担当者なり、責任者なりが、一言、久米キャスターに「高いのは煎茶」と伝えなかったことの方が罪が重いのではないか。久米キャスターは番組の顔として代表謝罪したのであろうか。

ジャーナリズムの基本は正確な報道にある。正確であるからこそ視聴者が信用して見てくれるわけで、この正確さを支えるのが確認作業、いわゆるチェック機能である。新聞に比べてテレビニュースは、このチェック機能がいささか弱いのではないだろうか。他の番組と違って、常に生番組であるという厳しい環境でもあるが、ハードの発達などで現場中継が頻繁に行われるようになったことにも原因があるのではないだろうか。

現場からのリポートでも、当然デスクのチェックを受けるが、事件、事故などの発生もので、時間がない場合はチェックなしで放送しなければならないケースが出てくる。テレビの特性である同時性、即時性を十分生かし、現場からの臨場感を伝えることで、より生々しさを伝えることができる。

テレビの現場中継は、このようにジャーナリズムとの接点で危険な綱渡りをせざるを得ない場合が多い。そしてチェックなしが、そうでない時にも及ぶと、今回のようなミスにつながる。チェック機能の大切さは、テレビの現場で働く

もの一人ひとりが，体にたたき込んで覚えておかねばならないことである．

　映像の効果　今回の問題では，2部のスタジオ部分でのミスが大きく取り上げられる場合が多いが，実は1部での映像が伏線になっていることも考えられる．1部では10分以上を費やして所沢のダイオキシンに汚染されている状況と経過を伝えている．

　所沢の畑の近くに立ち並ぶ多数の焼却施設，そこから排出される白い煙，その映像に，「所沢の野菜は果たして安全なのだろうか」，といったナレーションがかぶる．また白菜はこうして巻くときに灰が降りてくると，中に灰が入ってとれなくなるという農家の人の話もある．周辺の土壌からは高濃度のダイオキシンが検出されている，というナレーション．所沢市やJAが調査の資料を隠して公表しないと不満をぶつける農民の声や表情が次つぎと映し出されていく．さらには，外国で起きた事故で周囲がダイオキシンで汚染された例なども伝えられ，所沢の危険な状況を，これでもかこれでもかと矢継ぎ早に訴えかけているような特集である．この特集を見たものは，改めて，所沢のダイオキシン汚染の深刻さを認識させられる番組であった．

　この1部を見た後で，2部のスタジオでのフリップを見，話を聞けば，これでは多くの人が所沢の野菜を買うのはちょっと待とうとするに違いない，と思ってしまうような構成である．まさに④⑤⑥を中心に強いインパクトを受けた結果，⑦で放送内容全体を総合的に考慮して判断するとそうなってしまう，といっても言い過ぎではない．

　もうひとつ付け加えるならば，公害に関する報道は，特段の注意が必要である．公害の発生源，被害を受ける側，それに対応する行政とそれぞれ利害が相対立する関係者のほか，その周囲にも何らかの影響を受ける人が多数いることも忘れてはならない．ミスとまではいえないようなちょっとした不注意が，それらの人たちに大きな迷惑を掛けることもある．すべての報道がそうではあるが，公害に関する報道にはとくに慎重を期す必要があろう．

（松岡　新兒）

注）
1）デイビッド・ハルバースタム　筑紫哲也，東郷茂彦訳『メディアの権力　1』サイマル出版会　1983年　p.63
2）1990年湾岸戦争勃発後，クウェートから脱出してきたという少女ナイラが，米下院の公聴会で「病院に侵入してきたイラク兵が保育器から赤ちゃんを取り出して床に投げ出していた」と証言したが，アメリカの同情を引こうとするクウェート政府と依頼を受けた米広告会社が仕組んだ偽の証言だった．ナイラは在米クウェート大使の娘で，一度もクウェートに行ったことはなかった．この事実は戦後ニューヨーク・タイムス紙によって暴露された．
3）本稿の脱稿後に発行された『放送研究と調査』2004年1月号の「"メディアの何が問われているか"—テレビ朝日ダイオキシン報道の最高裁判決をめぐって」で，最高裁判決を7つの要素に分けて分析している．本稿とは分け方も論点もやや異なるが，同じテレビ人として興味深い論考である．

参考文献
F・ナイトリー著，芳地昌三訳『戦争報道の内幕』時事通信社　1987年
D・ハルバースタム著，筑紫哲也，東郷茂彦訳『メディアの権力』サイマル出版会　1983年
D・ハルバースタム著，筑紫哲也訳『戦争ゲーム』講談社文庫　1992年
P・アーネット著，沼沢洽訳『戦争特派員』新潮社　1995年
田草川　弘『ニュースキャスター』中公新書　1991年
武田　徹『戦争報道』筑摩新書　2003年
柴山哲也『戦争報道とアメリカ』PHP新書　2003年
姜仁仙『砂漠の戦場にもバラは咲く』毎日新聞社　2003年
原　寿雄『ジャーナリズムの思想』岩波新書　1997年
浜田純一「『ダイオキシン報道』訴訟を読む」『新聞研究』12月号　2003年
田島泰彦「所沢ダイオキシン報道『最高裁判決』を問う」『放送レポート』186号（2004年1・2月号）
若林誠一・漆間　治「メディアの何が問われているのか」『放送研究と調査』2004年1月号
最高裁判所H.P.より「ダイオキシン報道最高裁判決」

第三部

出版

IX 出版メディアの変遷

活字を使った書物は，多くのマス・メディアのうちで最も古いものである．
　　　　　　　　　　　　　　　　　　　　　　　　——清水幾太郎

§1　「出版」の成立——ヨーロッパを中心に

文字の発明，「本」の誕生　私たちは，「出版」の歴史をどのように語ることができるだろうか．

　仮に「出版」の歴史を「本」のそれに重ねあわせるとしたら，そのもっとも根源的なあり方は，人類が文字を発明した時点に見出すことができる．

　文字によって人類は，「いま・ここ」での身振りや口頭によるコミュニケーションだけでなく，空間的・時間的に離れた相手とコミュニケーションする可能性を手にすることになった．重要なのは，思考やメッセージを記号に写しとる文字が遠隔的な伝達手段となっただけでなく，それによって認識・思考・表現の様式や社会のあり方を根底から変容させることになった点である．オング (Ong, W. J.) が指摘するように，書くことを内面化した人間は，書くときばかりか話すときですら，書くことができなければけっして知らなかったような思

考や表現の型にしたがう．抽象化された概念，形式論理学的な推論，意識的で明確に分節された内省などといった思考様式は，口承文化に属する人びとには想像すらされることでなく，読み書きする文化において初めて可能になった．読み書きとは，ゆえにたんなる能力なのではない．吉見俊哉のいうように，わたしたちの身体が世界に住まう仕方を構造化する制度をメディアと呼ぶのなら，文字はまさしく最初のメディアであった．

　文字の発明は，同時に「書物」や「本」の生まれた瞬間でもあった．文字はつねに，なんらかの物質に支持され固定されなければならなかったからだ．人類は洞窟の壁，石，骨，金属，獣皮，樹木の内皮，木板，蠟（ろう）板など，ありとあらゆるものに文字を書きつけてきた．文字をとおしてその内容を知ることができる最古の文明のひとつがメソポタミアである．ここでは葦（あし）でつくった尖筆で絵文字から発達した楔形（きっけい）文字を粘土板に書いた．現在までに約50万枚の粘土板が出土しているといわれ，早くも紀元前3000年ごろのものに，物品の授受など日常生活のメモの類が刻まれている．

　巻物と冊子体　巻物（ヴォリューメン）という形の「本」が現れるのは，紀元前3000年紀である．ナイル川流域に繁茂する水草パピルスからこしらえた「紙」を何葉もつなげ棒に巻きつけたものだ．有名なアレクサンドリアの大図書館の50万冊以上におよぶといわれる蔵書も，この巻物だった．パピルスの巻物はギリシアやローマでも広く用いられるようになった．

　紀元1世紀ごろ，紙葉を束ねてその一辺を綴じた「本」が出現する．これは冊子体（コデックス）と呼ばれ，今日一般にイメージされる「本」の祖型といえる．中国ではすでに紙が使われていたが，西洋には伝わっておらず，紙葉には羊の皮をなめした羊皮紙が使われた．当時の平均的な大きさの本1冊につき10頭の羊を必要とした．羊皮紙は表裏に記述可能であったため，冊子体1冊に聖書の全部を収めることができ，扱いやすくて携行性や保管性にもすぐれていた．また単語間を分離して表記すること，章分け，目次，ノンブル，タイトルなど本の内部を構造化するための慣行もゆっくりと形づくられていった．今

日に連綿とつながるこれら造本上の慣習は，同寸法の紙葉を束ねて綴じるという冊子体の形態上の特徴に深く連関している．

5世紀に西ローマ帝国が崩壊し，古代ギリシア時代の文化遺産はビザンティン帝国（東ローマ帝国）によって継承されるが，この時代に巻物は姿を消し，冊子体が本の主要形態となった．

中世ヨーロッパ社会においては，規模の大小はあれ，修道院だけが大量の本を所蔵する場所だった．各地の修道院に図書室・写本工房（スクリプトリウム）が設けられた．修道院は信仰の場であると同時に，文化の保存と生産の場でもあった．修道士たちにとって，ラテン語に習熟し文献を筆写することは，修行の大きな部分を占めていた．聖書をはじめとする宗教書，聖歌集などの典礼書，法律文書，記録文書，ラテン語の文法書など，さまざまな文献が筆写された．写本工房では分業体制がとられ，平均的な生産能力は日に数ページ程度だった．完成した写本は，みずからの修道院だけでなく，君主やほかの修道院に提供されることもあった．

活版印刷術　15世紀の活版印刷術の発明によって初めて，本づくりの作業に機械が導入されることになった．

活版印刷術とは，1文字ごとにバラバラにできる金属活字で版を組み，組版にインクを塗り，印刷機でプレスして羊皮紙や紙に転写する複製技術である．1455年ヨハネス・グーテンベルクによりドイツのマインツで180部印刷された『四二行聖書』が，その嚆矢とされている．活版印刷術は半世紀足らずのうちにドイツ各地からヨーロッパ中へ広まった．

活版印刷術はけっしてグーテンベルクひとりの天才的な閃きによって突然創造されたわけではない．それはまず紙，金属活字，インク，印刷機といった技術的な先行要因のうえに成り立っていた．たとえば紙．中国の製紙技術がイスラム経由でヨーロッパに伝えられたのは12世紀だった．以後200年ほどかかって紙はヨーロッパ各地に普及し，14世紀末葉から15世紀に入るころにはドイツにも製紙工場がつくられるまでになっていた．『四二行聖書』には紙本と

羊皮紙本があるが，前者のほうが多く制作されている．グーテンベルクはもともと金銀細工師・鏡職人で，黄銅や青銅で活字の型をこしらえたり，そこに錫（スズ）とアンチモンと鉛を溶かしたものを流し込んで合金をつくる技術を持っていた．写本用の水性インクではなく，銅版画用のススと油を練った油性インクを使い，印刷機にはワインやオリーブ油の圧搾機が転用された．もっとも活版印刷の技術的先行例をみるならば，中国では11世紀宋代に陶活字が存在していたし，朝鮮半島では13世紀ごろには金属活字による印刷が始まっていた．

さらに，活版印刷術の登場を促した社会的要因にも留意しておきたい．中世都市の成立にともない修道院の外側にも読者層が形成され，書物に対する欲求と需要が大きくなった．12世紀後葉からは，教師と弟子たちのギルドが発展してヨーロッパ各地に大学が出現する．大学は本と密接な関係にあった．講義科目は各分野の権威的な著作物を中心に構成されており，基礎的な古典を教科書とし，理解を助けるための権威ある註解書の講読が行われた．主要な書物は大学の基本財産であり，公認原本と呼ばれていた．

この公認原本を用いて手写本を「大量生産」する，ペチア（帖）方式という手法が編みだされた．大学の承認をうけた書籍商は，主要な教科書の公認原本を所有していた．教授や学生がこの教科書を必要とするときには，大学の定める料金でこの公認原本を貸し，写字生に筆写させた．原本は未製本のまま，つまり帖（折丁）に分かれたままの状態で，帖ごとに貸し出された．これによって，1冊の原本を帖の数だけ同時に併行して筆写させることができた．

本を「大量生産」する手法はほかにもあった．たとえば木版印刷である．これは14世紀末に生まれた木版を生地に転写する「捺染（なっせん）」の技術が発展したもので，文字や絵画を彫り込んだ版木を裏から摺ってインクを紙に落とす技法のことである．木版印刷は15世紀中葉から16世紀初頭にかけて，すなわち活版印刷の揺籃期と併行して隆盛を迎えた．

こう見てくると，手写本→木版本→活字本というように，本は単線的に「進化」したのではないことが分かる．当時のヨーロッパ社会では，14世紀イタ

リア・ルネサンスに始まる人文主義が浸透し，大学や市民のあいだに本や知識を求める土壌が形成されていた．15世紀の活版印刷術の出現は，そうした文化的需要と，写本時代の文化的・産業的な前提の上に，さまざまな背景を持つ人びとが多様な方法で本の「大量生産」を模索していたという文脈の中で理解される必要がある．

「グーテンベルク銀河系」の諸相　活版印刷術を火薬・羅針盤とともに中世ヨーロッパ三大発明のひとつにあげたのは，17世紀の哲学者ベーコンである．今日も多くの論者が社会や文化に対するその影響について論じている．

マクルーハン（McLuhan, M.）によれば，活版印刷術は，表音文字の誕生以来すすんできた聴覚中心の呪術的な世界から中立的な視覚世界への移行を不可逆的に拡大した．その結果，最初の，均質にして反復可能な「商品」である印刷本を生み，最初の「大量生産方式」として出版が成立し，統一された均質な視覚世界——「グーテンベルクの銀河系」——を形づくるとともに，話し言葉が持つ多声性を抑圧することになった．

アイゼンステイン（Eisenstein, E. L.）が注目するのは，活版印刷術によって本の生産量がいちじるしく増大し，社会に流通する知識量が増え，一方で出版に要する労働量が激減したことである．学者たちはひとつの文献に註釈を加えることよりも，複数の文献の綿密な比較照合に力を注ぐようになった．知識の標準化がすすみ，写本時代に無数にあった書体はゴシック体とローマン体の2大グループに整理され，索引や参考図書ではアルファベット順配列の通有が一般化した．また印刷術は，知識の定着化と継続的蓄積を，以前のように秘術として囲い込むのではなく，それを公開することで可能にした．複製による知識の公開がテクストの変形や散逸を伴う危険と裏腹であった写本時代に対し，同一テクストを反復する印刷術は，もとのテクストさえ正確なら，社会の中に正確なテクストを大量に散布することができるため，たとえ一部が失われても，別のどこかで正確なテクストが継承されていく．知識人，職人，商人，大衆は新たなコミュニケーション・ネットワークで多様に結ばれ，17世紀科学革命の

基盤ともなった．

　言語編制の観点から活版印刷術に着目したのはアンダーソン（Anderson, B.）である．1518 年にルターが一般向けにドイツ語で著した『免罪符と神の恩寵に関する説教』は大ベストセラーとなり，宗教改革に火がついた．これを機に，それまで支配的だったラテン語が衰退し，俗語が台頭しはじめる．このことは，ラテン語を読めないためそれまで本に無縁であった民衆を，大規模な読者層として開拓することへつながった．しかし日々の生活の中で民衆に話されてきた口語はあまりに多様であり，それぞれを 1 個の市場とするには規模が小さすぎた．そこで類縁関係にある諸俗語を同質化して統合し，域内の共通語として少数の出版語が創出された．言語を共有する感覚は一定の集団性の核となり，出版語＝母国語として「国民」意識の形成を準備した．こうした書籍出版の発展段階における利潤追求への欲望を，アンダーソンは資本主義の初期の様態として「出版資本主義（プリント・キャピタリズム）」と名づけた．かれによれば，「国民」とはイメージとして想像された政治共同体であるが，出版資本主義は 16～18 世紀，その形成を技術的に基礎づける役割を担うことになった．

　1665 年イギリスのロイヤル・アカデミーは学会誌『フィロソフィカル・トランザクションズ』を創刊した．このころ単発の出版物から定期刊行物が分化しはじめ，18 世紀初頭までに日刊新聞，地方週刊新聞，ニュース定期刊行物という 3 種類のニュース出版の基本形態が確立していく．これらの出版物を市民が自由に読めるよう提供した場所がコーヒーハウスであり，客たちはそこでさまざまな政治談義をたたかわせた．ハーバーマス（Habermas, J.）は，コーヒーハウスを基盤に形成された公共的な議論の場を「公共圏（パブリック・スフィア）」と呼び，近代黎明期に重要な役割をはたしたことを指摘した．公共圏では，社会的地位によらない平等性が前提とされ，人びとは討議をとおして，公権力に対峙していく公衆へと転化していくことになった．

　霊感＋商品＝本という図式　一方，シャルチエ（Chartier, R.）は，15 世紀以降の文化的変容を活版印刷術のような技術的変容の帰結とみなすのではなく，

本をめぐる慣習的実践(プラチック)の中からとらえ返していくことの重要性を唱えている．

今日わたしたちは，本とは特定の作者の書いたオリジナルなテクストの印刷であり，読書はその内容を知るための行為と信じて疑わない．だがシャルチエによれば，本はテクストにも作者にも，あるいはほかのどの要素にも還元することができない．たとえば「作者」について．「作者」が，たんにそれを書いた個人をさすのではなく，書かれたものの「ある一種の統一性の原理」であるとするフーコー (Foucault, M.) の議論を継承するシャルチエは，「作者」という概念を著作権や検閲の出現と結びつけて論じている．著作権は今日ではテクストの所有権と理解されているが，歴史的にみれば私的所有権の延長線上で現れたわけではなく，王権から与えられた出版を独占する特権を書籍商たちが永続化させようと目論んだことに由来する．もともと思想や知識は共有財産であるべきであって，天分や霊感を金銭的な価値で計ることは不可能と考えられていた．これを回避する論理として，作者の天分そのものではなく，それが持つ固有の表現は経済的価値で測定できるという考え方が形成された．

こうして本は，ある二重性の統合される場となった．「作者」の霊感による活動の産物として代替不可能な「独創的な創造物」でありながら，契約や値付けの対象となりうる取引可能な財＝「商品」でもあるという二重性である．

シャルチエによれば，これが成立したのは，文芸活動の職業化が始まり，出版のコミュニティが少数の著者と多数の読者という２極に分かれはじめる18世紀後半である．以来この論理を根幹として，出版の近代産業化が加速してゆく．

近代産業となる「出版」　産業革命の時代は，15世紀以来さほど進展のみられなかった印刷技術が大きく姿を変える時期だった．印刷機は桁違いに機械化・高速化した．18世紀末葉にスタンホープによって最初の金属製印刷機がつくられたのを皮切りに，19世紀に入るとケーニヒによって機械化された円筒式印刷機が考案され，1846年に毎時8,000枚の印刷能力を持つ輪転機が開発された．印刷能力の飛躍的向上を下支えした技術のひとつにステロ版がある．

もともと組版に直接インクを塗ってプレスしていたが，この方法では活字面が摩滅してしまうため印刷部数に限界があった．18世紀に入り，組版から型をとって溶けた金属を流し込み刷版（さっぱん）をつくる方法が考案され，これが19世紀初頭にステロ版へと発達した．さらに紙型（しけい）の考案によって湾曲した刷版が制作できるようになり，大量印刷に対応したのだった．

技術的進展が大量生産を可能にしたという言い方は反転させてもよい．すなわち，大衆の国民化と，産業革命による大量生産・大量消費という資本主義の発展が絡みあって，印刷における技術発展を促すとともに，出版産業を今日のような様態に再編成していく契機となった．佐藤卓己が指摘するように，出版資本主義にとって重要なのは，生産の問題というよりも，流通と消費の問題である．「出版革命」と呼べるものがあるとしたら，それは造本技術や内容というよりも，大衆需要を生みだす流通の革命にほかならなかった．

次節では舞台を日本に移し，主として流通システムの観点から出版メディアの変遷をたどろう．

§2　近代出版流通システム，というアポリア――日本

近世と近代のはざま　明治初期最大の知識人のひとり福沢諭吉は，出版業者でもあった．1868（慶応4）年の慶應義塾発足直後に出版業を創業，翌1869（明治2）年には書物問屋仲間に加入し，「福沢屋」と称した．さらに1872（明治5）年，福沢屋とは別に慶應義塾に出版局を設置した．これは，アメリカ合衆国における近代的な大学出版部（ユニヴァーシティ・プレス）の嚆矢といわれるジョンズ・ホプキンス大学出版局の設立よりも5年ほど早い．主たる出版物は慶應義塾で使用する教科書で，これは義塾出身者が地方の英学教師として赴任するのに伴って広く全国に普及した．有名な『学問のすゝめ』（1872〜76年）の一部は慶應義塾出版局から木版印刷本として出版されたものである．

こうした福沢の軌跡は，日本における近世から近代への出版の変遷の特徴を

端的に表している．江戸期に形成された近世的な出版流通の体制は，幕末に始まる西洋技術の導入によって外側から一気に，一様に置き換えられたのではない．近世から近代への移行過程は，むしろ連続的である．

委細をみていく前に，まずは黎明から順を追ってたどり直そう．

書肆の世界——近世的な出版体制　法隆寺ほかに現存する『百万塔陀羅尼経（ひゃくまんとうだらにきょう）』は，開版開始と完成年の判明している世界最古の印刷物とされている．764年（天平宝字8年），孝謙天皇が経文100万枚を木版で印刷させ，同時につくらせた木製の三重小塔100万基中に納め，法隆寺や東大寺など西日本の十大寺に分置した．経は幅およそ5 cm，長さ約40 cmの巻物で，完成までに5年8カ月の歳月を費やし，157名の技術者が関わったという．

16世紀後葉から17世紀にかけて，来日したカトリック教会の宣教師たちは，西欧から活版印刷機や活字母型を持ち込み，布教活動のために九州各地で吉利支丹（きりしたん）版を印刷・配布した．1593（文禄2）年，文禄の役に参戦した武将たちが「戦利品」として朝鮮式の活版印刷機器一式や銅活字，刊本多数を持ち帰った．後陽成天皇や徳川家康も印刷に深い関心を寄せていた．初期の出版者には医者や僧侶が多かった．江戸期最初の営利出版業者とされるのは，1603（慶長8）年に『太平記』を開版した富春堂こと五十川了庵である．町人による商業出版は，1608（慶長13）年に『五家正宗賛』を出版した中村長兵衛尉，あるいは1609（慶長14）年に『古文真宝』を出版した京都の書肆（(しょし)書店）「本屋新七」が嚆矢とされている．元和・寛永年間には京都に多くの書肆業者が現れ，大坂，江戸にも波及した．出版・販売はさかんになり，本屋仲間と呼ばれる幕府公認の出版業者組合が1694（元禄7）年に京都で，江戸では1721（享保6）年に，その2年後には大坂で結成された．

近世における出版の産業様態は，一言でいうなら自律分散相互協調型というべきものだった．業態は未分化であり，書肆は出版に関するあらゆる仕事を手がけていた．新刊本の出版業者にして小売業者であり，地域の読書家に密着し

た古書売買業者も兼ね，同業者間や他の都市・地方の同業者と仲間取引を行う取次・卸業者という顔も持っていた．京都・大坂・江戸それぞれの地で出版された書物をたがいに注文しあい，現品で交換しあって代金を精算し，不足分は別の書物を足して埋めあわせる「本替（ほんがえ）」という制度を活用していた．これによって三都で出版される書物は相互に流通され，さらにそれぞれの有力書店から枝分かれして，各地方の書店へと書物が流通するしくみが形成された．

　近世的な出版流通システムを末端で支えていたのが貸本業者である．おもに武家の奥方・子女や町人たちを相手に，読本や滑稽本，人情本などの娯楽的な書物を貸し歩いた貸本業者は，18世紀の正徳年間に三都に専業者が現れたのち急速に発達し，19世紀初めの文化・文政年間には貸本屋組合が結成されるほどになった．当時の書物の発行部数は，木版印刷の技術的制約もあって，一般向けのものでも多くて2000部程度で，多くが貸本屋を介して回し読みされた．天保年間（1830年代）の江戸には800店の貸本屋が存在し，一店あたり百数十軒の得意先を抱えていたというから，分厚い読者層の存在がうかがえる．京都・大坂の版元もまた巨大書物消費圏である江戸での売りひろめを熱心にすすめた．江戸末期にいたって，三都の中でも江戸の書物市場は規模において突出するようになった．

　__明治初期の「出版離陸」__　明治政府は1869（明治2）年に定めた出版条例では既存出版体制の温存をはかった．しかし，1875（明治8）年，折から高まりをみせていた自由民権運動に対する弾圧の一環として，政府は讒謗律（ざんぼうりつ）や新聞条例などを公布，さらに出版条例を改正し，事前検閲，発行禁止，罰則規定を強化するとももに，出版事業の管轄を文部省から内務省に移管した．

　こうした弾圧にもかかわらず出版物の点数は飛躍的な増加を示した．明治期日本は1870年代に早々と年間出版点数が5,000点を越えるいわゆる「出版離陸」を迎えるが，すでに活版印刷術や洋紙が導入されていたにもかかわらず，このころの出版物の多くは近世以来の木版・和紙・和綴じの和本であった．こ

の点に注目した箕輪成男は，日本の「出版離陸」の特徴は内発的要因によって成し遂げられたことにあると述べている．出版量の劇的増加が，西欧からの技術導入によって直接もたらされたのではなく，基幹商品としての和本・三都の書店組合中心・業態未分化・本替制度といった特徴を持つ近世的な出版流通体制の中で達成されたことは，近代性（モダニティ）という問題を考えるうえで興味深い．

　ところで，明治維新につづく四半世紀は，人びとの読書生活が大きな変革を迫られた時期でもあった．前田愛によれば，その契機は3点にまとめられる．すなわち，均一な読書から多元的な読書へ，共同体的な読書から個人的な読書へ，音読による享受から黙読による享受への移行である．重要な点は，近世的な読書生活の様式から近代的なそれへと移行するこうした過程が，読み書き能力（リテラシー）の普及に比例するほど一様で均質なのではなく，さまざまな局面で綻びがみられたことである．たとえば自由民権運動の時代，政治小説という近代的な文芸様式は，学校・寮・寄宿舎・私塾といった精神的共同体の内部で青年たちに愛吟されるなど集団的共同的に享受されたのだし，明治20年代の言文一致論もまた，音読による享受方式に結びついた文章感覚に大きな影響をうけていた．

取次の誕生と近代出版流通システムの成立　近世から近代的体制への移行はこのように霜降り状ともいうべき様相を呈しながら進展したため，明確な分水嶺を見出すことは必ずしも容易ではない．ひとつの指標として，和本から洋本への転換があげられよう．明治20年代の10年間で和紙の総生産量が倍増するのに対し，洋紙のそれは7倍に増大，この時期に洋本が和本を圧倒していく．紅野謙介によれば，メルクマールとなったのは教科書である．1903（明治36）年まで小学校用の教科書は手漉きの和紙による和本だったが，翌年の国定化にさいして洋紙・洋本に切り替えられることになった．

　もうひとつあげるとすれば流通体制の確立である．小田光雄は，今日の日本の出版流通体制を近世のそれと区別して「近代出版流通システム」と呼んだ．

IX 出版メディアの変遷 151

これは出版社・取次・書店からなり，委託販売制と再販制（ないしは定価販売制）に裏打ちされている．戦前期から連続するこのシステムにおいて鍵を握るのは，出版社でも書店でも著者でも読者でもなく，取次である．取次とは，一般の産業における卸業者のことをさす出版業界用語だ．木下修が指摘するように，今日取次は出版の物流・商流・金融を掌握し，いわばゲームの主宰者兼ルールメーカーの立場にたつ．その取次が専業種として成立したのは，近代資本主義の成立期である明治20年代後半から30年代にかけてのことだった．

取次の始まりは1878（明治11）年ごろ，新聞の売捌（うりさばき）業者が雑誌の取次を兼業したのが嚆矢とされている．しかしそれらの流通ルートは必ずしも十分に太くはなく，博文館や春陽堂といった当時の大出版社は，自社発行の雑誌を主に各地方の有力書店に直接配送し集金していた．近世的システムの延長線上で取引が行われていたのである．

1890（明治23）年，当時の最有力雑誌出版社博文館は自社出版物の卸・小売業務のために神田神保町に東京堂を設立した．東京堂は博文館の出版活動を背景に急伸し，1893（明治26）年ごろには出版取次の中心的存在となった．以後昭和にいたるまで雑誌の流通はごく少数の有力取次群による寡占状態がつづく．

こうした専業取次の急速な台頭の背景には，発行される雑誌の種類や部数の飛躍的増加と，取引の多角化に伴い配送と取引の合理化の必要性が急速に増したことが影響していた．出版物の取次は，当時でマージンが定価の1〜3％というほど利幅の薄い商売であったが，半面他業種の問屋に比べて商品回転が速く，新刊だけでなく返品も扱うため，取扱量を増やすことで利益を積みあげることができた．多品種少量の書籍よりも少品種大量である雑誌に比重をおくことが取次経営伸長の必須条件であり，ゆえに寡占化がすすんだ．

1909（明治42）年，実業之日本社は自社発行の雑誌すべてを委託販売制に移行させ成功した．それまで出版物は返品不能な買切制であったため，小売りにおける割引販売の過当競争が深刻化していた．さらに新興の講談社がこれに追随して急成長した．逆に明治からの老舗，博文館は買切制を堅持しようとした

ため没落を早めた．第1次世界大戦後の1919（大正8）年には雑誌について，翌年には書籍についても定価販売制へ移行した．さらに1923（大正12）年の関東大震災を契機に大取次が4つに集約され，後述するように雑誌流通は4大取次に独占された．こうして大正末期には，4大取次をハブとする全国津々浦々への雑誌配本と定価販売制によって，日本中を均質にカバーする体制が整うことになった．

マス化する「出版」　1927（昭和2）年は，出版のマス化が顕現した年である．大日本雄弁会講談社発行の大衆娯楽雑誌『キング』が創刊後2年にして発行部数100万部を突破した．紀伊國屋書店の創業，岩波文庫の創刊，そして博文館の雑誌『太陽』が1896（明治29）年以来の伝統に幕を引いた．だがもっとも象徴的な現象といえば，「円本」ブームがあげられるべきだろう．

前年の1926（大正15＝昭和元）年末には，山本実彦社長率いる改造社が『現代日本文学全集』（全37巻，最終的には63巻）の予約募集を開始していた．菊判・上製（ハードカバー）・300ページで分売不可．なにより定価1円はそれまでの上製本の半分から3分の1と破格の安さだった．改造社は最初10万部を見込んでいたが，最盛期には40〜50万部の予約購読者を抱えるほどだった．これに対抗して新潮社が『世界文学全集』（全38巻）を刊行して60万部を売ると，以後春秋社『世界大思想全集』（全79巻），春陽堂『探偵小説全集』（全24巻）など，約160の出版社から370以上におよぶ円本全集が企画・出版され，時ならぬ「円本ブーム」を迎えた．円本全集のほとんどが既発表作品の再編集ものであったことは，出版を短期間に低コストで実現できた一要因であろう．しかし販売競争の過熱は採算性を度外視した販売・宣伝コストの肥大，過剰生産や読者の購買意欲の減退による返品の急増などの問題を引き起こし，1930（昭和5）年，世界金融恐慌の余波で不況が深刻化するのにともなって，円本ブームは急速に衰微した．

ついで出版産業を支えたのは文庫ブームである．若干の先行例はあるものの，「文庫」の嚆矢は1903（明治36）年に刊行の始まった冨山房『袖珍（ちゅうちん）

名著文庫』とされている．袖に入れて携行しやすいサイズの書物を近世に袖珍本と称したことからこの名がついた．1911（明治44）年に発刊した「立川文庫」（立川文明堂）は講談本で人気を博して200点も続いたし，1914（大正3）に発刊した新潮社の「新潮文庫」（第1期）も翻訳文学を中心に40点あまりを刊行した．同年，東京都麹町区三番町の和菓子屋雪華堂次男，赤城正蔵によって発刊された「アカギ叢書」は「日本のレクラム」を標榜し，文学だけでなく哲学叢話，社会叢話，科学叢話，現代史話などを扱うとしていたが，発刊者である赤城の急逝によって，ほどなく途絶した．

1927（昭和2）年に発刊された岩波文庫も，やはりドイツのレクラム文庫に範をとった．7月10日創刊時のラインナップ23点をみてみると，岩波書店の処女出版である夏目漱石『こころ』などの近代日本文学の古典から，トルストイ『戦争と平和』など翻訳文学，『新訓万葉集』『古事記』といった国文学，教養主義のバイブル倉田百三『出家とその弟子』，カント『実践理性批判』のような西洋哲学，ポアンカレ『科学の価値』などの自然科学にいたるまでが網羅されており，古今東西の古典名著を廉価なペーパーバックで提供するというコンセプトを体現していた．岩波文庫は教養主義と密接に連動し，その後の文庫イメージを決定づけた．あとを追って「改造文庫」（改造社），「春陽堂文庫」（春陽堂書店），「新潮文庫」（第3期，新潮社），「博文館文庫」（博文館），「冨山房百科文庫」（冨山房），「教養文庫」（弘文堂），「世界文庫」（弘文堂）などが次つぎ創刊された．

1937（昭和12）年に日中戦争が勃発するころには，社会主義運動の弾圧が強まり，岩波文庫白帯や改造文庫は発刊を停止していた．1938（昭和13）年に岩波書店は，「開業25周年企画」として，イギリスのペリカン・ブックスをモデルにした「現代人の現代的教養」を謳う岩波新書を刊行した．以後，教養目的あるいは時事的な書き下ろしは新書，古典や復刻は文庫というスタイルが定着した．

昭和初期には書店の数も増加した．全国書籍雑誌商組合員数は1927（昭和

2）年に1万1,557店から1933（昭和8）年には1万5,181店に激増している．さらに「外地扱い」，すなわち朝鮮・台湾・満洲に進出した日本書店数も，427店から522店と同じく増えている．とくに満洲のそれは56店から110店と倍増した．1940（昭和15）年には228店にまで膨張し，満洲における出版物は日本出版物全売上高の7〜8％を占めるまでになった．

大切な点は，こうした出版のマス化・消費化は，必ずしも娯楽的な内容のものに限られていたのではなく，思想や文学といった「硬派」な本についても同様の現象がみられたことである．

日配から戦後的体制へ　先述のとおり4大取次は，大野孫平率いる東京堂を中心としてカルテルを組み，「元取次」と称して雑誌発行元と日本雑誌協会を結成，雑誌流通を独占していた．出版流通の寡占化と定価販売制・委託制の導入によって，取次は，円本時代以降の大量生産・大量流通・大量消費を効率的に実現するとともに，物流と金融の両面からこの流通システム全体に対する大きな影響力を確固たるものにした．

こうした戦前の出版流通システムの特徴は，戦後のそれへと連続しているのだが，異なる点もある．それは今日ほど一元的・画一的な官僚的システムではなかったことである．もとより出版社，取次，書店の各役割は今日のように画然と分化しておらず，出版社の中に取次業を兼ねたり，地方の有力書店が取次を兼ねたり，出版を手がけたりする例が少なくなかった．今日では約50といわれる取次業者が，昭和初期には全国で約300存在した．4大取次にしても，必ずしも流通網の最末端まで直接コントロールしていたのではなく，各地方においては一定程度の自律性を持った流通網が機能していた．「中取次」と呼ばれる大阪・京都・名古屋など各都市の地方有力取次が傘下の書店へ配送するしくみになっていたのだ．4大取次が重要視していなかった書籍ではルートはさらに複雑で，多くの中小取次が介在し，取引条件も多様だった．書店と取次・版元をまわって直接小口の注文を集めて取次ぐ「せどり屋」という小取次は，取次網の目からこぼれ落ちる小さな取引に小回りよく対応した．こうした多様

IX 出版メディアの変遷

性を地ならしし，戦後の出版流通システムへと接続させる契機は総力戦体制下に求めることができる．

1940（昭和15）年12月，日本雑誌協会や東京出版協会（書籍出版業者団体）をはじめ20以上あった出版業界団体が解散・合流し，日本出版文化協会が創立された．自発的な形をとっていたが，実際には1938（昭和13）年の国家総動員法に基づいて内務省と商工省の連携の下に路線が敷かれたもので，「国論の統一と新秩序の確立」および「物的人的資源ヲ統制運用」し「用紙ノ使用制限」を行うため，出版業界を一元的に統制する機構と団体を設立して「出版新体制」を確立することを目的としていた．1939（昭和14）年，旧満州国において出版物の一元配給統制機構として設立された「満洲書籍配給株式会社」（満配）の先例が念頭にあったとされている．用紙割当をうけるには日本出版文化協会加入が必須とされたため，既存の商業出版社から同人出版にいたるまで，あらゆる出版組織が合流した．

1941（昭和16）年5月，「出版新体制」の一翼として，出版物の一元配給を目的とした国策会社「日本出版配給株式会社」（日配）が創立され，4大取次を初めとする大中小零細すべての取次が一本化された．日配と日本出版文化協会は結託し，会員以外の出版物は「モグリ出版物」として一元配給から締めだす方針をとった．出版物は食糧品などと同様に「配給」品となったが，それまでの取次の世界には「配給」という用語はなかった．

1943（昭和18）年3月，統制力のいっそうの強化を目的に，日本出版文化協会は解散し，特殊法人「日本出版会」が発足した．流通・販売の合理化と効率化を徹底するために書籍は売切買切制へ移行（のちに雑誌も移行），雑誌は統廃合がすすみ，『中央公論』など総合誌もほどなくして途絶する一方，科学技術誌，航空関係誌，時局専門誌は用紙の特配をうけるなど優遇された．1944（昭和19）年には出版社そのものが統廃合され，18分の1に縮小整理された．そして1944（昭和19）年9月，日配は国策会社から統制会社に転生し，出版という一産業部門の企業活動をすべて統制しうる強力な法的権限を有する官僚機構となった．

日配は敗戦後も存続し，出版流通の主軸を押さえつづけた．この間，統制団体であった日本出版会が1945（昭和20）年10月に解散し，また出版社や取次の新規開業の自由が認められるようになり，日配自身も1946（昭和21）年9月に統制会社から商事会社に改組した．1948（昭和23）年2月，日配は持株会社整理委員会から過度経済力集中排除法の適用を通達された．このころの日配のシェアは60％前後だった．分割を迫られた日配側は，書籍，雑誌，教科書の全国配給という機能を維持する必要性などを理由にこれに抵抗するも，1949（昭和24）年3月にGHQの命をうけた閉鎖機関整理委員会によって閉鎖機関に指定され，翌年閉鎖された．日配から分かれて9つの新取次会社が設立された．そのなかには，旧東京堂系の人脈を中心にした東京出版販売株式会社（現・トーハン）や，有力書籍版元を中心にした日本出版販売株式会社（日販）といった，今日の出版流通の中心をなす2大取次も含まれている．そして，1953（昭和28）年の独占禁止法一部改正にともなって出版物が法定再販商品に指定され，1956（昭和31）年以降，再販制が出版産業内に浸透していった．

日本という国民国家の版図を可視化し一元的にカバーする配給的な流通寡占と，委託制・再販制（定価販売制）という制度を持つ近代出版流通システムは，昭和初期から戦時期にかけて構築された枠組みを今日にまで引きずっている．

読書階級・教養主義・人文書　今日につながる消費的な出版空間の起源が，両大戦間期にあたる大正末期から昭和初期に認められることについてあらためて注意を向けたい．この時期に円本や文庫がブームになった背景には，出版流通システムの整備や都市新中間層の台頭にともなって，思想や文学が「金になる」ような状況が生まれていったことがある．そして問題の核心は，自国語による何十万部という書籍や雑誌の販売を可能にするだけの膨大な読者層が開拓されたという事実にある．

永嶺重敏によれば，教員・官公吏・サラリーマン・学生からなる学歴エリート階層はみずからを「読書階級」としてアイデンティティを形成していた．読書階級にとって読書は身体化された文化資本であった．だが読者層の拡大に伴

って非読者であった労働者階級が読書習慣を獲得しはじめ，読書階級は再度の差異化を迫られる．学生時代に教養主義的な読書経験を持つサラリーマン層は，同時代の流行小説を通勤電車の中で旺盛に読破していく娯楽的消費文化を形成し，結果的に差異化を図るべき対象であった労働者階級の大衆的な読書スタイルへと接近することになった．こうした読書の大衆化は，第2次世界大戦後にあらゆる階層へと波及していく．サラリーマン層の拡大と労働者階級との差異の縮小は，サラリーマン層が学歴エリート層ではなくなることを意味していた．

　永嶺は，こうした読書階級＝知識階級＝学歴エリート階層を枠づけていた教養主義こそ，大正後期からごく最近にいたるまで日本の出版を文化的に枠づけていたことを明らかにしている．教養主義とは，大正期から昭和初期にかけて，旧制高等学校を中心にした学歴エリート階層における規範文化であり，人文系の書物の読書を人格陶冶に不可欠な儀礼として最重要視する顕著な傾向を持っていた．農村型社会と学歴エリート主義という2つの下部構造の上に成り立つこの教養主義は，大正期から昭和初期，さらに第2次世界大戦をはさんで1950〜60年代にかけて大きな文化的影響力を行使してきた．日本の出版界はアジアでは例外的に分厚い自国語の読者市場を有し，その中で前衛的な知識人から大衆的な読者までをゆるやかにつなぐ言論空間を形成してきたといわれるが，それを支えたのは，ひとつは自国語によるナショナルな出版/読書空間であり，もうひとつが教養主義であった．教養主義は人文系の出版物の消費的市場を形成しただけでなく，人文的な書物こそ出版の王道であるという価値観を構築することにさえ成功した．しかし，1970年代後半から1980年代初頭にかけて，下部構造の消滅にともない教養主義の影響力が失われ，こうした文化的枠組みはリアリティを喪失している．さらに今日，自国語によるナショナルな出版/読書空間を支えてきた一元的な出版流通システムも，グローバル化と電子化によって急速に相対化されつつある．いまや出版の世界もまたポストモダンな状況下にある．

§3 「出版」の「歴史」を語るということ

　なにかの歴史について語るという営為は，想像するよりずっと困難なものである．語り手の語りたい「物語（ストーリー）」に史実をあてはめていく修正主義でも，対象に関する歴史的事実を稠密にならべた年代記をつくれば過去が再現されるとする歴史主義でも，けっして「歴史（ヒストリー）」の相貌は浮かびあがるまい．そもそも「歴史とは何か」というアポリア（解決できない難問）を避けては，歴史は語ることができない．

　「歴史という構造物の場を形成するのは，均質で空虚な時間ではなくて，〈いま〉によってみたされた時間である」と記したのは，20世紀最大のメディア思想家ベンヤミン（Benjamin, W.）である．事実上の絶筆となった1940年の「歴史の概念について」の中で，かれは述べている．過去を歴史的に関連づけることは，それを「もともとあったとおりに」認識することではない．危機の瞬間にひらめくような回想をとらえることである．歴史の天使がいるとすれば，それはちょうどパウル・クレーの「新しい天使」と題された絵のようだろう．天使は翼をひろげ，過去を凝視している．しかしそこから吹いてくる強風によって天使は，それが背中を向けている未来へ向かって不可抗的に運ばれていく．その強風こそ，わたしたちが「進歩」と呼ぶものに相違ない――．

　「歴史」を語るわたしたちは，未来へ向かって吹きすさぶ嵐の中に立ちながら，過去を見つめている．仮に「歴史」の効用を，ある対象の存立について歴史的な厚みの中で理解することだとするならば，私たちが本章で手短かに辿りなおした「出版の歴史」とは，なによりも「出版」という一見自明で平凡な言葉の位相を，過去に照らして問い直すことだろう．ここで筆者が語った「出版」は，さまざまにありうべき「出版」のひとつの像にすぎない．わたしたちがまず思い出しておかなければならないことは，今日の出版産業の様態だけが「出版」の唯一正統なあり方ではないという，ごく当然な，だがしばしば忘れられがちな事実である．「出版する」（publish）という英語の原義は"to make public"，「公にする」「公共化」「公衆をつくる」である．「出版（パブリシング）」は，私たちという「歴史の天使」に媒介され，無数の未来に向かってひらかれている．

(長谷川　一)

参考文献

W・J・オング著，桜井直文ほか訳『声の文化と文字の文化』藤原書店　1991年
B・ブラセル著，荒俣宏監修『本の歴史』平凡社　1998年
E・d・グロリエ著，大塚幸男訳『書物の歴史』白水社　1992年
フェーベル＆マルタン著，関根素子ほか訳『書物の出現』上・下　ちくま文芸文庫　1998年
吉見俊哉・水越伸『改訂版　メディア論』放送大学教育振興会　2001年
吉見俊哉『メディア時代の文化社会学』新曜社　1994年
M・マクルーハン著，森常治訳『グーテンベルクの銀河系——活字人間の形成』みすず書房　1986年
E・L・アイゼンステイン著，別宮貞徳監訳『印刷革命』みすず書房　1987年
香内三郎『活字文化の誕生』晶文社　1982年
高宮利行『グーテンベルクの謎——活字メディアの誕生とその後』岩波書店　1998年
B・アンダーソン著，白石さや・白石隆訳『増補　想像の共同体——ナショナリズムの起源と流行』NTT出版　1997年
J・ハーバーマス著，細谷貞雄・山田正行訳『第2版　公共性の構造転換』未來社　1994年
R・シャルチェ著，長谷川輝夫・宮下志朗訳『読書と読者——アンシャン・レジーム期における』みすず書房　1994年
R・シャルチェ著，長谷川輝夫訳『書物の秩序』ちくま学芸文庫　1996年
清水文吉『本は流れる——出版流通機構の成立史』日本エディタースクール出版部　1991年
鈴木敏夫『江戸の本屋』上下　中公新書　1980年
箕輪成男『歴史としての出版』弓立社　1983年
佐藤卓己『現代メディア史』岩波書店　1998年
佐藤卓己『キングの時代——国民大衆雑誌の公共性』岩波書店　2002年
前田愛『近代読者の成立』岩波現代文庫　2001年
紅野謙介『書物の近代——メディアの文学史』ちくま学芸文庫　1999年

永嶺重敏『モダン都市の読書空間』日本エディタースクール出版部　2001年
小田光雄『出版社と書店はいかにして消えてゆくか──近代出版流通システムの終焉』ぱる出版　1999年
木下修『書籍再版と流通寡占』アルメディア　1997年
長谷川一『出版と知のメディア論──エディターシップの歴史と再生』みすず書房　2003年
W・ベンヤミン著，野村修編訳『ボードレール　他五篇』岩波文庫　1994年

X 出版の現場

§1 編集のシステム

出版社　デジタル時代の出版は「情報を書籍・雑誌など印刷物や，CD-ROM，DVDやメールマガジンなど電子的方法によって複製し，頒布・販売の方法で普及させる活動である」．このような出版活動を担うのが出版社である．

　出版社は，その発行目的から営利（商業）出版と非営利出版に分けられる．営利出版とは，出版社が企業活動として出版を行うものである．非営利出版とは大学，学会，協会，研究機関，官公庁，企業，団体などが自らの活動や成果を公表するために雑誌，紀要，報告書などを刊行するものである．今日，非営利出版は無視できない重要な部門である．

　しかしながら，出版活動の中心は営利の出版社である．現在，日本には新聞社の出版部門などを含めて，4,361の出版社（『出版年鑑2003年版』）がある．このような多数の出版社がある第1の理由は，出版業は特別の許可や届出の必要もなく自由に設立・活動ができるからである．日本国憲法は，言論の自由を保

障している．したがって，意志と資金さえあれば，誰でも出版社を設立し，出版活動ができるのである．

　第2の理由は，その極端な委託性にある．著者は社外の人間であり，印刷・製本は印刷会社などに，流通・販売は取次・小売書店に全面的に依存している．出版業はこのような委託性を特性とするため，必要とする資本は比較的小規模

図X-1　出版社の仕

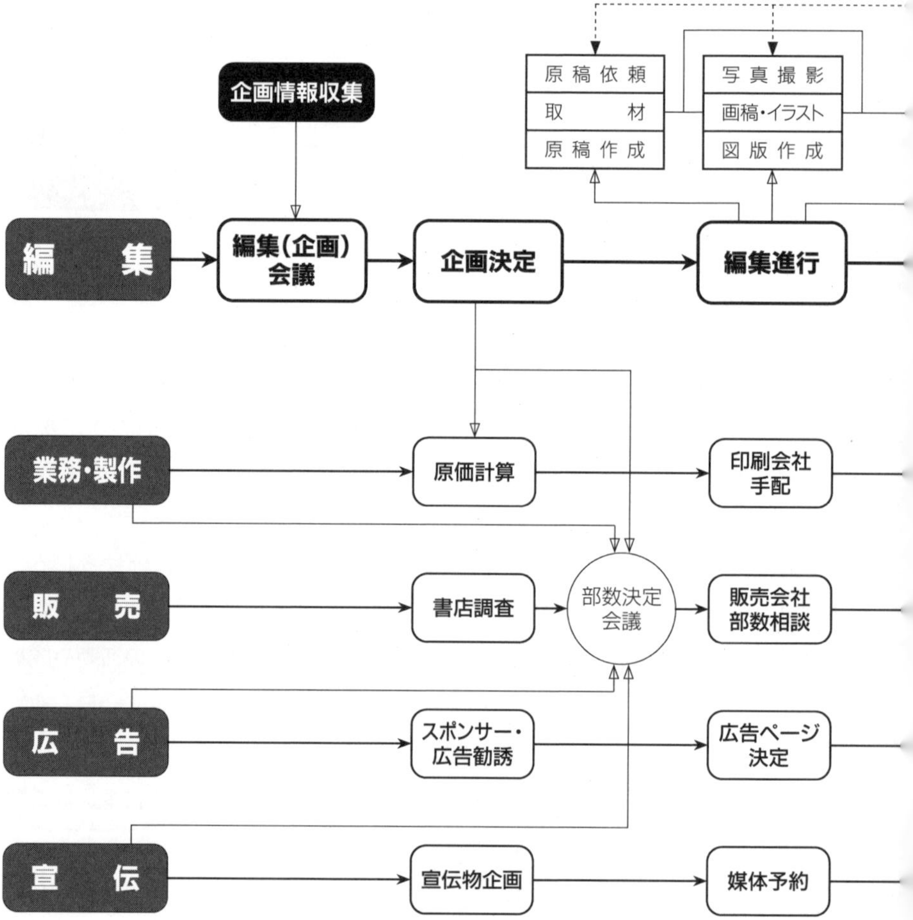

| 編集 | 企画情報収集 → 編集（企画）会議 → 企画決定 → 編集進行 | 原稿依頼／取材／原稿作成　写真撮影／画稿・イラスト／図版作成 |

業務・製作	→ 原価計算 →	印刷会社手配
販　売	→ 書店調査 → 部数決定会議 →	販売会社部数相談
広　告	→ スポンサー・広告勧誘 →	広告ページ決定
宣　伝	→ 宣伝物企画 →	媒体予約

資料）「講談社　A COMPANY PROFILE」による（一部割愛）

X 出版の現場　163

でよい[1]．多額の資本を必要としないため，株式を上場している出版社はきわめてわずかである．

　営利の出版社はマス・マガジンを発行している講談社や小学館など大手総合出版社と，専門書籍を出版する中小出版社に大別できる．出版社の圧倒的多数は後者である．

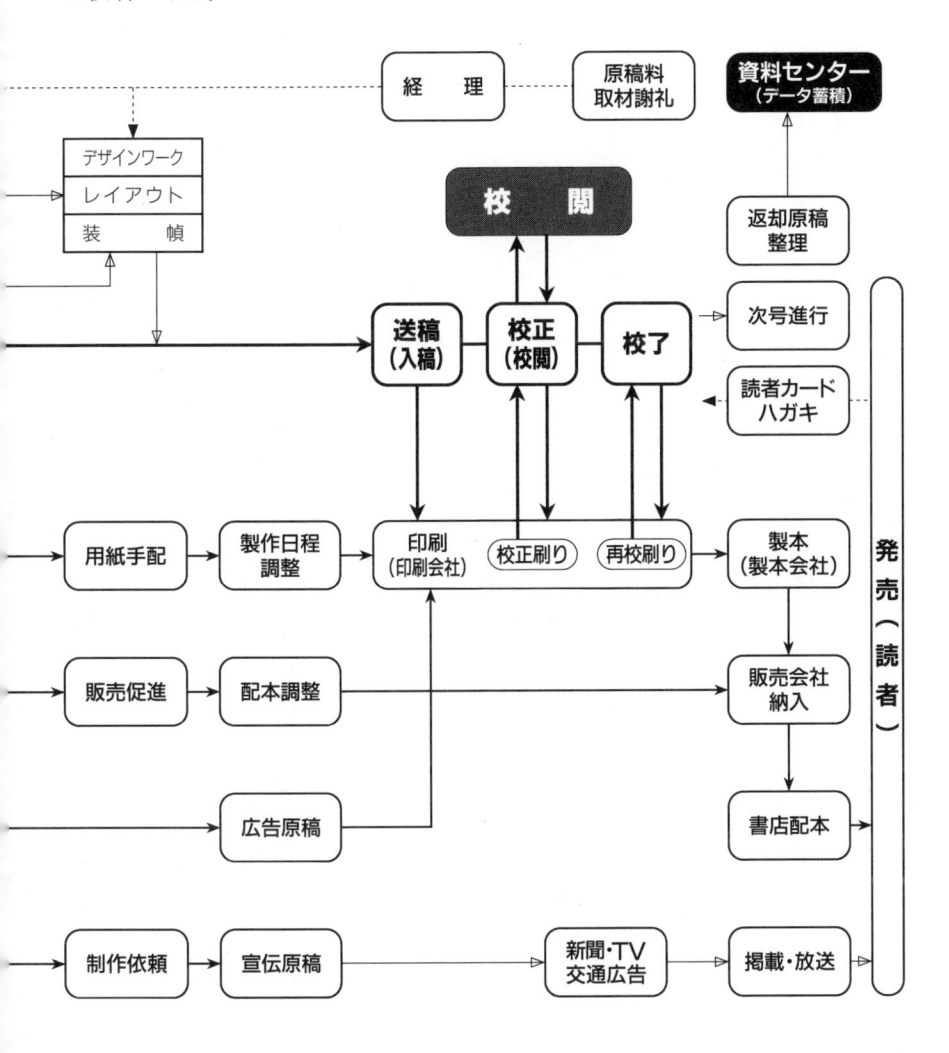

図 X-2　出版社の機構図（講談社）

- 社長
  - 社長室
  - 広報室
  - 総務局
    - 厚生部
    - 人事部
    - 人材開発部
    - 庶務部
  - 経理局
  - 編集総務局
    - 編集総務部
    - 法務部
    - 写真部
  - 校閲局
  - 資料センター
    - 図書資料部
    - 写真図版資料部
    - データリサーチ部
  - デジタル事業局
    - デジタルコンテンツ部
  - ライツ事業局
    - キャラター事業推進部
    - ライツ企画部
    - ライツ管理部
    - 国際ライツ管理部
  - 営業企画室
    - 営業企画部
    - 販売開発部
    - 新事業開発部
  - 販売促進局
    - 販売業務推進部
    - 販売促進部
    - 関西支社
  - 業務局
    - 雑誌業務部
    - 書籍業務部
    - 資材部
    - プリプレス制作部
  - 雑誌販売局
    - 雑誌販売部
    - 雑誌宣伝部
  - コミック販売局
    - コミック販売部
    - コミック宣伝部
  - 書籍販売局
    - 書籍販売部
    - 書籍宣伝部
  - 流通業務局
    - 総合受注センター
    - 流通業務部
  - 広告局 ※1
    - 広告総務部
    - 広告部
    - 広告業務推進部
    - 広告制作部

注）一部割愛

X　出版の現場

※1

第一編集局
- 週刊現代編集部
- FRIDAY 編集部
- 現代編集部
- おとなの週末編集部

第二編集局
- with 編集部
- スタイル編集部
- MINE 編集部
- Grazia 編集部

第三編集局
- コミックボンボン編集部
- 月刊少年マガジン編集部
- 週刊少年マガジン編集部
- ヤングマガジン編集部
- ヤングマガジンUppers編集部
- マガジンZ編集部

第四編集局
- Hot-Dog PRESS 編集部
- TOKYO 1 週間編集部
- KANSAI 1 週間編集部
- 新企画編集部

第五編集局
- なかよし編集部
- デザート編集部
- 別冊フレンド編集部
- kiss 編集部
- BE・LOVE 編集部

第六編集局
- おともだち編集部
- たのしい幼稚園編集部
- テレビマガジン編集部
- げんき編集部

第七編集局
- モーニング編集部
- アフタヌーン編集部
- イブニング編集部

第八編集局
- ViVi 編集部
- FRaU 編集部
- VOCE 編集部
- オプラ編集部

※2

文芸局
- 群像編集部
- 小説現代編集部
- 文芸図書第一出版部
- 文芸図書第二出版部
- 文芸図書第三出版部

文庫出版局
- 文庫出版部
- 文芸文庫出版部
- X 文庫出版部

学芸局
- 現代新書出版部
- 学芸図書出版部
- ブルーバックス出版部
- 学術図書出版部
- 学術文庫出版部
- 選書出版部

生活文化局
- 生活文化第一出版部
- 生活文化第二出版部
- 生活文化第三出版部
- 生活文化第四出版部
- KCS 部

児童局
- 幼児図書出版部
- 児童図書第一出版部
- 児童図書第二出版部

ディズニー出版事業局
- ディズニー企画部
- ディズニーランド編集部
- ディズニーファン編集部
- ディズニー書籍出版部

総合編纂局
- 総合編纂第一出版部
- 総合編纂第二出版部
- 総合編纂第三出版部
- 総合編纂第四出版部

出版社の仕事　出版社の仕事のフローチャートは図X−1に示される．これは大手出版社のケースであり，書籍・雑誌を合せて考えたものである．出版社の仕事は編集，業務・製作，販売，広告，宣伝（図X−2参照）に大別できる．小さな出版社では，編集者が編集と業務・製作を担当する．場合によっては販売・宣伝までカバーする．なお，広告担当は雑誌に掲載する入り広告を集稿するものである．したがって，雑誌を発行していない出版社には置かれないセクションである．

　どういう本を出版するか，どんな雑誌を刊行するか，どのような専門分野において出版活動をするか，個々出版社にはそれぞれ出版方針がある．たとえば，講談社では，出版活動の基本理念として，「おもしろくて，ためになる出版」を標榜している．さらに「大衆ジャーナリズムの追求」を編集の基本として「世におもねることなく，読者にとってなにが大切かを伝え，豊かな文化をはぐくんでいきたい」としている．

　代表的な学術出版社である東京大学出版会は，「特に書物としての価値は大であるにも拘らず，出版社の経営上採算に合わないと言う理由で刊行不能に陥ったものは枚挙に暇を見ない．この事は我国の学問の発達と知識の向上にとって甚だ遺憾なことである．本会はこの空隙を充たすために大学に於ける研究とその成果の発表を助成するとともに，広く一般書，学術書の刊行」（設立趣意書）を基本理念としている．

編　集　書籍の編集過程は［企画立案→原稿の執筆依頼→原稿入手→原稿整理→組み方・体裁の決定（割付）→校正→校了］ととらえることができる[2]．

　編集で一番重要なのは「何を出版するのか，どんな著者を選ぶのか，どのくらいの読者を期待できるのか」という企画立案である．企画にあたって大切なことはオリジナリティーのあること，新しいアイデアに基づくものであること，あるいは，大部数売れることが期待できることなどである．企画を思いついたら，類書調査などマーケットリサーチをする必要がある．さらに執筆者が選定され，書名，判型，体裁（製本様式），分量，発行（初版）部数，予価，発行時期，

販売方法などが設定される．企画内容や立案や著者の選定のために，学術書や教養書の場合には編集者は，学会誌・紀要をチェックしたり，小説の場合には，文学賞の受賞者，応募者に目を光らせる．

　また，新聞や本・雑誌の執筆者や，テレビ，新聞，雑誌に出演したり，紹介されたりする人物も著者になる可能性がある．さらに，編集者の人脈による紹介も重要であるし，著者自らの持ち込み原稿もある．

　売ることを優先する企画や著者の売名が目的の場合，ゴーストライターが起用されることがある．ゴーストライターとは他の人の名前で本や記事を書く代作者である．とくに，有名タレントや政治家，経営者の本はほとんどゴーストライターの手によるものだといわれている．

　原稿の依頼においては，テーマ，分量，締切日，また，印税や原稿料など報酬について取り決める．原稿入手は一般に容易ではない．多忙な著者は執筆に専念できるとは限らないし，また思考が停止するかもしれない．編集者は，著者の執筆を励まさなければならない．時には資料集めなどの支援が必要になるかもしれない．原稿整理とは，入手した原稿を精読吟味し，原稿をその内容と形式において整えることである．すなわち，原稿の記述内容についての疑問点があれば，著者に質問し，必要があれば書き直しを依頼する．また，用字用語を正したり，表記を統一する．

　組み方，体裁の指定は造本計画，組み方針に従って行う．もっとも重要なのは判型の決定である．このほか，文字の書体や大きさ，1ページ当たりの行数，行間のアキ，1行の字詰め，図表や写真の大きさや入る位置，ネームの組み方などを指定する．このようなさまざまな，組み方方針の指示を「組み方要項」（「組み方指定書」）といい，原稿と一緒に印刷所に渡す．

　校正とは「校正刷の誤字誤植を原稿どおり正しく直すことである」．すなわち，先の「組み方要項」に基づいて，印刷会社によって組版された校正刷（ゲラ刷）を原稿と照し合わせて誤りを正すことである．校正は第1回のそれを初校，第2回のそれを再校，以下3校，4校……という，直しがひとつもなく，

そのまま印刷へ回されるのを，校了という．

　近年の社会におけるデジタル化は，出版業界にもさまざまな変革をもたらしている．執筆原稿は電子メールやFDなどデジタル情報の形態で入稿されるようになった．DTP（Desk Top Publishing）によって，出版社が自ら組版できる（内製化）ようになり，印刷コストの軽減化や印刷時間の短縮化を可能にした．

　また，欲しい本が絶版や長期品切れで入手できないという読者の声に応え，オンデマンド出版が登場した．これは，出版社・著者の許諾を得た出版物をデジタルデータ化し，最新の印刷機（データ出力―印刷―製本の工程を一貫処理する）により，読者の注文に応じて1部から印刷，製本を行う出版システムである．

　CD-ROMやDVDなどのパッケージ電子出版物やウェブサイトやメールマガジンなどオンライン系電子出版物の編集は，かつては，辞書・事典を中心に，組版データを流用して製作されていたが，最近は新刊時に出版編集と並行して制作されることもある．

　雑誌の編集も基本的には書籍のそれと同じであるが，大きな違いのひとつは，2人以上の共同作業であることだろう．たとえば，月刊の若い女性向けファッション誌『ViVi』の編集部は編集長以下17人の社員編集者から構成されている．各編集部員はファッション班，美容班，実用班，読み物班に分かれ，毎号220ページを超える記事を作成する．これらの記事や写真を作成するためには，アートディレクター，取材ライター，イラストレーター，カメラマン，モデル，スタイリスト，ヘアメイクなど社外のフリーランスの人びとの協力を仰がなければならない．これらフリーランスの人びとは毎号，200～300人に上るという．[3]

　ところで，近年では，書籍の企画を1冊丸ごと請負ったり，雑誌の特定ページの企画・執筆作成をする編集プロダクションの存在も無視できない．

§2　製作・販売のシステム

業務・製作と販売・広告　業務・製作の主要な仕事は［事前原価計算の作

成→製作（印刷会社や用紙・製本会社の手配）→搬入（取次）］である．

　事前原価計算の作成は，編集部から提案された編成案，企画案に基づいて行う．すなわち，原稿料（印税），編集費，広告宣伝費，販売手数料，造本のデータ（判型，用紙，刷版，製本様式，本文や口絵のページ数）や部数，価格，あるいは利益などの要素によって原価計算される．

　書籍の販売担当者は，まず第1に社内会議において，当該書籍の部数を決定し，取次との配本部数の交渉に臨む．一般的に大手出版社の場合は，出版側の意向どおりになるが，中小出版社の場合には減数になることは珍しくはない．部数が決定したら，取次の広報誌や書店への印刷物などによって，取次や書店へ新刊告知を行う．近年，POS（販売時点情報管理）システムの利用によって，重版（増刷）を決定する判断を迅速にできるようになった．

　雑誌の販売担当者の仕事も書籍の場合と基本的には同じである．売れ行き調査のデータは，次号以下の記事に，とりわけ特集記事に生かせるように，編集部にフィードバックされる．また，販売実績データに基づいて，編集部に企画を提案することもある．また，雑誌の創刊に当たっては，事前にダミー版（見本誌）を用いて，取次を対象に説明会を催す．さらに，ポスター掲示や創刊誌の平積（ひらづ）み陳列などを書店へ働きかける．書籍販売も含め書店員などと密な人間関係を結ぶことは販売担当者にとって重要なことである．

　広告担当者は，雑誌に掲載される広告原稿をスポンサーや広告会社から集める．今日，大手出版社は売れるマス・マガジンを刊行している．有力雑誌を持つことは，定期的な販売収入と確実な広告収入を期待できるだけに，人件費が比較的に高い大手有力出版社にとって，それを持つことは経営上必須である．ちなみに，講談社の広告収入の比率は総収入の13.7％，小学館のそれは14.2％である（共に2001～2002年）．

　今日のマス・マガジンはその定価は制作費より低く設定し，大部数を確保して，巨額の広告収入を獲得することによって，収益を上げるという「現代雑誌刊行の基本原理」（T. ピータソン）に従っている[4]．たとえば，先の『ViVi』の場

合，定価620円の雑誌における製作コストは定価以上であるという．製作費を回収し，利益を得るためには広告収入がなくてはならない．

出版の流通・販売　製本された書籍や雑誌は一般に出版社の指示によって取次など流通業者に搬入される．それから書店やCVS（コンビニエンスストア）などに配本され，読者の手に渡る．このような出版物の流通経路は図XI-1（191ページ）のように，さまざまあるが，主要なルートは，書店ルート，CVSルート，即売（キオスクなど駅構内や街頭の販売）ルートである．これらの3ルートで出版物の流通の90％以上（金額ベース）を占める．

1992年の公正取引委員会の調査によれば，書籍の流通経路におけるシェアは，書店64.8％，直販12.8％，CVS 1.5％，即売0.7％であり，雑誌のそれは書店57.2％，CVS 15.2％，即売11.8％である．

日本の出版流通システムは，取次の存在，委託販売，再販売価格維持制度を主要な特徴としている．取次は先にみたように，出版社と小売書店の間にあって，書籍や雑誌を取次販売する卸に相当する．2大取次の日販（日本出版販売）やトーハン（旧東京出版販売）はそれぞれ，約3,000社強の出版社と全国1万店以上の小売書店や1万5,000店近くのCVSに介在して膨大な出版物を円滑に流通させている．[5]

このような取次の主要な機能には，仕入れ，配本調整，販売，金融（書店から代金を回収し，出版社へ支払う）や集品，配送，返品処理などがある．取次の存在によって日本の出版流通は大変効率よく運営されている．流通経費も相対的には世界でもっとも安い．[6]しかしながら，2大取次は取次ルートのうち，70％以上を占めるという寡占状況にある．このため，2大取次の新規参入出版社に対する「取引条件等の差別的取り扱い」などの批判がある．また，コンピューターを利用した書店へのパターン配本の問題もある．

欧米では，出版社→書店という直接取引の比率が高いが，日本では先にみたような取次→書店というルートが65％以上という高いシェアを占めている．欧米には，取次に類似したシステムはあるが，総合的な出版物の卸業（取次）

はない．

　出版物の販売方法は，委託販売制と買切制に大別される．委託販売制とは条件付き返品自由制であり，書店は売れ残った出版物を定まった期間内であれば出版社に返品できるシステムである．このシステムによって，書店は数多くの商品を安心して，仕入れ・陳列して，販売機会を拡大することができる．ほとんどの出版社は，このシステムを採用しているが，近年，返品率が上昇し，さまざまな問題を起こしている．買い切り制は，売れ残っても返品できないシステムであり，岩波書店や未来社など，ごくわずかの出版社が採っているシステムで，書店や読者が自分の責任で，注文・仕入れしたものは，原則として返品できない．この制度は売れ残りを断裁する出版物のムダな費用を考えなくてもよいからその価格は低くすることができるといい，発行部数は抑制される．欧米では普通，買い切り制が採用されている．

　再販売価格維持制度があるために，書籍や雑誌は，どこの書店でも定価で売られている．これは，1953年以来，独占禁止法の適用除外として，出版物においては，例外的に再販売価格維持行為が容認されているためである．再販売価格維持とは，出版社や取次が取引先である小売書店やCVSに対して転売する価格（再販売価格）を前もって決定し，その価格で販売させることをいう．再販制が容認されているのは，中小零細出版社でも取次と再販売契約を結ぶことによって小売価格を拘束できるため，これらの出版社を保護し，出版物の多様性を確保できるなどの理由による．

　この再販制は，すべての出版物が義務的に恒久的に共同して実施されるものであった．しかし，1980年10月以降は，出版社の意思によって定価販売か割引販売かが自由に決められるという新再販制に移行した．新再販制においても，この制度は2大取次の寡占体制を維持し拡大するものである．あるいは出版社の新規参入を困難にして，参入障壁の役割を果たしているなどの批判がある．

　出版流通における近年の大きな話題は「オンライン書店」である．オンライン書店はインターネットを利用した書籍の通信販売で，読者からの本の注文を

専門に扱う新しい業態である．その販売は急激に増加しているが，オンライン書店の販売シェアは書籍販売の1％にも達しない．

§3　読者の実態

読者の拡大と娯楽志向　読者人口の拡大はいちじるしい．それは出版の大量化現象にみることができる．リテラシー（読み書き能力）があると考えられる15歳以上の国民1人当たりの出版物（書籍・雑誌）販売部数は，1950年の5.9部から2000年の38.5部へ拡大した（図Ⅹ-3）．この間，95年には45.5部とピークを記録したが，その後の出版物の販売部数の減少により，国民1人当たりのそれも減少した．とはいえ，総体として読者人口は拡大した．このような読者人口の拡大は所得の向上，余暇時間の増大あるいは高等教育人口の拡大，都市化などに求めることができる．

読者人口の拡大は，読者の娯楽志向を意味する．前述の国民1人当たりの出

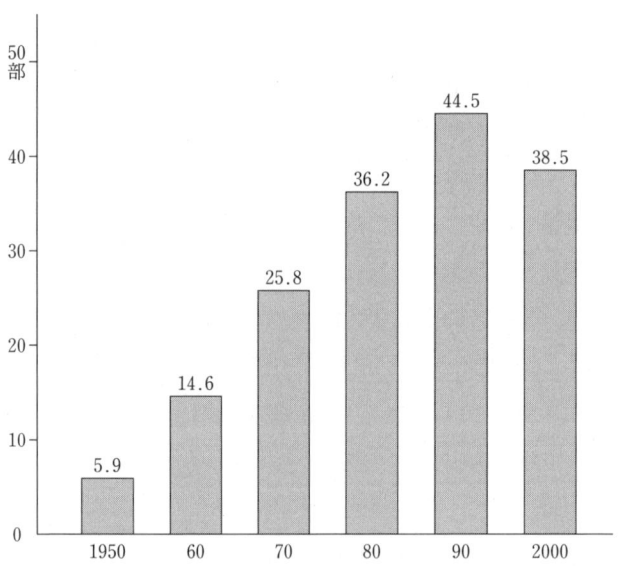

図Ⅹ-3　国民1人当たりの出版物販売部数

年	1950	60	70	80	90	2000
部	5.9	14.6	25.8	36.2	44.5	38.5

注）国民：15歳以上の人口．出版物：書籍・雑誌
出所）『出版指標年報』＋『日本統計年鑑』より作成

版物販売部数は，1965年の17.3部から70年の25.8部と8部以上増加したが，70年頃以降，読書の娯楽化が進行したようだ．毎日新聞社の「読書世論調査」の「最近買って読んだ本・ベスト20」によれば，「……1960年代末までそこに掲げられる書目は古典的，教養主義的なものが主流でしたが，69年，70年ごろから様相が一変し」[7]，古典名作の海外文学が上位にランクされることはなくなった．また，『出版年鑑』のベストセラーズ10位以内に『あのねのね』(1974年)，『欽ドン』(1975,76年)などの本が登場してくる．

　さらには，文庫本の変貌がある．1960年代まで文庫本のイメージは岩波文庫に代表される古典や定評ある著作の廉価版シリーズであった．今日では文庫本は，単なる読み捨て本と位置づけられる[8]．

　また，雑誌マーケットの拡大も出版メディアの娯楽化や実利志向を示すものである．巨大コミック市場の存在は読者の娯楽志向を象徴する最大の指標かもしれない．今日，コミック誌とコミックスを合わせた販売部数のシェアは全出版物の38.1％(2002年)に上る．

　このように読書の目的も，教養や娯楽から，娯楽と実利へと変わった．毎日新聞社の「読書世論調査　1998年」において，「本(雑誌，マンガを除く)を主にどんな目的で読むことが多いですか」という問いの結果は「娯楽のため29％」「教養のため20％」「暮らしに役立てるため19％」「学習や仕事のため13％」であった．娯楽と実利を目的とする者の比率は60％以上である．

　先にみたように読者人口の増加はいちじるしいものがあった．しかし，本や雑誌の読者は全国民からみると限られている．「NHK国民生活時間調査2000年」によれば，テレビの接触率が91.3％，新聞のそれが49.4％に対して，雑誌・マンガが12.5％，本が12.5％にすぎない．このように出版メディアへの接触率は新聞やテレビに比べ大変低い．しかし，テレビの視聴は受け身であり，新聞の閲読も宅配制度に基づいた多分に習慣的な行動であるのに対し，本や雑誌を読むということは，必要や興味関心に基づいた，自覚的・能動的な行動なのである．

ところで，インターネットやケータイの普及は読書行動に好ましくない影響を与えている．若い世代では読書時間が，40，50代では出版物の購入費が，それぞれ減少しているという（「読書世論調査　2003年」）．

このような一方，授業前の10分間，各自が自分の好きな本を読む「朝の読書」運動が，全国の小・中・高校において展開されている．また，地方自治体が主体となって，0歳児検診を受けたすべての乳児と保護者に絵本をプレゼントする「ブックスタート」が始まっている．

(川井　良介)

注)
1) 川井良介「90年代出版ジャーナリズムの見取り図」『マス・コミュニケーション研究』No.51　1997年　pp.70～71参照
2) 日本エディタースクール編『新編　出版編集技術　上』日本エディタースクール出版部　1997年　pp.11～18
3) 田村仁編集長の話による
4) コミック誌は，その広告媒体価値が高く評価されていないため，販売収入が中心である．
5) 木下　修『書籍再販と流通寡占』アルメディア　1997年　p.129
6) 箕輪成男『消費としての出版』弓立社　1983年　pp.91～95
7) 紀田順一郎『読書戦争』三一新書　1978年　pp.25～26
8) 川井良介「90年代の出版産業」『マス・コミュニケーション研究』No.45　1994年　p.109

参考文献
植田康夫監修『出版』産心社　2003年
川井良介「出版産業」産業学会編『戦後日本産業史』東洋経済新報社　1995年
川井良介「書店の多様化」『アエラムック　新マスコミ学がわかる』朝日新聞社　2001年
こせきこうじ『株式会社大山田出版仮編集部山下たろーくん』(第1～10巻) 新潮社　2001～2004年
田村紀雄編『コミュニケーション学入門』NTT出版　2003年

藤竹　暁編『図説　日本のマスメディア』日本放送出版協会　2000年
日本エディタースクール編『新編　出版編集技術　上下』　日本エディタースクール出版部　1997年
山本隆太郎監修『本づくり』(印刷まんがシリーズ)印刷学会出版部　2003年

XI 出版産業の現状

§1 デジタル革命のインパクト

活字メディアの終焉？ 20世紀は政治，覇権構造，経済，社会，科学技術，文化，その他，あらゆるものが激動した時代であり，これまでの世紀と比べて変化の幅も量も飛躍的に大きく波及スピードも迅速だった．個々の産業は技術革新や規制緩和などによって大きく変化・転換し姿形を変えた．

1980，90年代に入るとデジタル革命が急速に静かに決定的に進行し，あらゆる産業にそれが浸透していき，マルチメディア時代，そしてIT革命，インターネット革命が喧伝された．

書籍，雑誌，新聞などの情報メディア，活字メディア産業にとっても20世紀は激動と飛躍の時代であった．国家による言論規制，検閲などが，第2次世界大戦後は緩和・廃止され，印刷用紙事情の好転，生産・流通技術の水準の向上，大衆層の購読増大などがあり，活字メディアは大きく花開いた．そして，1990年代にピークを迎え，成熟期に入った．

出版物，新聞，レコード・CD，ビデオソフト，映画などは90年代から総体

的に生産高・売上高が横ばいとなり停滞あるいは下降基調であり，大きな市場拡大がみられず，それぞれ固有の問題をかかえて21世紀を迎えた．デジタル革命の中で，レコードおよびレコード針は生産されなくなり，CDおよびDVDがそれに代わった．約550年続いてきた活版印刷もデジタル革命の進行の中で消えていった．電子新聞，オンライン出版，電子書籍などが試行され，新聞・雑誌・書籍などの活字メディア，ペーパーメディアの終焉が語られた．

　出版産業についてはさまざまなアプローチの仕方が可能である．たとえば産業組織論は，市場構造，市場行動，市場成果という3つの分析枠組をとる[2]．知識産業論，イノベーション論，独占禁止法，その他さまざまな接近の仕方が可能であろう．

　本章は，日本の出版産業のミクロとマクロで現在起きている変動過程を概観する．20世紀末から出版産業には量的にも質的にも大きな変動が起きていて，かつて経験したことのない事件がいくつも起きた．それはいかなる新しい現実，未来の予兆だろうか．構造変動はまださらに長期にわたって展開するのだろうか．

　多くの変動があるが，顕著かつ大きなものを3つをあげておこう．

　出版産業の枠組のゆらぎ　　第1は，デジタル革命によって，出版産業の枠組とサブシステムが根柢からゆらいでいる．グーテンベルクが15世紀中葉に活版印刷術を発明し複製革命が起きた．しかし20世紀末にデジタル革命が起こり，活版印刷時代がほぼ完全に終焉し，デジタル技術を原理とした電算，DTP，CTPの印刷に転換した．印刷産業は新技術をとりいれてそれに対応した．

　デジタル著作物が登場した．

　「オンデマンド出版」（POD）は，コンテンツのデータベースから利用者の個別需要に対応して必要な時に必要数だけ印刷し製本する注文生産方式のものであり，1冊対応など小ロットにも対応できる．その最終形態はアナログの本（紙媒体）であり，従来の出版物の延長線上にある．

CD-ROMという「電子書籍」は，ポータブルな小型電子機器に辞典，百科事典などのコンテンツが入っていて，大容量，即時検索，音声・画像・動画対応，ペーパーレスなどの特色を持つ．これはパッケージ系のデジタル出版物である．

　「オンライン出版」はネットワーク系であり，従来の出版の原理とはまったく異なるものであり，出版，出版物，出版産業，出版流通という概念をこれに当てはめることができない．コンテンツのデータベースから利用者がパソコンや携帯電話でダウンロードして利用するコンテンツそのものの流通であり，ウェブ上であるいは電子ペーパーなどで読む．この流通の特色は，取次，書店，用紙店，印刷所，製本所，配送業，倉庫などがいらない．生産・流通・販売コストが低く，品切れ・返品がなく，どこからでもいつでもアクセスして入手でき，地域間格差がなく，書物のような物神性もない．日本では，現在，「パピレス」，「電子文庫パブリ」その他が事業展開している．

　オンライン出版はグーテンベルク革命に匹敵する複製革命であり，2つの間には出版の原理の断絶がある．オンライン出版は試行段階だが，シェアはどこまで増大するのだろうか．旧メディアと新メディアは補完しあい共存していくのだろうか．レコードが消えたようにアナログの書物は淘汰されるのだろうか．ちなみに森林資源問題，製紙工場による大気汚染や水質汚染などの環境問題から，オンライン出版に期待する人たちもいる．

　デジタル革命が出版産業のさまざまな部門に浸透した結果，産業の仕組みや組織間関係が変化しつつある．データベース化や情報共有も進んだ．編集制作・印刷業務・販売管理・在庫管理・物流管理なども合理化，効率化，簡便化，迅速化，ローコスト化が進み，サプライチェーンマネジメントなども志向された．インターネットの双方向性，即時性という利点もフルに活用された．

　しかしそれらが書籍流通の改革，書籍マーケティングの陳腐化打破，売上部数・売上高増にうまくつながらなかった．

　デジタル革命はインターネットを利用したオンライン書店という書籍販売の

新チャネルを誕生させた．

流通経済システムの制度疲労　第2は，日本の出版産業の流通の枠組の制度疲労が顕著となった．出版産業の流通経済の枠組みは，圧倒的シェアを持つ取次経路のそれであり，固定正味制，新刊委託・返品制，再販制，書店帳合制などがサブシステムである．戦前から続いてきた流通の枠組みに80年代から制度疲労が出て，90年代半ば頃には対症療法ではどうにもならない段階にきた．出版物（書籍＋雑誌）の総売上高は連続7年，総売上部数は連続8年，総出回り部数は連続8年下降したように，右肩上がりの成長神話は完全に終焉した[3]．

欧米主要国は80年代から情報技術を活用して大型書籍流通センターをつくるなど物流の効率化を進め，売上高は微増ながらおおむね上昇しており，日本のように7年連続下落した国はない．大量押込送品，大量返品，早期決済の3点セットの浪費型・押込型マーケティングをとる日本型書籍流通システムの矛盾が露呈している．

産業のライフサイクルからみて，日本の出版産業は欧米主要国に先駆けて成長期を過ぎて成熟期に入ったと思われる．成熟産業の先行例としては映画産業[4]がある．売上部数，売上高の下落現象はいつ止まるのだろうか．

2重構造　第3は，「2重構造」が進行していて，その中で総体的に収益性低下が顕著となっている．「2重構造」とは，同じ産業の一方の極に，生産性が高くかつ高労働条件の大企業群が存在し，他方の極に，経営規模が小さく生産性が低く，低い労働条件の中小零細企業が存在し，両者の間に大きな断層がある状態をいう．日本の出版産業では，従来それが出版業の中で大手総合出版社と中小零細出版社において顕著な経営格差がみられた．しかし，取次業と書店業も2重構造，2極化構造が進行し，しかも再編淘汰が進んでいる．書店は90年代末から閉鎖が毎年1,000店を越え，中小書店・老舗書店などの廃業・倒産が出ている．取次業では中小零細取次の廃業・倒産が相次いでいる．しかも，それまで安定経営をしていた主要出版社，大手取次，大手チェーン書店，有力老舗書店も減収減益に陥ったところが多い．

§2 出版産業の構図

出版大国・日本 わが国は日本語という閉じられた小さな文化圏において独特の大きな出版市場を形成している．出版物の生産量，出回り総数，売上高などは世界のトップクラスだが，欧米主要国と比べると産業構造，流通システム，取引ルール，組織間関係などさまざまな点が相違していて，まさに「日本型」「特殊日本的」である[5]．

「出版産業」とは，狭義にはそれがアナログメディアであれデジタルメディアであれ，紙媒体であれ電子媒体であれ，パッケージ系であれネットワーク系であれ，出版物（＝著作物）という知的商品を生産・流通・販売する業界の総体を指し，その構成者は，出版業，取次業，小売業の3者（著作者を加えると4者）である．

出版産業は第3次産業に分類される．3.5，第4次，第5次産業などと分類されることもあり，文化情報産業，情報メディア産業，ソフト産業，知識産業，知識集約型産業という性格を持つ．自動車，家電，繊維，医薬品，フィルムなどの産業と比べると，売上高，輸出額，上場企業数が少ない．

事業者数は，出版社約5,500，取次約60，書店約1万8,000（コンビニエンスストア約4万を含めると約6万）ある．出版業と出版物小売業は全体としては零細・過多であり，大手企業が存在するものの上位集中度が低い．一方，取次業は，日販とトーハンの2大企業が存在し，上位3社の集中度が8割を越え，高度寡占がある．取次の数が出版社，小売店と比べて極端に少ないために，出版産業の構図は瓢箪型，砂時計型，おちょこ型にたとえられる．

出版産業の地域分布は，出版社の約8割が東京圏にあり，取次の本社は東京圏に集中していて支社が主要都市に散在し，書店は全国各地に存在している．川上・川中に東京圏一極集中があり，川下の出版物小売業は全国の各地域に分散していて，放射状型の流通ネットワークを形成している産業である．

出版産業を支える関連事業者 出版産業は「著作者―出版社―取次―小売

XI 出版産業の現状　181

店―読者」というバーティカル・インテグレーション（垂直統合）を形成しており，周囲には次のような業種，事業者，機関が存在する．

　編集プロダクション，翻訳権代理業，翻訳業，速記・ワープロ入力業，デザイン業，情報通信業，ソフトウェア業，情報処理サービス業，情報提供サービス業，印刷業，製版業，写真業，製本業，印刷物加工業，洋紙製造業，板紙製造業，洋紙販売業，広告代理業，新聞業，テレビジョン放送業，映画・ビデオ製作業，ゲームソフト製造業，信書送達業，固定電気通信業，一般貨物自動車運送業，集配利用運送業，倉庫業，不動産取引業，古書販売業，新古書（中古書）販売業，貸本業，文房具小売業，図書館，大学，小・中・高等学校，研究所，銀行，クレジットカード業，損害保険業，法律事務所，会計士事務所，文部科学省，経済産業省，公正取引委員会，国税庁，日本書籍出版協会，日本雑誌協会，日本出版取次協会，日本書店商業組合連合会，日本出版労働組合連合会，日本出版学会，その他．

　出版産業は，これらの事業者と取引関係を持ち，緊密な分業体制・下請関係をとり，相互依存関係にある．出版物の大量生産・大量流通を可能にしかつ支えてきたのは，それらの事業者の技術革新があったからである．出版業は外部委託する部分が多く，外部環境の変化を受けやすい．印刷用紙の生産量・品質・価格が変化すれば，出版物の生産量および製造原価・販売価格にストレートに影響が出て，定期的・安定的に低価格で発行できなくなる．戦前，戦時中そして敗戦後の一時期，印刷用紙は配給制であった．第1次石油危機時には印刷用紙が市場に出回らず価格が急騰し，出版物の生産調整をした結果，出版物の価格が引き上げられた．また，出版物の生産・流通は，インフレ，国鉄運賃引上げ，法律の規制などさまざまな影響をストレートに受けてきた．

　日本の場合，取次経路（出版社―取次―小売店）という巨大で堅固な垂直統合システムがあり，それを多くの事業者が支えている．このシステムが安定的であるために，著作者は安心して創作活動ができ，出版社は多様多種の本や雑誌を企画編集し出版でき，全国の小売店は取次から出版物を仕入れて陳列・販売

でき，読者は多種多様の本や雑誌と出会うことができ，注文すれば1冊の本を確実に入手できる．

右肩上がり神話の崩壊　敗戦後の日本の産業は焦土から立上がり奇跡的な成長を遂げて今日に至っている．その間，第1次石油危機（1973年），第2次石油危機（79年），プラザ合意による円高ドル安（85年），消費税導入（89年導入）などのいくつもの危機があったが，乗り越えてきた．しかしバブル崩壊（92年）以後は，構造調整をしてきたものの，低迷を脱出できないでいる．

出版産業は，統計をとり始めた1950年から一貫して売上高が上昇し，石油危機，バブル崩壊などの危機もなんとか乗切り右肩上がりで成長し，「不況に強い出版産業」という神話が生きていた．しかし，消費税率を引上げた97年から毎年マイナス成長という戦後はじめての経験をし，神話は完全に崩壊した．

書籍の新刊発行点数は，50，60年代が1万点台，70年代が2万点台，80年代が3万点台だった．しかし，90年代は4万点，5万点，そして6万点台に突入し，2000年代は7万点台になり，2003年は7万2,608点だった．

2002年6月時点で国内発行の入手可能な書籍（市場総出回り点数）は約62万点であった（『日本書籍総目録』2003年版）．国立国会図書館は納本制度をとっているが，2002年度の集書数は図書22万9,732冊，雑誌39万5,308冊，新聞22万2,262点だった．（なお同館の総所蔵数は和漢書565万588冊，洋書226万3,872冊，計791万4,460冊．）

出版物全体の売上高は戦後一貫して上昇し続け96年がピークで2兆6,563億円であった．書籍売上高のピークは96年（約1兆1,000億円），月刊誌は97年（約1兆2,000億円），週刊誌は95年（4,000億円）がピークで，以後毎年下降している．2003年の販売額は，書籍が9,056億円，月刊誌が9,983億円，週刊誌が3,239億円であり，書籍が90〜91年，月刊誌は91年，週刊誌は89年の水準に下がっていて，まだ下降基調である．

販売部数も減少し続けている．書籍の販売部数のピークは88年の9億4,400万冊で，それ以後はゆるやかに下降し続けて96年にひとつの小さなピ

ークを迎え，以後下がり続けて，2003年は7億1,500万冊で77年の水準に落ちた．月刊誌の販売部数のピークは96年（23億冊），週刊誌は93年がピーク（16億6,000万冊）で，以後下がり続け，前者が80年，後者が84年の水準に落ちた．

　出回り部数は，書籍が97年の15億冊がピークであった．取次が総量規制をしているために出回り部数が下がり続け，2003年は12億冊で82年の水準になった．月刊誌は97年の32億冊がピークで2003年は28億冊で92年の水準，週刊誌は95年の19億冊がピークで2003年は15億冊で84年の水準になった．

　出版業界は戦前から返品制をマーケティング戦略の一環としてとってきた．出版物は高返品率で知られているが，97年から書籍返品率が驚異的に高くなった．97年から返品率（金額返品率）が40％前後で，部数返品率はおおむね41％台で推移している．実は84年から3年連続39％前後の高返品率が発生している．なお新刊委託だけの返品率は推計70％ある．雑誌返品率も97年から高くなっており，月刊誌が連続30％台と単行本並みの返品率であり，週刊誌は連続20％台を越えている．

　大規模小売店舗法（大店法）[6]が大幅緩和され，94年頃から全国各地に大型書店が出店し，売場面積が増大したが，それが需要拡大，売上高・売上部数増大にはつながらなかった．

§3　変化する出版業

　<u>出版業は「情報通信業」に分類</u>　「出版社」は「版元」とも称され，出版物を発行する主体であり，書籍出版社，雑誌社，総合出版社，教科書出版社などがある．その他，個人，官庁，自治体，企業，各種法人（宗教法人，財団等），研究所なども出版物を刊行している．2002年10月に日本標準産業分類が改定され，出版業と新聞業はこれまで「製造業」に分類されていたが，「情報通信業」に移行した．

　「出版業」の事業所数は5,502社，従業者数は9万4,917人であり（『事業

所・企業統計調査報告』総務省，2001年），出版社の約8割が東京に集中し，戦後創業の社が9割を越えている．

　書籍出版産業は規模が小さいが，新商品開発点数と商品出回総数は多い．1年間に出す新商品＝新刊書は7万点を越え，市場出回り書籍アイテム数は約60万点，書籍出回り冊数は約12億冊あり，新商品を次々と開発して市場に送り込んでいく「見える手」たちは，ベンチャースピリット，創造性の精神に富んでいる．

　出版業は現在大きな変動過程の中にある．デジタル革命が進行していて，CD-ROM，オンデマンド出版，オンライン出版という従来とは異なる原理の「出版物」が登場している．実際インターネットで小説やコミックスその他が有料で配信され，各種辞典や百科事典がCD-ROMとして販売されている．書籍の原価構成では組版代の比率が高いが，著者原稿のテキストファイル化が進行したために，組版コストが低くなり原価率が低くなった．

　出版統計で出版業をみていこう．

　書籍の新刊発行点数は，90年代が4万点台からスタートし，5万点，そして6万点台に突入し，2000年代は7万点台になったように，「新刊主義」にますますドライブがかかっている．2002年は7万2,055点新刊が刊行されたが，講談社が2,099点発行してトップであった．月に5点（年60点）以上出した社が約550あるが，月に10点（年120点）以上出した社は120余と少ない．

　新刊発行点数は増大したが，書籍の「軽薄短小化」が進行し，新書・文庫など小型・低価格本の比率が増えている．なお，雑誌の発行点数（銘柄数）は4,417点（『出版年鑑』）発行されている．

　総合出版社と書籍出版社　出版社は「総合出版社」「書籍出版社」「雑誌社」に大別できる．

　「総合出版社」は，雑誌と書籍を出していて，雑誌と書籍をうまく連動させて経営している点が特徴である．2002年度の売上高の順位は，講談社1,712億円，小学館1,519億円，集英社1,418億円，学研1,091億円，角川書店763

億円，日経 BP 642 億円，文藝春秋 353 億円，光文社 320 億円，徳間書店 314 億円，マガジンハウス 240 億円が上位 10 社である．「総合出版社」とはいうものの，雑誌と書籍の売上高比が 9 対 1，あるいは 8 対 2，7 対 3 の社がある．雑誌は販売収入の他に広告収入があることも抑えておこう．

なお，出版業における上位 3 社の集中度は 3 割に達せず寡占はない[8)9)]．

「書籍出版社」は書籍が主軸の社である．売上高 100 億円以上は，新潮社 305 億円，日本放送出版協会 258 億円，岩波書店 220 億円，宝島社 194 億円，PHP 研究所 128 億円，医学書院 122 億円，東洋経済新報社 109 億円である．

その他の社としては，ぎょうせい 720 億円，東京書籍 333 億円，新日本法規出版 286 億円，第一法規 246 億円，昭文社 192 億円，家の光協会 103 億円などが売上高 100 億円を越えている．筑摩書房は 36 億円，幻冬社が 77 億円，福音館書店が 72 億円だった．

出版市場は「雑高書低」が顕著である．2003 年の売上高は雑誌が 1 兆 3,222 億円，書籍が 9,056 億円で，雑誌と書籍はおおむね 6 対 4 で推移してきた．雑誌社，総合出版社は大規模，書籍出版社は中小零細という特徴がある．両者はビジネス・モデルが明確に異なり，商品戦略，広告戦略などマーケティングに相違がある．

出版社の経営は，大手と中小零細のあいだに「2 重構造」があり，資本金，売上高，利益率，給与水準などでいちじるしい格差がある．書籍出版社は総体的に資本金も売上高も小さく零細過多である．

講談社・音羽グループのパワー　日本の最大手出版社は総合出版社・講談社である．2002 年度の売上高は 1,712 億円で，内訳は雑誌 1,149 億円，書籍 292 億円，広告収入 235 億円，その他 37 億円である．書籍の売上高は約 300 億円で，書籍出版社のトップ新潮社とほぼ同じであり，岩波書店を上回っている．

「系列・系列化」（企業系列）とは大手資本が市場競争力を強化するためにとる企業間の連繋関係のことをいい，株式持合，社長会，役員派遣・兼任，系列

内取引，資金の融資，共同投資，情報共有，原料・製品の供給，下請関係などを行う。出版産業の「系列」には，講談社を中心にした「音羽グループ」，小学館を中心にした「一橋グループ」があり，そこには水平的結合（横の系列）と垂直的結合（縦の系列）の両方がみられる。

　90年代からの動向のひとつに出版業と異業種，業界内企業，外国企業のアライアンス（戦略提携）やM&A（買収）が進行している。デジタル革命とグローバル化の進行の中で，ソニー，日立，松下電機，富士通，シャープ，カシオ，IBM，ランダムハウス，アシェット，その他の社が，主要出版社とアライアンスを組み，新商品開発・販売を行いつつある。

§4　出版物の流通・小売部門の現状

　変化する取次業　取次業は，出版社と書店の中間に位置し，商流，物流，金融，情報を担っていて出版産業のインフラ的機能を持つ，いわゆる装置産業かつ労働集約型の巨大ネットワーク産業であり，出版産業の流通経済・取引の信用を担保してきた。取次が出版社と書店のあいだに介在すれば，取引総数最少化の効果が出て，生産・流通・小売の分業化が促進され，流通・取引が効率的になり，それぞれが本業に専念できるメリットがある。大手総合取次の物流力は大きく，たとえば日販の1日平均の出荷量は，書籍210万冊，雑誌550万冊，返品受入量は，書籍65万冊，雑誌150万冊に及んでいる。

　出版物を扱う「取次」には，総合取次・書籍取次・雑誌取次・教科書取次，即売会社等があり，1次取次・2次取次，全国取次・地域取次などに分類できる。「取次」の数は，日本出版取次協会会員が35社あり，取協会員以外の取次，即売会社を含めると約60社あるとされる。

　日本の出版物の流通経路は多様である。そのうち取次経路が最大であり7，8割のシェアを持ち，出版社も書店も取引経路への取引依存度がきわめて高く，「正常ルート」という排他的俗通がある。取次業には日販とトーハンという2大総合取次が存在し大きなパワーを持ち，雑誌と書籍の両方を扱っている。公

取委の調査によると,「出版物取次業」の上位3社の集中度は93年度が71％だったが,急速に集中度を高め2000年度は「81.2％」となった.[10] 日販とトーハンのシェアは推計75％を超え2極型高度寡占がある.大手取次による書店帳合制は流通系列化のひとつのタイプとみなすことができる.なお,日販とトーハンが日本卸売業売上高ランキングで毎年上位を占め,2002年度は日販6位,トーハン7位（10年前の92年はトーハン2位,日販3位）だった.

欧米主要国は出版社と書店の直取引が全体の7,8割を占め,取次経路のシェアが小さく,書籍と雑誌の流通経路も取次も小売店も別である.

取次業の経営問題が表面に出てきた.

大手取次は大型書店の新規出店に際して,数カ年という過剰な支払猶予条件を提示するなど熾烈な帳合変更競争をしている.また大手取次は情報化を進め物流システムに巨額の設備投資をしてきた.90年代半ば以降,日販の赤字転落および減収減益,トーハンの減収減益,中央社の経営危機などが表面化した.書籍は,少量,多頻度,低回転率,低マージン,高返品率,返品処理高コスト,労働集約型,高コストかつ低収益構造であるために,雑誌部門からコスト的に「内部補助」を受けてきたが,書籍部門の採算問題も浮上した.

中小零細取次の経営が急速に悪化し,柳原書店,鈴木書店,松島書店,北隆館,文京商事,日新堂書店などが廃業・破産したことは周知の通りである.

欧米の書籍取次・書籍流通センターの視察,オンライン書店の登場などによって,日本の取次経路の流通の効率性,取次の機能が再検討され,書籍流通の全体最適化,リードタイムの短縮,物流水準,販売情報管理,マーケティングの水準が厳しく問われた.注文品流通問題解決のための巨大書籍CD（流通センター）構想＝須坂構想＝JBCは挫折した.しかしようやく大手総合取次が書籍CDを設立し,一方では,出版社が倉庫業務の共同化・標準化推進のための出版倉庫流通協議会を設立するなど注文品流通が整備されつつある.

出版物小売業の現状　「出版物小売業」は,「書店」「書籍雑誌小売業」「雑誌書籍小売業」などと称され,店舗・無店舗販売を問わず,書籍・雑誌を中心

に仕入・販売する小売業である．出版物を販売する小売業には，「書店」の他に，コンビニエンスストア，キヨスクなどがあり，インターネットなどで注文を受けて販売するオンライン書店もある．

「書店」の数は1万8,248店ある（アルメディア『ブックストア全ガイド』2004年3月1日現在，本部，事業所，出張所を含む）．『商業統計表』（経済産業省，2002年調査）は「書籍・雑誌小売業」の事業所数を2万2,688店，販売高を2兆3,395億円，従業者数を17万1,608人としている．「書籍・雑誌小売業」とは書店・古書店・楽譜小売業・洋書卸の4業態を含んでおり，前回調査ですでに「書店」の数は2万店台を割った（公取委は98年に書店数を1万9,974と発表）．なお，「日本書店商業組合連合会」の組合員数は86年の1万2,935店がピークで，毎年減少し続けて2003年が7,838店（4月現在）であった．雑誌・コミックス・文庫などを扱う「コンビニエンスストア」が約4万軒，「キヨスク」など駅の売店が約1万と推計されている．「全国古書籍商組合連合会」の組合員数は2,521（2003年）であり，新古書店（中古書店）を含めると古書店は約6,000と推計される．

日本の「書店」は書籍専門店が少なく，一般書籍の他に，大衆雑誌，コミックス，文具，CDなどを一緒に販売する複合タイプが多い．欧米主要国の「書店」とはトレードブックを主として品揃・販売するタイプの店のことをいい，大衆雑誌，新聞，マスペーパーバック，コミックスなどは，キヨスク，スタンド，スーパー，ドラッグストアなどで主に販売されている．

紀伊國屋書店，丸善，文教堂，有隣堂，アシーネ，リブロ，ブックバーン，ジュンク堂書店，三省堂書店，旭屋などが売上高上位書店である．上位2社の売上高はそれぞれ1,000億円を少し超えて，3位以下はその2分の1以下である．上位3社の集中度は10％を下回り寡占はない[11]．なお雑誌だけの売上高は，セブン-イレブンが約1,500億円でトップであり，ローソン，ファミリーマートなどが続く．コンビニエンスストアにとって雑誌やコミックスは集客のためのマグネット商品のひとつだが，書店業にカウントしないセブン-イレブンの

雑誌売上高が，紀伊國屋書店の総売上高を上回る事実も抑えておこう．

　日本の「出版物小売業」は，零細過多，低回転率，低粗利，低経常利益率，低交差比率であり，回転差資金が発生せず，バイイングパワーを持たず，大手総合取次に対抗力を持たない．書籍マージンは主要国でもっとも低く，書籍を専ら扱う書店は利益率が大変低い．

　90年代に大規模小売店舗法が大幅規制緩和され，そして撤廃され，大規模小売店立地法が施行された．大型店の出店規制が大幅に緩和されたために，90年代半ばからナショナル・チェーン，リージョナル・チェーン，そして地域書店が出店競争を展開し，主要都市に大型店や超大型店が相次いで出店した．2003年12月現在，500坪以上の書店が200近くあり，700坪以上が50を越え，1,000坪以上が約30ある（アルメディア調査）．90年代半ばからオーバーストア，オーバーフロアが顕著になり，閉店数が毎年1,000を超え，2003年は閉店数が1,673，出店数365であり，書店業界に再編淘汰が進行中である．

　その地域でトップの大型店，好立地でも経営ノウハウを持たない書店は，競争で勝ち残ることが難しく，マネジメント，マーケティング，マーチャンダイジング，差別化，棲分けなどが経営課題となっている．

　出版物の流通経路　出版物の流通経路（チャネル）は多様である．[12]出版物の主なチャネルとしては，取次経路（出版社―取次―小売店―読者），直販（出版社―小売店―読者），通信販売（出版社―読者，出版社―通販業者―読者），訪問販売（出版社―訪販業者―読者），ブッククラブ（出版社―ブッククラブ―会員），オンライン書店（出版社―オンライン書店―読者），その他がある．それぞれの経路の中味は多様であり，たとえば直販や通販には宗教団体，家元，農協，大手予備校などの小さなチャネルがある．

　取次経路とは，「出版社」と「小売店」（書店，コンビニエンスストア，キヨスク，生協，その他の小売業者）の間に「取次」が介在している「出版社―取次―小売店」というチャネルのことであり，取次は，商流・物流・金融・情報などの機能をもつ．取次経路（「出版社―取次―小売店」）は約7割のシェアで持つ中軸の経

路であり，日本の出版流通の最大特色のひとつである．

　独占禁止法は再販行為を原則違法としているが，書籍・雑誌を含む著作物6品目は再販が適用除外されている[13]．出版社と書店は参入の際に再販売価格維持契約の締結を取次から要請される．日本はほとんどの出版物が定価販売されており，公取委は再販制度を弾力的に運用するように業界に要請している．

　全経路に占める取次経路の経由は書籍が約7割，雑誌が約8割である．出版社の97％が2大取次（トーハン，日販）と取引をし，取引ウェイトは6割以上である．書店と2大取次の取引ウェイトは書籍が7割，雑誌が8割を超えている（公取委調査，1992年）．大手2社（日販とトーハン）の市場占拠率は7割5分以上で高度寡占（複占）がある．2000年度の上位3社の市場占拠率は81.2％．チャネル間の競争はほとんどなく，取次経路が他を圧倒しているが，この経路の中では帳合変更競争があり上位集中が進んでいる．雑誌は明治時代半ばから，書籍は大正時代末・昭和初期から，取次経路のシェアが高くなり，同時に大手取次の集中度も高くなり，寡占があった．戦時中は日本出版配給株式会社による1社完全独占があった．戦後は2大取次の高度寡占がある．

　取次経路では「出版社―取次―書店」のチャネルを特別視する傾向があり，他と区別して書店の経路を「正常ルート」と排他的な名称で呼ぶことがある．

　注目されるオンライン書店　　出版社―小売店の直取引，出版社―読者の直販（通販），ブッククラブなどのシェアは小さい．オンライン書店のシェアも現在は小さいが，優れたビジネスモデルをもち，毎年売上高が大幅に増大しており，全書籍売上高の5％を超える日は近いだろう．

　雑誌も取次経路が主軸である．経路総合取次と雑誌取次は，書店・コンビニエンスストアに雑誌等を配送し，即売会社は駅の売店やスタンドなどに雑誌・新聞等を配送している．その他に，出版社―読者の雑誌直販（通販）などがあるが，欧米主要国のような大きなシェアはない．

　イギリス，アメリカ，ドイツなどの欧米の書籍流通は，出版社と書店の直取引が圧倒的に多く7，8割あり，取次経路のシェアは少なく2〜3割で，この

図 XI-1　出版物の主な流通経路

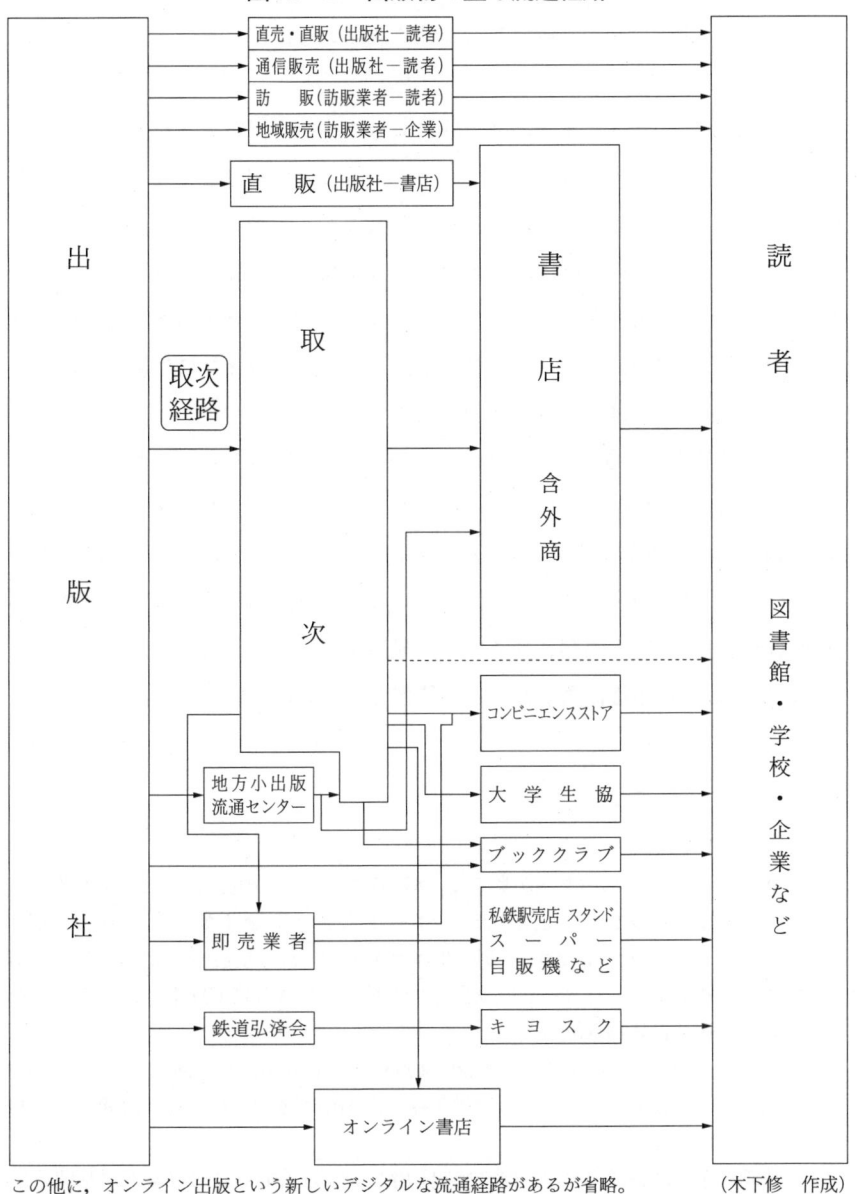

出版社 → 直売・直販（出版社―読者）→ 読者
出版社 → 通信販売（出版社―読者）→ 読者
出版社 → 訪販（訪販業者―読者）→ 読者
出版社 → 地域販売（訪販業者―企業）→ 企業
出版社 → 直販（出版社―書店）→ 書店

取次経路：出版社 → 取次 → 書店（含外商）→ 読者／図書館・学校・企業など

その他の経路：
- コンビニエンスストア
- 大学生協
- ブッククラブ
- 私鉄駅売店　スタンド　スーパー　自販機　など
- キヨスク
- 地方小出版流通センター
- 即売業者
- 鉄道弘済会
- オンライン書店

この他に，オンライン出版という新しいデジタルな流通経路があるが省略。

（木下修　作成）

経路は直取引を補完する役割を担っている．また欧米主要国は日本と比べてブッククラブの数もシェアも多いことが知られている．

書籍・雑誌というメディアは歴史的に大きな役割を担ってきた．活字メディアの存在意義，そして出版産業のダイナミズムは今世紀はなくならないと思われる．現在，これまで経験したことのない大きな変動の中にある．

情報技術の進歩とその応用，物流改善，大型書店の増加，売場面積の大幅増大，オンライン書店という新チャネルの登場，新刊発行点数の増大などのプラス要因があるものの，それが需要拡大や流通イノベーションには結びつかず，流通・取引システムは旧態依然で前近代的である．

「巨大な物流と資金流を扱う出版流通は一見強固なシステムのように思われるが」「微妙なバランスの上に立って機能しており」「本来的に脆弱性を持つ」[14]，「産業組織の中に非常に歪んだ部分がある」[15]という指摘があるように，日本の出版産業の流通・取引システムには内在的な矛盾，脆弱さ，ゆがみがあり，不透明な既得権益構造も温存されている．最適化，効率性，合理性，イノベーション，棲分け，互恵性，透明性などが依然として課題となっている．

（木下　修）

注）
1) 1982年にCDプレーヤーが登場し，87年にレコードの売上高を，88年にレコード生産枚数を抜き去った．一方，レコードは90年が総生産高の0.80％，総売上高の0.47％となり，2002年が総生産高の0.20％，総売上高の0.17％で，淘汰された観がある．レコード産業自体は新技術を取入れてCD市場をつくり，新しい形で産業自体は存続した．
2) 新庄浩二編『産業組織論』有斐閣　1995年　pp.6-16など参照
3) 出版統計は原則として『出版指標年報』全国出版協会・出版科学研究所　2003年　を使用した．
4) 映画産業は，1958年の入場者数が11億2,745万人で最高で以後下がり続け，61年8億6,343万人，71年2億1,675万人，81年1億4,945万人となり，2002

年は1億6,076万人になった．一方，興業収入は，1958年が723億円だったが，2002年は1,967億円．入場料金を引上げてきたために，入場者数は激減したが，興業収入は伸びてきた．

5）木下修・星野渉・吉田克己『オンライン書店の可能性を探る』日本エディタースクール出版部　2001年　pp.71-87
6）大規模小売店舗法は1974年施行，79年改正，91年大幅改正，94年大幅緩和．そして2000年廃止．
7）塩沢由典『市場の秩序学』1990年　pp.48-64．A. D. チャンドラー『経営者の時代』（原題 The Visible Hand）上・下　東洋経済新報社　1979年　参照．
8）出版社の上位3社の集中度は25.8％．公正取引委員会「再販問題検討のための政府規制等と競争政策に関する研究会，資料編」1998年
9）出版社売上高は有価証券報告書および帝国データバンク企業情報，業界紙報道等による．
10）公正取引委員会「主要産業における累積生産集中度及びハーフィンダール指数並びに累積出荷集中度」2000年
11）出版物小売店上位3社の集中度は7.2％．公取委，前掲資料
12）出版物に関する詳細な流通経路は，村上信明『出版流通図鑑』新文化通信社　1988年　参照．
13）木下修『書籍再販と流通寡占』アルメディア　1997年
14）箕輪成男「学術出版システムの根底にあるもの」『情報の科学と技術』Vol.53　2003年9月号　p.421
15）鶴田俊正「規制緩和と競争政策の進展」矢作敏行編『流通規制緩和で変わる日本』東洋経済新報社　1997年　p.78

XII 出版ジャーナリズムとしての総合雑誌

§1　マスコミとジャーナリズム

巨大になり過ぎた新聞と放送　今から16年前の1988年，私がまだ書評新聞の『週刊読書人』の編集長をしていたころ，『総合ジャーナリズム研究』誌から原稿執筆の依頼を受けた．その原稿は，4月に入社してくる新人ジャーナリストを対象に，新聞，放送，出版など，メディアの現状を紹介する特集のためのものであったが，私が担当したのは，出版メディアの紹介であった．掲載は1988年春季号（124号）で，題名は「再認識すべき雑誌ジャーナリズム」となっており，次のように書き出している．

　春の訪れとともに，フレッシュマンの季節がやってきた．放送や新聞などのメディアに比べて，募集人員が少なく，受け皿が小さいといわれる出版界にも，駆け出しのジャーナリストが誕生した．
　その新人たちに，出版界の様子を，長年，書評新聞の編集をしながら見つづけてきた者の立場からアドバイスできることは，いまやジャーナリズムの

機能を果たしうるメディアは出版だけではないかということである．

　そして，このことは，いまにはじまったことではなく，かなり前からそうだったのではないか．このように書くと，出版以外のメディアである放送や新聞などにたずさわる人たちから，「何を言っている！」と怒られるかもしれないが，放送や新聞は，出版に比べてあまりに巨大になり過ぎ，それらのメディアは，マスコミではありえても，ジャーナリズムとはいえない状態になっているからだ．

　このように書き出し，さらに後の節で，もう一度，「新聞・放送はいまやマスコミではあるが，ジャーナリズムではない．ジャーナリズムとしての機能は，出版というメディアにしか残されていないのではないか」と，私は強調している．実は，この想いは16年経った今も変わらず，むしろ，強まっているきらいさえある．なぜ，そうなのかということは後に述べるが，出版というメディアがジャーナリズムであるという場合，では，具体的にはどんな出版物を指しているのであろうか．

　<u>天皇報道にみる相違</u>　そのことを明らかにするため，ふたたび，ある文章の書き出しを引用する．それは，次のように書き出されている．

　「天皇　ええ……そういう，ええ言葉のアヤについては，ええ私は，そういう文学方面は，あまり研究もしていないんで，よく，わかりませんから……（下略）
　天皇　ええ……この……ええ原子爆弾が，ええ投下，された，ことにたいしては，ええ……ええ，遺憾に思っておりますが，ええ……こういう戦争中であることですから，どうも，ええ……広島市……市民にたいしては，気の毒で，あるが，やむをえないことと私は思っております」

　1975年10月31日，夜，私はこの天皇記者会見の放送の画面を見ながら，

血がたぎるような激しい憤りを感じた．

そして，この筆者は，さらにこう書き継いでいる．

　翌朝，私は，この記者会見を報じた大新聞を読んで暗然とした．私が40年間愛読している『朝日新聞』は，「言葉選び懸命にお答え　『胸が痛むあの戦争』『戦争責任』の質問も飛ぶ」という大見出しで扱った．庶民にとっていちばん聞きたい，天皇の戦争責任の問題について「『文学方面』とは，ちょっと奇異に響くことばだが，天皇としては『そういう英語のニュアンスは，私はよくわからないので……』ということで使われたのだろう．だが，同時に『戦争責任という用語で認める，認めないというような，言葉の問題はどうでもよいのではないか，私の気持ちを察して欲しい』という思いを，この表現にこめられているように聞こえた」（傍点は引用者）．この新聞記事は，まるで特権官僚，財界，自民党幹部の立場から書かれている弁明である．そして，原爆投下問題については「とっさの質問に応じられることに不なれな天皇の答えはうまく表現されたとは思いにくいものだった」と，天皇ベッタリの弁解をしている．これでは近代報道ではない．『読売新聞』は「とつとつと"陛下の50年"胸痛む戦争――うれしく思う復興"テレビ談義"爆笑」という見出し．「こういう記者会見ははじめての陛下にとっては，このように繰り返されている原爆の被爆者へのお言葉を，短い表現にこめられなかったのではないか」と推測記事を書いている．

　ほかの新聞も似たりよったりであった．私は，これらの新聞を読みながら，中途で何回も破り棄てたくなるような怒りを感じた．60年安保デモの時に，新聞が岸内閣に屈服した「7社共同宣言」以来のことである．

　<u>ジャーナリズムとしての機能</u>　天皇記者会見についての新聞報道について，このような怒りを感じた，この筆者がやっと怒りを収めるのは，次のような事態に至ってからである．

11月10日ごろになり総合雑誌の12月号が出揃って私はホッとした．総合雑誌は，例外なく天皇訪米の問題を客観的に論じていたからである．『潮』では，特別企画「天皇とジャーナリズムと民衆」で，鶴見俊輔，色川大吉，高畠通敏の討議，沢木耕太郎，新井直之，本多勝一らの大特集．『現代の眼』は「天皇制と現代」という大特集で，24人の学者や文化人を動員している．『文藝春秋』は児島襄ほか2人の特集，『世界』は天皇制は避けてとおった雑誌だが，ここでは「象徴天皇制」という角度から扱っている．『中央公論』は，大森実1本のみ．「風流夢譚」事件以来アツモノに懲りてナマスを吹くの感あり．異色あるものは『現代』で，エース井上清と牛島秀彦の"闘論"ほか1本があった．

　なぜ，このように総合雑誌と大新聞とは違うのか．新聞は，司法，行政，立法の三権の批判，とくに政府の批判はやるが，資本主義と天皇制の批判へは発展しない．それは大新聞のいのち取りになることを知っているからであろう．マスコミ天皇制といわれる所以であろう．

　この筆者は，1975年における昭和天皇の訪米についての報道が新聞と総合雑誌では対照的であることを指摘し，この文章を「さまざまな曲折を示しながらも，権力にたいして批判しつづけてきた総合雑誌ジャーナリズム100年の盛衰をたどってみよう」という具合に論旨を展開させ，「総合雑誌盛衰100年史」をたどってゆく．実はこの文章は『松浦総三の仕事』第3巻『ジャーナリストとマスコミ』（大月書店）に収められているのだが，筆者の松浦は，総合雑誌『改造』の元編集者であった．そして『改造』が廃刊となって以後は，週刊誌のフリーライターをしたり，東京空襲を記録する会で『東京大空襲・戦災誌』全5巻の編集にあたった．

　そのような経歴を持つ松浦が書いた「総合雑誌盛衰100年史」の冒頭で提示されている新聞と総合雑誌の相違は，前出の「再認識すべき雑誌ジャーナリズム」の冒頭で指摘した問題と重なりあうのである．なぜなら，この論文で，

「ジャーナリズムとしての機能は，出版というメディアにしか残されていないのではないか」と前置きし，「ジャーナリズムとしての機能を発揮する可能性を持っている」出版メディアとしてあげているのは，総合雑誌であるからだ．その総合雑誌の中でも，この論文で紹介したのは，『世界』1951年10月号，『中央公論』1958年11月発行の『緊急増刊・松川裁判特別号』，『文藝春秋』1974年11月号である．これら3冊の総合雑誌をなぜ紹介したかというと，これらの雑誌は，新聞があまり報道しない問題に対して果敢に挑戦しているからだ．そのことを次節で指摘する．

§2　現実を動かした総合雑誌

『文藝春秋』と『世界』の場合　「再認識すべき雑誌ジャーナリズム」において紹介した総合雑誌のうち，『世界』は「講和問題特輯」号であり，『文藝春秋』は立花隆の「田中角栄研究」の掲載号である．このうち，「田中角栄研究」については本書の旧版で紹介したが，『世界』の「講和問題特輯」は，1951年当時，進められていた講和条約の締結問題について特集したものである．当時，この問題をめぐっては，第2次世界大戦で日本と戦ったすべての国と講和条約を結ぶべきであるという全面講和論と，早急に締結のできる国とまず結ぶべきであるという単独講和論が論議され，新聞は一部を除き，単独講和論を主張するものが多かった．

そこで，『世界』は講和問題については，単独講和論だけでなく，全面講和論も紹介すべきであるという理由で，「講和問題特輯」を企画したのだが，この特集には，単独講和論が主流であるという状況に対する「批判」と「憂慮」が表明されていた．この特集で執筆している都留重人によれば，全面講和を主張し，単独講和論を批判する者に対して，『読売新聞』1951年8月10日付の社説は，「その意図の如何にかかわらず，事実において共産主義の攻勢に道を拓き，その露払いとしての役割をつとめることになる」と指摘したが，こういう考え方に対する異議を呈したのが，この特集であった．

XII　出版ジャーナリズムとしての総合雑誌

　また，『文藝春秋』に掲載された「田中角栄研究」も，田中角栄内閣の「金権政治」の実態を「新聞その他のマスコミが教えてくれないから本誌が企画するのである」と，同誌の〈編集だより〉に書かれている．このレポートは，田中首相を退陣に追い込むという力を発揮した．このように，総合雑誌が現実を動かした例としては『中央公論』における松川裁判批判がある．総合雑誌がジャーナリズムとして，大きな力を発揮した例として，これは見過すことができない．それというのも，『中央公論』による松川裁判批判は，何年にもおよぶ長期間のキャンペーンとなったからである．

　松川事件と『中央公論』　松川事件とは，1949年8月17日午前3時9分，福島県の金谷川―松川間で，旅客列車の機関車と数車輌が脱線転覆し，機関士など3名が死亡した事件である．現場視察の結果，レールのツギメ板がはずされたり，枕木の犬釘が抜かれるなど，故意に誰かが脱線転覆を仕かけたことがわかった．

　この事件が起きた1949年は，6月に吉田内閣が占領軍の指示によって人員整理のための定員法を作り，この法律に基づき国鉄の大量馘首が行われることになり，第1次として3万7,000人の国鉄労働者の名前が発表されると，下山定則国鉄総裁が行方不明となり，常磐線の線路上で轢死体となって発見され，さらに7月13日第2次の馘首6万人の氏名が発表されると，三鷹電車区で無人電車が暴走するという事件が起こるなど，怪事件が相次いでいた．それらの事件は，定員法による大量馘首に反対する国鉄労働者や共産党員が起したものだという噂が飛びかった．

　そのため，松川事件が起きた時，この事件を仕組んだ者として，国鉄労働組合福島支部の組合員や東芝松川工場労働組合の組合員など20名が共同謀議者として逮捕され，起訴される．そして，第1審判決では全員有罪となり，5名が死刑，無期懲役が5名，15年の懲役が1名，12年が3名，10年が2名，7年が3名，3年6ヵ月が1名と，厳しい判決だった．しかも第2審判決も，3名が無罪とはなったものの，死刑4名，無期2名を含む厳しいものだった．

しかし，このような判決を受けた被告たちは，実際には事件に関与しておらず，最終的には全員無罪となるのだが，そこに至るまで松川裁判を批判し続けたのは，作家の広津和郎であり，舞台を提供したのは『中央公論』だった．

　そのきっかけとなったのは，広津が松川事件の被告たちの文集である『真実は壁を透して』を読んだことである．文集を読んだ広津は，被告たちが無実を訴えていることに注目し，彼らの訴えに耳を傾けるべきだと思うようになった．それは，1951年秋のことであったが，当時，広津は本郷の双葉館に仕事場を持っており，その近くに親友の作家，宇野浩二が住んでいたので，広津は宇野に松川事件の被告たちの文集のことを話した．すると，宇野もすでに読んでいて，「あれはまったくひどい無茶な話だ」と憤慨した．そこで，広津は改めて他の被告たちの手記も読み，「これらの素直な真実の溢れた文章は，嘘や偽りではとうてい書けるものではないと，確信」した．

　宇野と広津が松川事件の被告たちの文集に示した反応については，作家の吉岡達夫が書いた「広津氏の『松川裁判批判』の発端」という文章（『中央公論緊急増刊　松川裁判特別号』所収）に拠っているが，吉岡は，さらにこう書いている．

　しかし，まだ世間では，この事件は三鷹，下山両事件と同じように共産党の陰謀によるものとしか思っていなかった．もっとも，多くの新聞は漠然とそう思わせるような記事しか書かないし，当時の官房長官増田申子七氏が事件発生2日後の記者会見の際，はっきり共産党の陰謀であるとの談話を発表したくらいだから，世間がそう信じ込んだのも当然だったかもしれない．

　この時のことを，広津も『中央公論』の緊急増刊に収録された「松川裁判（全）」の中で，次のように書いている．

　私がどうしてこの松川事件に関心を持つようになったかというと，第1審の判決の後大分経ってから，被告諸君の文章を集めた『真実は壁を透して』

という小冊子が送られ，それを読んだからである．私は被告諸君の文章に嘘が感じられないと思ったので，これはあるいは被告諸君の訴えが真実ではないかという疑問を起こし，第1審の法廷記録をできるだけ手に入れて，調べてみる気になった．その時は第2審の裁判が進行中であった．

最初は無関心だった広津和郎　このように書いている広津だが，実は広津もそれまでは一般の人たちと同じように，松川事件について，あまり関心がなかったと，これに続く節で書いている．

「1　事件の概要」の中で述べたように，私はあの頻発した鉄道事故を，新聞やラジオの宣伝するように，左翼的な思想犯罪と思わされていたので，この松川裁判の第1審進行中には，殆んどこの裁判に興味を持っていなかった．後で解ったが，被告諸君は拘置所の中から無実を訴える手紙を朝から晩まで書きつづけて，各方面の人びとに送っていたというのであるから，私の手許にもおそらく何通か送られてきていたのであろうとは思うが，関心を持たない私は，それを読んでもみなかったのではないかと思う．

それが『真実は壁を透して』を寄贈され，偶然ページを開いてみると，私は被告諸君の文章に急に引き込まれ始めた．そのことを宇野浩二に話すと，宇野も既にそれを読んでいて，「あれはひどい事件だ」と言った．

その時から私たちはこの事件に関心を持ち始めた．手に入れた第1審の法廷記録を調べて行くうちに，第1審の判決に納得のいかない無理を感じたので．宇野と話し合って仙台に第2審の公判を傍聴に行ってみることにした．

その時のことを，前出の吉岡の文章はこう書いている．

ところで，その翌年，つまり広津氏がこの事件に関心を持たれて丸1年たった（1952年）10月，私は『週刊サンケイ』でどうしても松川事件をとりあ

げたいと考え，まず双葉館に広津氏をお訪ねした．そのときはまだ裁判を傍聴にも行っておられなかったので，お話は佐藤一君をはじめ20名の人たちの手記が中心であった．しかし，広津氏の，嘘では書けないという確信は鋭いものであった．それが動機になって，広津氏はどうしても一度，直接裁判を傍聴し，出来れば被告の人たちと会ってみたいと考え始められた．それが実行されるまでには，はじめて『真実は壁を透して』を読まれてから，まる1年半の歳月が経っていた．その1年半の間，この事件のことを広津氏は1日も頭から離すことなく，宇野氏に会われると，話はすぐ松川のことになった．

松川事件の第1審判決は，1951年12月6日に行われているが，吉岡の文章の書き出しでは，「広津和郎氏がはじめて松川事件に関心を抱かれたのは，7年前の昭和26 (1951) 年の秋である．その頃，『真実は壁を透して』というこの事件の被告達の手記が送られてきたのを，広津氏は始めはなんの気なしに手にされていたが，その中の佐藤一君の文章を呼んでおられるうちに，これはただごとではないと，惹きつけられてしまわれたのである」とあるので，広津の「松川裁判（全）」にある「第1審の判決の後大分経ってから，被告諸君の文章を集めた『真実は壁を透して』という小冊子を送られ，それを読んだから」松川事件に関心を持つようになったという証言と，時期がちょっと食い違う．しかしどちらにしても，広津は『真実は壁を透して』という被告たちの文集によって，松川事件に関心を持つようになったのだが，その関心は一時的なものにとどまらなかった．そのため，広津はただ文集を読むだけにとどめないで，松川事件に対して具体的な行動を始める．

広津和郎がとった行動 広津が松川事件に対してとり始めた具体的行動とは何か．吉岡は，先に紹介した文章で，こう報告している．

昭和28年の5月7日，広津氏と宇野氏は，私が同道して仙台高等裁判所

に控訴審の弁護側最終弁論の第1回を傍聴に行ったのである．若葉につつまれた赤煉瓦の裁判所の法廷で，岡林辰雄首席弁護人は気魄に満ちた態度で，「28日の検事論告は嘘で固められたものである……」と，イソップの寓話を例にとって鋭く全員無罪を主張し，じゅんじゅんと嚙んで含めるような調子で各項について詳細な弁論を，法廷の大時計が5時半を示すまで約6時間つづけたのである．それを広津，宇野の両氏は真剣に傍聴されたのである．

そのうえ，「この日，両氏ははじめて被告の人たちと会われた」と，吉岡は広津，宇野が病気で保釈中だった被告の佐藤一，武田久，斎藤千代氏らと会って話し合った時の様子も書いている．こうして，具体的な行動を始めた広津と宇野は，7月3日にふたたび仙台に行って公判を傍聴し，被告に会い，松川の現場も視察したが，広津は前出の文章で，第2審の公判を傍聴して以後のことを，こう書いている．

その後も第1審の記録を調べていくと，ますますその判決が納得がいかなくなってきたので，私はそのことを文章に書いて雑誌に発表したり，親しい作家たちに私の考えていることを話してその賛成を得，「公正裁判要請」の嘆願書を連名で第2審の鈴木禎次郎裁判長のもとに送ったりした．
　私たちのそういう行為がジャーナリズムに宣伝され，一方では或る賛成者を得ると同時に，他方では「文士の甘さ」として冷笑された．そして官憲側からは「人民裁判」とか「文士裁判」とか「ペーパー・トライヤル」とかいう言葉で譴責された．

§3　新聞報道に抗する雑誌編集者

　笹原金次郎の果たした役割　このころ，広津たちの行動に注目するひとりの編集者がいた．当時，『中央公論』の編集部員であった笹原金次郎である．笹原は1948年に早稲田大学政経学部を卒業し，文芸ジャーナリストになりた

いと思って，中央公論社に入社し，『婦人公論』の編集部を経て，『中央公論』に移ったが，1953年の春頃，広津と宇野に松川事件のことについて書いてもらおうという企画を編集会議に出した．しかし，すぐには採用とならず，やっと10月号で執筆してもらうことになった．その時のことを，笹原はインタビューでこう語っている．

　宇野（浩二）先生と広津先生と3人で最終打合せをしたんですよ．丸ビルの地階で，汚いところでしたけどね．8月の初旬ですかね．デッカイ扇風機のプロペラがまわっていて，汗なんかかいたことのない宇野先生の額から汗がにじみ出てくるような暑い日でしたけれども（笹原金次郎「総合雑誌ジャーナリズムわが軌跡」，『週刊読書人』1974年3月11日号）．

こうして打合せが終わって，執筆のことが確定したが，それは次のような手順で行われることになったと，笹原は語っている．

　『中央公論』にお二人で一挙に書いてもらうのが，私の案なんですが，より効果をねらわなきゃならないと，三者の話になりまして，広津さんが，「それじゃ，宇野くん，君は『文藝春秋』に書いたらどうか．おれは『中央公論』に書こう」という話になりましてね．それじゃ，そういうふうにお願いします，ということで，『文藝春秋』に宇野先生は書くことになったわけです．それが「世にも不思議な物語」ですね．

第2審判決と広津　『中央公論』も『文藝春秋』も，当時から前月10日発売なので，両誌の1953年10月号は9月10日に発売された．広津が『中央公論』に書いたのは，「真実は訴へる――松川事件・判決迫る」という文章で，次のように書き出されていた．

松川事件の第二審の判決が近づいた．

　被告達から第一審の判決の不當を鳴らし，彼等の無實を訴へる手紙を貰ったのは，一昨年であったと思ふが正直に云って私は最初はそれ程関心を持たなかった．

　その訴へはおそらく私にばかりではなく，多くの作家達，學者達，宗教家達，知識人たちのところにも行ったのであらうと思ふが，私同様関心を持たなかった人達が相當多かったのではないかと思ふ．

　このように書き出し，広津は，この文章の終わりのほうで事件当時，東芝松川工場の経理課長であった橋本多喜二の証言で，佐藤一（死刑判決）のアリバイが証明されたので，「私は大きな聲で今こそ，彼等が無實だといふ事を，はっきり世の中に向って云ってもいいわけである」と書いた．ところが，第2審判決は，この年の12月22日に行われたが，前にふれたように，その判決も，厳しいものであった．判決のあった日，笹原は本郷の双葉館に広津を訪ねたが，その時の様子を前出のインタビューでこう語っている．

　そのとき，大げさないい方になりますけれど，気の弱い作家なら自殺しかねないという不安までありましてね．その点，広津先生という方は神経の太い方ですから大丈夫だとは思いましたけれど，新聞記者たちがいっぱい双葉館の玄関にいましてね．広津さんは絶対会わないというので，私，裏の廊下を通りまして部屋に行きましたら，火鉢を真ん中に10畳の部屋にポツンとすわっていました．
　私入りまして，しゃべっているうちに，広津さんが立って廊下の奥の方に行きまして，ワーッと袖で顔をおおって泣いてらっしゃるんです．私もボロボロ涙がこぼれてどうしようもないんですね．
　そしたら，下の玄関の方から新聞記者たちの笑い声が聞こえてくるんですよ．何十人も新聞記者が集まれば，笑ったりしゃべったりしても，いっこう

に構わないですけど，何かその瞬間が忘れられないんですね．

　その日の夕刊から新聞は広津たちに厳しい批判をあびせるようになった．それを見て，笹原は思った．

　　私，そのときは新聞記者って何ごとであるか，と思いましたな．節操がないといやあ，それっきりですけど．何か人間に対する思いやりだけでもいいじゃないか，と思いましたな．あるものに賭けた人間の姿に対して，ジャーナリズムは，もっと敬虔でかつ謙虚であってしかるべきじゃないか，と．そのときは，新聞をうらんだですよ．新聞だけじゃありません．ラジオもそうですけど．

　この時の想いが，翌1954年4月号から毎月のように，広津に松川事件批判を書かせるようになり，それは『中央公論』に延々と連載された．連載は4年有半にわたったが，第1，2審とも有罪判決だった松川裁判は最高裁まで争われ，1963年に全員が無罪判決となった．その決め手のひとつとなった「諏訪メモ」という佐藤一被告の共同謀議参加を否定する有力証拠を，笹原は1958年に発行された『中央公論』の緊急増刊「松川裁判特別号」の巻頭グラビア頁で紹介したが，このメモは佐藤が松川事件のための共同謀議が行われたとされる時刻に東芝松川工場での団体交渉に出席していたことを実証する会議メモであった．

　こうした経緯を経て，広津は1963年10月号の『中央公論』に「私は九月十二日を待っている――松川最終判決を前にして――」を執筆，その中で，「今度は被告諸君に対して悪い判決が出るという可能性は，どの角度から見ても考えられない」と指摘した．その予測は雑誌の発売から2日後に，最高裁小法廷において「全員無罪」という最終判決が下り，見事に適中した．しかし，その時点で事件発生から14年の歳月が流れていた．雑誌ジャーナリズムの力を検

証するうえで，松川事件と『中央公論』の関わりは記録に価する実例といってよいだろう．

<u>総合雑誌を受け継ぐ出版社系週刊誌</u>　ところで，現在の出版界においては，かつての総合雑誌に匹敵するジャーナリズム性を保持しているのは，出版社系週刊誌である．たとえば，『週刊新潮』は加藤昭の「鈴木宗男研究」を連載して鈴木代議士を政治的な権力の座から追いやったが，これも，ジャーナリズムが現実を動かした例のひとつである．また，写真週刊誌の『FLASH』は，日本テレビのプロデューサーが，自分の関わった番組の視聴率を高めるための工作を行ったという事実を暴露したが，このニュースは日刊紙やテレビが後追いをした．また，出版社系週刊誌は，イラク戦争でブッシュを無条件で支持し，自衛隊の派遣まで行った小泉首相を果敢に批判した．出版ジャーナリズムの健全なる在野精神は今も生きている．しかし，残念ながら権力者のスキャンダルを常に暴いてきた『噂の真相』が経営的に成功していながら，2004年4月号で休刊するのは残念である．

（植田　康夫）

参考文献

『総合ジャーナリズム研究』東京社　1988年　春季号
『松浦総三の仕事』第3巻　大月書店　1984年
『中央公論緊急増刊　松川事件特別号』中央公論社　1958年
『週刊読書人』読書人　1974年3月11日号

第四部

電子メディア

XIII 電子メディアの登場

§1　ニューメディアへの期待と挫折

　<u>新技術とともに変遷するメディア</u>　　言論・報道を表すのに，メディア，マスコミ（マス・コミュニケーション），ジャーナリズムといった言葉が使われている．マスコミは大衆を相手にした情報伝達，ジャーナリズムは「日々に」新しい出来事を伝える，といったように，それぞれ語源と結び付いた意味合いで用いられるが，いずれにしてもメディア（媒体，中間にあって媒介するもの）を使って情報伝達をする活動を指すのに変わりはない．

　生物は40億年ほど前に誕生して以来，温度，湿度などの外部環境の情報を受容し，それに反応することで生命を維持し，子孫を残してきた．その意味では細胞間で情報を伝達する化学物質から始まり，音，光などの自然現象も重要なメディアであった．

　人類は言葉および文字を使い出したことによって，他の動物と違う文明を発達させた．ローマ帝国のジュリアス・シーザーによる「アクタ・ディウルナ」がジャーナリズムの語源とされるように，一般的な意味でのメディアの歴史は，

文字の日常的な使用とともに始まった．そしてグーテンベルクが15世紀に発明した活版印刷術が広く活用される時代になって，近代の新聞が誕生した．

さらに19世紀末にマルコーニが実用化した無線通信技術は，20世紀をラジオおよびテレビジョンの放送メディアの世紀にした．第1次世界大戦（1914～1918年）で活躍した無線通信機の民需転換策としてラジオ放送が始まったとされるように，新しい技術はそれを利用するメディアを生み出してきた．言葉通りの「媒体」としてのメディア技術が，人間社会のコミュニケーション活動としてのメディアを作り出してきたのである．

20世紀末になると，電子・電波技術の発達速度が加速度を増し，さまざまな新しいメディアを生み出した．その多くは20世紀の代表メディアとなったテレビを別の姿にまで発展させ，生活を一変させるものと期待された．各分野の企業が，時代の波に遅れまいと，この「ニューメディア」の事業に進出し，「21世紀には情報通信技術の発達によって世界が変わる」というバラ色の夢が描かれた．

ただし人間の生活は，新しい技術が登場したからといって，ただちにそれになじむものではない．「テレビ電話で，家にいたまま世界を相手に仕事ができます」といった，技術者がさまざまに描き出した夢は，すんなりとは実現せず，乗り出した企業は苦闘を強いられ，挫折した企業も多かった．この黎明期の苦闘の中で，後の「インターネット革命」を支える人材も育っていったのだが，まずは20世紀末に期待されたニューメディアの諸相についてみてみよう．

新聞社にとってのニューメディア　ジャーナリズムの誕生以来，その代表は新聞であった．日本では江戸時代からかわら版と呼ばれる，木版あるいは粘土を焼き固めて原版とする印刷物が，街頭で内容を読み上げながら売られたが，これが新聞の原型といえよう．

日本は現在，世界有数の新聞発行部数と閲読率を誇る新聞大国になっているが，これは明治の近代化とともに導入された技術革新の産物だ．短時間で大部数を印刷できる輪転印刷機の登場と鉄道網の発達は，新聞を1日で各地に届け

られるようにした．新聞社はこの条件を生かして各地に自社の新聞を専売する販売店を配置し，毎朝，各家庭まで届ける宅配制度を整備した．その背景には，世界有数の識字率の高さという国民教育の普及があったが，新聞大国になったのは，新聞各社がこうして激しい部数競争を繰り広げてきた結果だ．そして新聞の普及は逆に，国民の教育水準を高めることにもなった．

こうして新聞社はジャーナリズムの世界を代表する存在となったのだが，1920年代には日本にも，アメリカに数年遅れでラジオ放送が登場し，ニュース・メディアとしてのライバルを迎えることになった．新聞社はこの動きを座視していたわけではなく，独自に無線電話の公開実験を行ったりした．だが，電波は明治以来，国（逓信省）が管理していた．電波を使う放送も，影響力の大きさなどを理由に，営利事業の株式会社ではなく，公益性の高い「社団法人」によって行われることとされ，1925年，東京，大阪，名古屋で始まった放送は，翌年には統合して社団法人日本放送協会（NHK）となった．ただし，この幹部職員には逓信省出身者のほか新聞社出身者が登用され，放送ニュースは新聞記事を原型・素材として作られる時代が続いた．

第2次世界大戦後には占領行政下で民間放送の開設方針が決められ，1951年以降，各地に民間ラジオ局が誕生した．だがここでも，ニュースを供給したのは新聞社だった．有力新聞社は電波報道部，特信部といった組織を作り，新聞ニュースを話し言葉に書き換えて放送局に供給した．

新聞社の放送への取り組みで際立ったのは読売新聞社だった．正力松太郎社長が精力的に動いた結果，同社が中心になった日本テレビ放送網は1952年7月31日，消滅寸前の電波監理委員会からテレビ放送の予備免許1号を認められた．放送開始は1953年．NHKに半年ほど遅れたが，日本のテレビに新聞社の影響力が強く残る原因になった．

1980年代になると，電気通信事業の自由化を大きな契機に，各種のニューメディアへの期待が高まった．かつてのニューメディアであった放送への進出経験のある新聞社は，ここでも影響力を確保しようと積極的に動いた．テレビ

分野でリードした読売新聞はもちろん、朝日新聞は「新聞が本業」というジャーナリズムの正統派だという意識が災いしてテレビ進出に立ち遅れたという反省から、次のニューメディアでは遅れてはならじと「総合情報産業」を目指した。

ただし、ニューメディアの発達は多くの場合、期待はずれだった。以下に、その代表的分野についてみてみよう。

キャプテン　1980年代のニューメディア熱とその挫折を代表するメディアにキャプテン・システムがある。これは Character And Pattern Telephone Access Information System（文字図形情報ネットワーク・システム）という言葉の頭文字を綴った名称で、世界的には Videotex と呼ばれてきたシステムの日本版だった。このシステムはテレビ受信機を電話回線を通じてセンター・コンピューターに接続し、各種の情報提供を受けたり、買い物、金融取引なども行えるものだ。イギリスの郵便電気通信公社が1976年から実験サービスを始め、79年に「プレステル」の名称で商用化したのが最初で、コンピューターと通信とを結び付けたニューメディアの時代を開くシステムとして世界各国が取り組んだ。とくにフランスでは、当時は国の機関であったフランス・テレコムが「テレテル」という名称で電話番号案内に利用し、ミニテルと呼ぶ端末機を無償配布したため、家庭でも親しまれる存在になった。

日本では郵政省、日本電信電話公社などが1979年から開発実験に取り組み、84年11月末から商用サービスを開始した。これは電電公社が電話網をデジタル化する時期とも重なり、1984年には東京都三鷹・武蔵野両市でINS（高度情報通信システム）と呼ぶ、テレビ電話などの大規模なモデルシステムの実験をして注目された。後にISDN（統合デジタル通信網）としてかなり普及した、電話・ファクシミリ・画像などの情報をすべてデジタル化して1本の線に統合して送るというシステムだが、遠隔医療、在宅勤務など「高度情報化社会」の姿を具体化するものという夢が描かれた。

このためキャプテンの情報提供には新聞社などの既存メディアだけでなく、

百貨店，商社，物流など幅広い分野の企業が乗り出した．高度経済成長の絶頂期に向かって，どの企業も時代に乗り遅れてはならじとばかりに，商品宣伝，物品販売，チケットの予約・販売などを試みた．1985年に民営化した日本電信電話会社（NTT）の支店が力を入れたこともあって，全国各地に「〇〇ニューメディア」「××キャプテン」といった地域キャプテン会社も作られた．郵政省が「テレトピア」と名づけたモデル都市指定で助成したこともあって，キャプテンは地域情報化の核になると期待された．

システムとしても，遠距離電話料金が高かった時代に，全国どこからつなげても3分間30円の均一料金という特徴もあった．だが，テレビをシステムにつなぐための端末機は，当初は20万円ほどもし，後にはテレビが不用な専用機も開発されて数万円まで下がったものの，値段に見合う便利さは期待できなかった．家の中で同じ位置にあることは少ない電話線とテレビとを結ぶ配線も必要だし，テレビと切り替えて行うリモコンの操作も複雑だった．求める情報を検索するにも，木の枝の先から幹までたどり着くようなツリー状の何段階もの操作が必要だったうえ，一つひとつの操作の反応に時間がかかった．こうして利用端末数はピーク時にも20万に達しないまま，2002年3月にはサービスを終了した．

結局，あれもできそう，これもできそうと，期待ばかりは先行したものの，技術の実態は利用者に使いやすいサービスを提供するまでには進んでいなかったのが，挫折の原因だった．ただし，全国に誕生した地域キャプテン会社の中には，その後，インターネットなどを活用し，地域の情報活用企業として生き残ったケースもかなりある．

CATVと衛星放送 キャプテンと並んで，20世紀末に脚光を浴びたニューメディアがCATVだった．人工衛星による放送番組の配信が実用化されたのと相まって，放送番組の視聴を一挙に数百チャンネルまで拡大することなどに期待が高まった．だがこれも，事業としては苦難の道を歩み，軌道に乗るのは21世紀に入るころまで待たねばならなかった．

XIII 電子メディアの登場

　CATV は Community Antenna Television の略で，テレビ放送の開始直後から始まった古いメディアだ．放送局から離れた地域や，電波の届きにくい山間地などで，山頂などに地域の共同アンテナを立て，そこで受信した電波を同軸ケーブルなどで集落まで引っ張って共同受信した．共同受信施設ができれば，遠くの放送局の番組の再送信だけでなく，地域で作った自主番組の放送も可能になったため，地域を活性化するメディアとして注目されてきた．一方で，ケーブルによる受信というケーブルテレビ（Cable Television）の意味でも使われ，衛星放送から届く多彩な番組が届く時代を迎えると，むしろこの再送信の機能が重視されるようになった．

　人工衛星を赤道上空 3 万 6,000 km の高さに打ち上げると，回転速度が地球の自転速度と一致するため，地上からは静止したように見える．この衛星に，地上から送った電波を打ち返す無線中継器（トランスポンダ）を積めば，超高空までテレビ塔を立ち上げたのと同じことになる．アメリカでは 1970 年代後半からこの仕組みが利用可能になり，アトランタの事業家，テッド・ターナーはニュース専門チャンネル「CNN」を作って世界のケーブルテレビ局に 24 時間ニュース番組を配信する事業を成功させた．

　日本でもこの方式を普及させようと，郵政省は 1980 年代後半から「スペースケーブルネット」[1]などと呼び，民間の通信衛星事業を実現させる一方で，数十という多チャンネルの番組再送信が可能な施設を持つケーブルテレビを普及させようとした．こうした CATV 局は「都市型 CATV」と呼んで，従来の難視聴地域の CATV とは区別された．

　郵政省はニューメディア普及のモデル都市「テレトピア」への助成事業の中心に，キャプテンと並んでこの CATV 普及も取り上げたため，全国の都市の多くに CATV 会社が作られた．ただし CATV は放送事業のひとつと位置づけられたため，公共性などを理由に郵政省の厳しい規制を受けた．事業区域がひとつの市区町村に限られたうえ，会社を作るのには一部屋分もの申請書類を作らねばならない，などといわれたほどで，経営が軌道に乗るのは 90 年代半

ば以降,営業区域や資本構成などについて規制緩和が行われるのを待たねばならなかった.この間,有望事業だとみて進出したものの,持ちこたえられずに経営権を譲渡せざるを得なかった地方有力事業家も数多い.

新聞社など既存メディアも,このスペースケーブルネットに番組供給,CATV局の両面から進出した.CNNにならってニュース専門の衛星放送番組供給会社を作ったほか,全国各地のCATV会社に部分出資などで参加した.ただしCATV局となると全国に散らばって巨額の投資が必要になる.アメリカではMSO(マルチプル・システム・オペレーター)と呼ばれるCATV事業会社が各地のCATV局を支配下に置く事業形態が発展したが,日本でMSOの役割を占めたのは巨大資本を動かせる大手商社だった.

各CATV局は,数十チャンネルの配信能力を持つとはいっても,その数には限度がある.ニュース専門番組だけ取っても,CNNやイギリスのBBCを筆頭に,日本国内でも朝日新聞系,読売新聞・日本テレビ系,日経系,TBS系,朝日放送系など多彩な番組が衛星経由で送られており,これらの中のどれを組み込んで家庭に流すか,選択権を巨大資本が支配する可能性も生んでいる.

§2 インターネットの衝撃

待たれた技術の成熟　前節ではニューメディアビジネスへの期待が高まる一方,容易には成功しなかった挫折の経験を紹介した.「情報化社会」への予測と期待は,日本では1960年代から,「未来学者」と呼ばれた人たちを中心に展開されてきた[2].ところが技術予測で示された夢の展開は,いささか現実の技術の発達を先取りしすぎたきらいがあった.提示された夢がそれだけ大きかった,ということでもあろう.

たとえば筆者の体験からいえば,文字(多重)放送の技術がある.文字放送は,通常の放送電波のうち,同じチャンネル内の使われていない部分を利用して,文字情報の静止画面を多数,表示できる.筆者は,総選挙の開票速報にこれを使うことを考えた.全国の選挙区の開票状況をブロック別程度に分けて表

示すれば，通常番組でどこかに焦点を当てた速報や解説をしている間，視聴者は関心のある選挙区の情報を検索して見ることができる．ニューメディアの効用を最大限に発揮できるはずだった．ところが朝日新聞の電波報道部で各地の開票状況を入力しても，テレビ朝日の文字放送で画面が新しいデータに切り替わるのには数分から数十分もかかり，「速報」とはいえない結果になった．簡単な数字を書き換えるだけでも，大変な時間がかかったのだ．

　人間が生活の習慣を変えるのにはさまざまなきっかけがある．何でもないことで変わる場合もあるが，メディアに対する接触方法の習慣はかなり保守的だ．ビデオ録画装置が普及した現在でも，実際にビデオを録画したり再生したりは若者にまかせきり，といった家庭が多いのはその例だろう．ニューメディアの多くは，操作が複雑だったり，画面の表示に時間がかかったりで，期待にこたえられなかったのが実態だった．

　この中で，わずらわしさにも打ち勝って普及したニューメディアはパソコン通信だった．これは一般のパソコン（ワープロ）を電話回線でホストコンピューターにつないで情報をやりとりするサービスで，ホストコンピューターの管理者の会員になり，その会員同士でメールの送受信や，電子掲示板の利用ができるものだ．基本的にはやりとりは文字データのみで，接続にもかなり面倒な設定が必要だったが，1980年代後半から大手パソコンメーカーの日本電気や富士通がPC-VAN，Nifty-Serveなどを開設し，これらの会員はそれぞれ200万以上にも達した．また個人が開設する「草の根ネット」と呼ばれるパソコン通信も全国各地に誕生した．これらの中には，大分の「コアラ」，桐生市の「渡良瀬ネット」など，インターネット時代になってユニークなプロバイダーに成長したり，インターネットを核に地域の活性化を進める活動を活発に行うグループを生み出した例も多い．

　このようにみてくると，1980年代後半から90年代前半にかけては，技術のあと一歩の成熟があれば，「情報化社会」が花開く条件ができていたといえよう．

インターネットで「情報革命」実現

半導体の技術進歩を表す言葉に「ムーアの法則」というのがある。半導体メーカー・インテル社の創業者の一人であるゴードン・ムーア博士が1965年に提唱した「半導体の集積密度は18～24ヵ月で倍増する」という経験則だ。また「ドッグ・イヤー」という言葉もある。情報通信業界の成長は、犬の1年が人間の7年くらいに相当するのと同じように速い、というものだ。こうした技術の進歩の速さは1990年代後半になって、ようやく「情報革命」を実現させることになった。

1995年に発売されたマイクロソフト社のパソコン基本ソフト「ウィンドウズ95」は、パソコンを一般家庭にまで普及させるきっかけになった。同時に、少し前から商用利用が可能になっていたインターネットも、普通のパソコン利用者に欠かせないシステムになった。

インターネットは、会員同士の情報のやりとりしかできなかったパソコン通信の会員に、世界を開かれたものにした。パソコンをインターネットの世界につなぐプロバイダー会社に登録するだけで、自分のパソコンが世界中のホームページ（ウェブサイト）につながるのだ。しかも普及が始まると、使い勝手の改良も加速度的だった。

最初のころは、ホームページにアクセスしても、ひとつの画面が表示されるのに数秒間から数分間も待たねばならないのが当たり前だった。ダイヤルアップ接続と呼ぶ方法でアナログの電話回線を利用するパソコン通信の時代には、1秒間に300ビットとか1200，2400ビット程度が普通だった情報のやりとりの速度が、インターネットの時代に入ってしばらくで、64キロビットあるいは128キロビットのISDN（統合デジタル通信網）を利用する時代になった。それも束の間、ブロードバンド（広帯域通信）と呼ばれるメガビット単位のADSL（非対称デジタル加入者線）やケーブル・インターネットの利用者が、2002年末には1,955万人に達したという。[3]この中には光ファイバーで100メガビットの速度も実現したFTTH（ファイバー・トゥー・ザ・ホーム）の加入者も含まれ、次第に比重を高めている。

こうなると，本のページをパラパラとめくるのと同じ感覚でホームページの画面を次つぎと呼び出すことが可能になり，動画像で映像番組を届ける「インターネット放送局」も登場してきた．ブロードバンドは毎月の料金が定額制で，常時接続しているという仕組みが普通で，通信料金を節約するために"深夜族"になることも多かったパソコン通信の時代とは，この面でも様変わりした．

日本のインターネット利用者は 2002 年末で 6,942 万人に達し，国民の 2 人に 1 人は利用するようになったという[4]．しかもこの利用者は，何か知りたいことがあれば Yahoo!, Google などの検索エンジンに言葉を入れるだけで，あらゆる種類の知識を得ることができる．巨大な百科事典，あるいは図書館がパソコンの中に入ったようなものだ．10 年ほど前にキャプテン・システムが目指しながら挫折した夢の世界が，きわめて手軽に実現した．さまざまなチケットを希望の座席まで指定して入手したりする電子商取引なども含め「情報革命」が実感できる時代になった．

ネットワークの基礎技術である「イーサネット」を開発したボブ・メトカーフが気づいた「メトカーフの法則」というのもある．ネットワークの価値は，参加者の二乗に近い形で爆発的に増加する，というものだ．インターネットは世界中のパソコンに開かれたネットワークであり，情報革命は「インターネット革命」だと呼ぶこともできよう．

(中北　宏八)

注)
1) スペースケーブルネットというのは和製英語．衛星と CATV との組み合わせとしては satellite cablenet とでもするのが適当だろう．
2) 情報社会論の展開は 1963 年，『放送朝日』104 号の梅棹忠夫「情報産業〜きたるべき外胚葉産業時代の夜明け」が最初だとされている．
3) 『情報通信白書』2003 年版
4) 『情報通信白書』2003 年版

XIV 電子メディアの新展開

電子メディアをとりあえず「メッセージとしてのデジタル情報とそれを運ぶメディアの総体」と定義しておこう．

電子メディアとしてまず頭に浮かぶのは電子メールやホームページだが，CD-ROMやDVDなどデジタル情報を保存する媒体も，さらにはパソコン，ケータイ（「ケータイ」とカタカナ表記したことについては後述），ゲーム機などのハードウエアも電子メディアに加えることができる．ところで，これらのメディアについて詳述する前に，「電子メディア」というジャンルのくくり方が，これまでの「新聞」，「出版」，「放送」という区分けとは次元を異にすることに注意してほしい．

新聞は，大きな紙に活字や写真，図を印刷して，毎日，主として販売店から戸別配達で家庭に届けられる．出版は，書籍，雑誌が中心で，やはり紙に活字などを印刷したものだが，主として書店を通じて流通する．一方テレビは，主として電波を通じて映像を各家庭の受信機に直接届けるものである．このように各メディアは，メッセージやメディアの形態，伝達手段などにはっきりした特徴を持ち，それぞれ独自に発展して，今日にいたっている．それらの共通点

は，もっぱらアナログ情報を扱ってきたことである．

　これに対して電子メディアは，デジタル情報を扱う．コンピューターやインターネットの登場をきっかけに成立した新しいメディアで，「新聞」，「出版」，「放送」というどちらかというと縦割り的なメディアの区分けに対して，情報のデジタル化という横軸でメディアを切り取った感じになる．

　情報のデジタル化は，以下のような事態を引き起こす．

　まずコンピューターやインターネットの発達で，新聞も，出版も，放送も，急速にデジタル化，電子化しており，これらのメディアと電子メディアの区別はほとんどつかなくなる．さらには，活字も，音声も，図版も，動画も，すべてを同じ信号として扱うデジタル情報の特質が，必然的に，従来のメディアの垣根を取り払ってしまう．すべてのメディアが融合するわけである．

　現実に，新聞業界はインターネット普及の初期から記事のオンライン配信を行っているし，出版業界でも，コンピューター業界とタイアップして電子書籍に本腰を入れはじめた．放送はというと，すでにCS（通信衛星）テレビやBS（放送衛星）テレビはデジタル化しているし，2003年末からは地上波テレビのデジタル化も始まった．

　通信と放送の融合が進み，デジタル放送とインターネット通信は，法制度上の差異を別にすれば，実質的には同じものになる．近い将来に電子ペーパーが実用化すれば，新聞とテレビの区別もなくなるだろう．それに歩調をあわせるように，新聞業界とテレビ業界の系列化はいよいよ進む，という具合にメディア産業そのものも融合することになろう．

　このように，ただいま現在，メディア地図は激変を迫られている．以下，本章では，そういう大きな枠組みのもとに，電子メディアの諸相，その特質などを探っていきたい[1]．

§1　電子メディアの諸相

　電子メディアの典型的な形態を整理することから始めよう．まずソフトウエ

ア面から．

電子メール 世界中のだれにでもほぼ瞬時に送れ，相手は自分の都合のいいときにそれを見て返事を書ける電子メールは，車や列車，船や飛行機などで運ばれる郵便とも，双方が同時に電話口に居合わさなければならない電話とも違う新しい通信手段である．すでにありふれたものになったとはいえ，このメディアの登場がいかに画期的だったかは，あらためていうまでもない．サラリーマンなら，海外出張したときに時差の壁をぬって本社と電話連絡するのに悪戦苦闘したつい最近までの出来事を思い起こせば，電子メールのありがたさを痛感するはずである．

電子メールは，インターネット普及の原動力でもあった．インターネットはもともと，全国各地に散在するコンピューターをつなげて，データ（資源）を共有することをめざしたものだが，1960年代後半，その母体となったARPAネット開発に取り組んだ研究者たちは，ほどなくして電子メールの魅力のとりこになった．インターネットは，その初期の段階からすでに個人的なメッセージが氾濫する空間だったのである．[2]

日本で電子メールが普及しはじめるのは1998年にトム・ハンクスとメグ・ライアンが競演した映画『ユー・ガット・メール』が上映されたころからである．1999年にはNTTドコモのiモードが登場，ケータイとインターネットが結びついて，ケータイでも電子メールのやりとりができるようになった．

インターネット・メッセンジャーと呼ばれるソフトウエア（無料で提供されている）を利用してネットにつなぐと，やはり同じソフトを立ち上げてネットに接続中の知り合いを自動的に知らせてくれるので，近くの友人であろうと，遠い外国の知り合いであろうと，まったく同じ環境下で電子メールを送りあったり，同時対話（チャット）を楽しんだりできる．

このようにして，いまでは多くの人が日常茶飯事のようにパソコンやケータイを使って電子メールでコミュニケーションしている．

メーリングリスト ML（Mailing List）と約される．気のあった仲間同士

のおしゃべりや，一定のテーマにそった議論などに利用される，登録された会員によるなかば開き，なかば閉じたメール交換システム．メッセージを投稿すると，それが全会員に届けられるので，関連する意見，反論などがあれば，そのメッセージへの返信として投稿する．それがまた全会員に届けられる．小さなものは数人，多いのになると数百人の参加者が集まって，熱心な議論をしている．かつてのパソコン通信の会議室のようなものである．

　メーリングリストも，インターネット開発の初期に，特定グループをつくって会員を登録，世話人が投稿されたメッセージを受け取っては，いちいち全会員に転送するという手作業から始まった．それがほどなくして自動化されたわけである．

　メーリングリストは外部に公開されていないので，どのくらいあるか正確な数字は分からない．参加者以外には内容を知ることもできないが，侃々諤々（けんけんがくがく）の議論が展開されているものも少なくない．個人でも簡単にメーリングリストをつくれる機能が，インターネット上で無料提供されているので，だれでもメーリングリストの主催者になることが可能である．

　ホームページ　ブラウザーで閲覧可能なインターネット上の情報発信ページ．電子メールがどちらかというと非公開型なのに対し，ホームページは公開型メディアである．プロバイダーなどが提供するサーバーを借りれば，だれもが自分のホームページを持つことができる．WWW（World Wide Web）という仕組みの上に乗っているので，ウェブ，あるいはウェブページとも呼ばれる[3]．

　いまでは企業，官公庁から個人にいたるまで，多くの人が自分のホームページで情報発信している．ホームページの所番地が URL（Uniform Resource Locator）で，名刺に電子メールのアドレス，ホームページの URL を書くのが，いまではごくふつうになった．

　ユーザーが意見交換するための掲示板[4]や，オンラインで一堂に会しておしゃべりするチャット機能などをあわせ持つ．インターネットに最初にアクセスするページをブラウザーで指定できるが，これをポータル（正式にはポータルサイ

ト）と呼ぶ．

ウェブサービスなどの技術開発が進めば，ホームページはコンピューターが自動的にデータをやりとりする基地にもなる．そのときホームページは，個々に独立したものというよりも，全世界を覆う巨大なデータベースの一部になり，公開された情報は基本的に共有される．しかもそれらの情報は，後に触れるようにコンピューターによっていったん解体された後に再構成され，別の用途にも使われる．それはまったく新しいメディアの登場といってもいい．

　メールマガジン　ホームページが社会に向かっていわばストレートに情報を発信し，見たい人が見てくれればいいとする態度なのに対して，メールマガジンは，あらかじめ購読希望者を募って，その人たちに向かって，特定の情報や自分の主張を伝えるメディアである．メールの同報機能（メッセージを同時に異なるアドレスに送ること）を拡大したものともいえる．略して「メルマガ」と呼ばれることが多い．

日本独特のメディアであり，1997年に大阪のプログラマーが読者登録，アドレス変更，購読中止，定期送付などのメール配信業務を自動化するプログラムを開発し，「まぐまぐ」という「オンラインの本やさん」で一般提供したのに始まる[5]．このメルマガ発行代行システムを使えば，発行希望者はホームページで所定の登録をするだけで「編集長」になれるし，読者の方も，ジャンルごとに分類されたメルマガを選んで自分のアドレスを登録すれば，それを読むことができる．

定期，不定期，有料，無料と形態はさまざまだが，いまでは多くのメルマガ発行代行システムがある．メルマガの中には数十万部の発行部数を持ち，営業的に成り立っているものもある．2001年に誕生した小泉内閣が有権者向けにメルマガを発行した際，その読者が創刊号発行当日に100万人を突破して話題になった．

　ブログ　ウェブログ（Weblog，ウェブ記録）の略で，ホームページの新しい形態．ホームページは，だれもがつくれるといっても，プロバイダーと契約し

てサーバーの空き領域を借りなければならないし，HTML（Hyper Text Mark-up Language）などある程度の技術も習得しなければならない．ところがホームページに簡単に情報を書き込めるソフトウエアが開発され，インターネットを通じて無料で提供されるようになった．このため，だれもがそのサイトにアクセスして文章を入力するだけで，自分のホームページをつくることができる．

　提供されている機能は，日付ごとの情報更新と関連サイトへのリンクで，日付の新しいものほど上部に配される．アメリカではブログをつくることがひとつの流行現象になっており，次第に世界に広まっている．

　ごく身近な人に読んでもらうことを念頭に書かれた日常雑記や好きな音楽，本，演劇などを紹介したようなものが多いが，ジャーナリストや弁護士，学者，芸術家，エコノミストなどの専門家が，自分の主張や関連情報を掲載した高度な内容のものも少なくない．とくにアメリカ同時多発テロ事件が起こった2001年ごろから，自分が見聞きした出来事や考えていることを世間に訴えるためにブログを利用する人が増えたといわれる[6]．ここにマスメディアが提供する情報への批判が汲みとれるし，新しいオンライン・ジャーナリズムの可能性を垣間見ることもできる．

　ハードウェア的にも少し整理しておこう．

　パソコン　パーソナル・コンピューターという原義からは少しずれるが，本体にディスプレイ，キーボード，マウス，プリンターなどの周辺機器を備えた筐体（きょうたい）をさす「パソコン」は，すでにありふれたメディアである．だがコンピューター発達史全体からみると，きわめて一時的な姿でしかない．

　ゼロックス・パロアルト研究センター（PARC）のコンピューター科学者，マーク・ワイザーは1980年代後半に，コンピューター発達史を人間との関係に焦点をあてて，①多くの人びとが1台のコンピューターを共有したメインフレーム時代，②1人1台のパーソナル・コンピューター時代，③多くのコンピューターが一人ひとりの役に立つユビキタス（ubiquitous）・コンピュータ

一時代に3区分した．第3段階こそ，コンピューターがパソコンのような箱から抜け出して，私たちの生活の隅々に縫いこまれ，無線で相互にコミュニケーションしあう，まさにこれから開かれようとしている時代のことである．[7]

それはともかく，1970年代半ばに大型コンピューターに代わって登場したパーソナル・コンピューターは，私たちの生活を一般させたデジタル情報機器であり，パソコンがインターネットとつながって，電子メディアの時代が花開いたといえるだろう．

ケータイ　携帯電話とPHS（Personal Handy-phone System）をあわせて，ケータイと呼ぶことにしたい．ケータイは電話の最新形態というよりも，身につけて持ち運べるモバイル情報端末の最初の姿であり，それは同時にユビキタス・コンピューティング時代を担うコンピューター端末そのものである．

2003年9月末で，日本のケータイ契約数は7,859万余件（電気通信事業者協会調べ）で，10人に6人以上がケータイを持っている計算になる．たしかなデータはないが，子どもと高齢者を除く高校生以上の，成年男女のほとんどがケータイを持つ時代になった．そして，インターネットと結びついたケータイは，私たちの生活に不可欠な道具になりつつある．

ケータイは，いまやカメラであり，カードであり，財布である．ゲーム機でもあり，身の回りのさまざまな機器を操作するコントローラーともなる．約5センチ四方の小さな液晶画面で情報をやりとりするケータイは，つねに身につけている点も含め，パソコンとはまるで違うメディアとして，私たちの思考，感性に大きな影響を与えるだろう．

ゲーム機・PDA・書籍専用端末　任天堂が1983年に「ファミリー・コンピューター」（通称ファミコン）を発売して以来，日本のゲーム機は世界に広まり，重要なメディアの一環として定着した．子どもたちはゲーム機でデジタル機器の扱い方を体得しながら成長するし，日本のクリエイターが開発したゲームソフトの多くが世界に輸出され，文化的にも大きな影響を与えている．

小型の情報端末としてのPDA（Personal Digital Assistant）や，オンライン販

売の本を読むための書籍専用端末，デジタル音楽をネットワークからダウンロードして楽しむ MP 3（エムピースリー）端末，車に取り付けられたカーナビ（カーナビゲータ）なども，身近なメディアである．

CD-ROM・DVD・フラッシュメモリー・ストレージ　デジタルデータを保存する記憶装置が CD-ROM（Compact Disk Read Only Memory，約 500 メガバイト），DVD（Digital Versatile Disk，10 ギガバイト以上のものも）である．百科事典や国語辞典，英和辞典などの事辞典類，ゲーム，プログラム，映画などを収容するために利用される．最近ではパソコンに直接差し込んで使える小型のフラッシュメモリー（Frash Memory）も利用される．小さすぎてなくしてしまうのが難である．ストレージ（Storage）は，主として企業の膨大なデータを保存する大容量記憶装置である．

電子ペーパーとICタグ　電子ペーパーにはいくつかの方式があり，電子インキなどとも呼ばれる．一例をあげると，薄い基板の上に細かいマイクロカプセルをびっしり敷きつめ，その中にプラスの電荷を帯びた白い粒子とマイナスの電荷を帯びた黒い粒子を封入，上下から電圧を加えて字や絵を描く．電子ペーパーが実用化されると，ページをめくるように次つぎと新しいページを表示させる電子の本ができるし，新聞とテレビの区別もほとんどなくなってしまう．

　ユビキタス時代の中核技術ともいわれる RFID（Radio Frequency Identification）は，ゴマ粒ぐらいの小さいコンピューターチップとアンテナを組み合わせた媒体（RFIDタグとかICタグ，無線タグなどと呼ばれる）とデータ読み取り装置から構成される．商品名，仕様，製造年月日，価格，販売店名，成分などを入力したICタグを衣類，医薬品，装身具，書籍，小荷物などに組み込んで，それを無線で自動的に読み込み，商品の管理，決済をスムーズにしようというもの．バーコードと違って，商品一つひとつに固有のデータを入力でき，導入の利点が喧伝されている．

　しかし，商品に組み込まれたICタグのデータがさまざまな場面で読み取ら

れると，私たちのプライバシーに対する重大な脅威となる．知らないうちに自分の全行動が追跡される可能性もあるわけで，ICタグ導入にあたっては，技術標準化やチップの価格低下など技術面と同時に，このプライバシー問題をどう解決できるかが焦点になっている．

　デジタル情報（メッセージ）は，個々のメディアにとらわれず自由に流通するだけに，電子メディアを考える際には，無線タグのような小さなメディアもまた無視することはできない．これはきわめて重要な点である．　　　（矢野　直明）

§2　電子メディアの特質

　ホームページはインターネット上のデジタル情報空間，サイバースペースに浮かぶ島，あるいはサイバースペースをのぞき込む窓である．筆者は，現代IT社会を「サイバースペース」と「現実世界（リアルワールド，リアルスペース）」が相互交流する姿ととらえ，これからの生活を豊かなものにするためには，現実世界とはまるで違う原理に支えられたサイバースペースの構造と特性を理解することが不可欠だと考えている．その能力が「サイバーリテラシー」で，ここではその考えのもとに，電子メディアの特質を主としてホームページを通してみてみよう．[8]

　融通無碍　従来のメディアは，制作者（送り手）が自分の責任で編集したものをパッケージや番組として受け手に届けていたわけで，その意味では，作られたもの＝見られるものだった．新聞，雑誌などのパッケージ系メディアは，製品がそのまま読者の手元に届けられたし，テレビの受像機は番組をなるべく忠実に再現する機械だった．ところがパソコンはそれ自体が編集機能を持っており，ホームページの形ばかりでなく，バックや文字の色，字の大きさなどを自由に変えることができる．表示されるメニューそのものも，受け手の好みによってレイアウトすることができる．

　スペースの制限も，時間的制約もない．ホームページをつくるために使用しているサーバーの容量を超えることはできないが，ごくふつうに情報発信する

場合には，ほぼ無限のスペースを持っている．締め切り時間はなく，24時間いつでも記事を更新できる．新聞や雑誌，書籍がスペースの制限を，ラジオ，テレビが時間枠の制限を持っているのと大きな違いである．

　1998年，クリントン米大統領のセックス・スキャンダルをめぐる不倫偽証疑惑事件に関して，独立検察官が連邦議会に提出した445ページの報告書が，その日のうちに議会のホームページに掲載され，ただちに報道機関のホームページにも転載されたケースは，メディアとしてのホームページの威力を世界中の人に強く印象づけた．従来なら，このような報告書は，まず新聞やテレビで骨子が紹介され，ついで雑誌が詳報を載せ，最後に，場合によっては，全文掲載したドキュメントが発行された．ホームページによって，アメリカ市民のみならず，全世界の人びとが，クリントン大統領はほんとうに偽証したのかどうかを，その日のうちに直接確かめることができたのである．[9]

　ホームページは風呂敷のように自由自在，融通無碍（ゆうずうむげ）なメディアだが，グーテンベルクの活版印刷術の発明以後，持ち運びに便利な本が誕生するまでに多くの時間を要したように，メディアとしてのインターネットの威力は，むしろこれから発揮されることになるだろう．

　<mark>シームレス——境界の喪失</mark>　サイバースペースには国境がない．というより，地上のどこにも存在しない，まさに「地図にないコミュニティ」である．[10] 東京のレストランからワシントンの図書館へ，次の瞬間にはパリのベルサイユ宮殿へと，書斎にいながら世界のあらゆるホームページに瞬時に飛ぶことができる．日本にいてニューヨークのホテルやブロードウエイのミュージカルの予約をする．ニューヨークにいてハワイのホテルにメールで連絡をとる．サイバースペースが時間と距離の制限を取り払ったわけである．

　2002年に頻発した「出会い系サイト」事件や2003年の「ネット心中事件」は，サイバースペースが現実世界の垣根もまた取り払いつつあることを示している．これまで人びとがつきあう範囲は，おおまかではあるが，職業や地域，年齢などによって区切られていた．どちらかというと，より閉鎖的な集団の中

で生活していたわけだが，これらの事件では，高裁判事が中学生とつきあったり，住む場所が各地に散らばった若者たちが一箇所に集まって同時に自殺したりした。ゲームに興じる若者たちにとって，ゲームの世界と現実の区別がつきにくくなるように，サイバースペースと現実世界の境界もまた，きわめてあいまいになりつつある。

　コンピューターは音，図，映像などをすべて０と１とのデジタル信号に還元し同じ土俵で扱うから，ホームページではそれらの情報を同時に提供できる[11]。あわせて，新聞，書籍，雑誌，放送，テレビといった従来のメディアの垣根も取り払われる。これが「メディアの融合」である。一方でデジタル情報は，内容としてのメッセージと媒体としてのメディアの分離を促し，メッセージは特定のメディアに固定されず，紙から電波へ，電波からCD-ROMへと，自由に流通する。

　インタラクティブ　インタラクティブ（双方向性）には，コンピューターと人間とのインタラクティブな交流と，インタラクティブな通信機器を通して可能になる人間の相互交流という２つの側面がある。ともに送り手と受け手の相互交流，ひいては送り手と受け手の役割交換を可能にする。

　たとえばCD-ROMにおさめられたゲームやテキストは，紙の書物や映画が一定の筋書きを読者に強要するのとは異なり，受け手が自分の関心にそってどのようにも楽しむ（読む）ことができる。これが前者のインタラクティブだが，ここではユーザーもまた能動的に作品に立ち向かうわけで，「楽しむ（読む，見る）」という行為（逆から見れば「（作る，書く）という行為」）もまた大きく様変わりする。

　一方，後者の場合，ホームページなどを通じて結ばれた人びとは，交流することによって既存組織のヒエラルキー構造を突き崩し，よりゆるやかな連帯に裏づけられた新しいネットワークを作り出す。このことによって，社会構造が大きく変わっていくだろう。

　解体と再構成　デジタル情報の強力な機能が，検索とソート（並び替え），

それにリンクである．検索はめざす文字列をコンピューターの力わざで瞬時に見つけ出すもの，ソートは文字列をあいうえお順とか日付順などで並べ替えるもの．リンクはある文書に出てくる事柄に関連する情報を他の文書から参照できるようにした仕掛けで，リンクが埋め込まれた文字列には色とかアンダーラインで印がついている．

これらの機能に共通するのは，特定の文字列をあらかじめ埋め込まれた文脈から切り離して，単独に引き出してくることである．デジタル情報は埋め込まれた構造を離れて，ばらばらに取り出され，再構成されていく．

「インタラクティブ」での記述とも関連するが，小説はたいてい冒頭から読みはじめ，起承転結のストーリーにそって，順次（シーケンシャルに）読んでいく．これに対してデジタルテキストは，リンクを張られた単語に興味があれば，そのページに飛び，ある主張の反論を読みたければ，さらに別のページに飛ぶというふうに，自由な文脈で読み進むことができる．それを可能にしたのがリンクや検索の機能で，このような自在なテキストのあり方をハイパーテキスト（いくつかの枝分かれ構造と対話型の応答を基本としたテキストスタイル）と呼ぶ．[12]

自分の関心にそってテキストを読むということは，受け手の側が情報を再編集することでもある．提供された情報に埋め込まれた文脈はいったん解体され，受け手によって再構成される．それは自由ももたらすが，一方で，確たる構文の喪失という頼りなさも生み出す．それはあたかも，既成秩序のくびきから解放された個人が，インターネットの大海に放り出されて浮遊している頼りなさを暗示していよう．

インターネットを普及させた2つのキラー・アプリケーション（普及・発展に決定的な役割を果たしたソフト）はブラウザーとWWWである．WWWは，インターネットにつながれたすべてのホームページをハイパーテキスト的に読み込む仕掛けであり，ブラウザーはWWWをビジュアル化し，そこに音や映像を取り込めるようにした閲覧ソフトである．

危うさとはかなさ　インターネットには，全体としてみると，マスメディ

アのように記事の編集機能を担う部署がない．いってみれば，無編集のメディアである．サーバーを管理するプロバイダーと情報提供者は別であることが多く，内容の真偽などは読む人の責任に帰せられる．だから何でもやっていいわけではなく，送り手にも受け手にも自律的な責任が求められるが，インターネットでは匿名で情報を発信できるために，送り手側の責任はきわめてあいまいである．

そのため，他人を誹謗中傷したり，名誉を毀損したりといったトラブルや，匿名を隠れ蓑に違法な情報を流したり，詐欺，猥褻などの犯罪に利用したりする者もあとをたたない．近年の立法の多くは，このようなインターネット上の犯罪防止をめざしたものである[13]．

デジタル化された情報は，一方で，パソコンのハードディスクがクラッシュ（破損）して全データが一瞬にして失われてしまうというもろさをもつが，他方では，いったんデジタル化されたデータはコピーされて広範囲に伝えられるから，容易に削除できないという別の危うさももっている．それらの情報は検索され，リンクされて，ひとつに集められる．これが私たちのプライバシーへの深刻な脅威となる．ICタグを組み込んだ衣類や家具などに囲まれた生活は，そのまま私たちの生活の監視装置ともなるだろう．

デジタル情報は容易に操作することもできる．フィルタリングといった情報濾過装置や通信傍受法などの監視システムは，権力によって悪用されれば，きわめて危険である．

無料の情報と情報の自由　英語では同じ「フリー」だが，「無料」と「自由」は，デジタル情報に関係が深い．まず，インターネットで提供される情報は無料のものが多い．テレビのように広告で収益を得ているサイトもあるが，インターネット上のビジネス単独で黒字を計上しているところはきわめて少ない．むしろ自社の宣伝や社会的使命を果たすため，あるいはまったくボランティアで提供されているものが多い．一般の人にとっては，自分のホームページを見てもらえればいいので，これらは当然無料である．

インターネット上の情報有料化は、小額の決算システムが確立していないこともあって、たいへん難しい。その意味で、デジタル化は情報をどんどん無料化しているともいえる。高度情報社会では、情報そのものは無料になるということかもしれない。

情報の自由には、2つの側面がある。ひとつは情報の共有である。もともとインターネットは情報の共有をめざすハッカー倫理に支えられて発達した。フリーソフトウエア運動やオープンソフト運動は、その流れを汲んでいる。一方で、著作権の切れた小説などをデジタル化してホームページで提供するボランティア活動も盛んである。

情報の共有に関係して、大きな社会問題になっているのが著作権（知的所有権）をめぐる紛争である。ピア・ツー・ピアというパソコンを直接つなぐネットワーク技術が発達して、いまでは世界中のパソコンが直接つながるようになった。それを利用して著作権で保護されている音楽ソフトをコピーし合うソフトが開発され、レコード業界との間で紛争が続いている。一方でピア・ツー・ピアには、インターネットにつながれたパソコンの空き時間を利用して、大型コンピューターでも解けないような暗号やヒトゲノム解読に役立てようという、より大きな情報共有の可能性もある。

技術の暴走を法で抑えると同時に、法が技術の可能性を殺さないように、デジタル情報のメリットを生かしつつ、そのデメリットをなくしていく作業は、これからの人類が直面する大問題だといえよう。

情報の自由に関するもうひとつの問題は、いわゆる「表現の自由」だが、これについては§4（237〜239ページ）で述べる。　　　　　　　　　　（矢野　直明）

§3　オンライン・ジャーナリズムの可能性

インターネットはメディアの革命　メディアは、常に時代時代の技術に応じた形で育ってきたことは前章でみた。電子情報技術、さらにいえばデジタル技術の発達で「インターネット革命」が起こりつつある現在、メディアの世界

も革命的に変わることになるだろう．革命の結果がどうなるかは，その渦中にいる人間には分からない．だが技術革新のもつ特徴をとらえ，長所を生かし，短所を克服する努力をすることは，渦中の人間の責務といえよう．

インターネットの最大の特徴は，時間と空間を超越させる技術だという点にある．これはメディアが求め続けてきたことであり，インターネットはこの夢を革命的に実現させる可能性をもつものだ．

時間の超越というのは，過去の出来事を現在に引き戻すことだ．デジタル技術は今や，あらゆることを文字や映像に記録できる能力を持つところまで発展しつつある．しかもそれは，インターネットで思い通りに検索し，呼び出すことができるのだ．

空間の超越は，世界がひとつになることだ．電子情報技術は今や，人間の世界だけでなく深海底から宇宙の果てまでをパソコン画面に映し出してくれる．

インターネットは今のところ，英語中心の世界だ．発達の歴史から，英語が分からなければ操作にとまどうことも多いし，ネット世界から得られる情報も英語の情報が圧倒的な比率を占めている．だが，この障壁も，自動翻訳の発達で徐々に超えられようとしている．

障壁の克服という点では，障害者に健常者と同じ情報処理能力を与えることも見逃せない．ALS（筋萎縮性側索硬化症）という難病で書くことも話すこともできない天才的宇宙物理学者のスティーブン・ホーキング博士が研究発表や講演活動を続けていられるのは，手元のスイッチを押すだけの操作で文書作成やスピーチまでできるパソコンのおかげだ．日本でも，視覚障害者はインターネットのホームページを音声変換ソフトで聞くことが日常生活の必要条件になろうとしているし，講演会などでは，聴覚障害者のためにスピーチの内容を即座に字幕に変換して映し出すことも始まっている．

電子新聞の可能性

筆者は今，新聞は各社のホームページで読むのが中心になっている．社外執筆者の寄稿など，オンラインでは読めない記事もあるため現物の新聞もチェックはするが，後に利用したくなるような記事はデータベ

ースから検索したり，自分で打ち込んだりして，自分自身のテキスト・データベースに保存する．記者時代はずっと「切り抜き」をしてきたのだが，結局，必要な時に必要な記事を取り出すのは難しいことを体得したし，テキスト・データベースにしてあれば講義資料にするのも簡単だ．

　記者時代，混み合う通勤電車で，大きな新聞を折り畳んで読むのに苦労した．しかも手にインキが付き，シャツも汚れる．一覧性などの便利さから「紙の新聞はなくならない」と主張する人は多いが，筆者は，手ごろな大きさの電子ペーパーに紙面を映し出して見る電子新聞の時代は近い，と考えている．

　インターネットはガラクタだらけの情報世界だ，ともいわれる．どこまで信用できるか，自分で判断するしかない．その中で，いま各新聞社が出しているオンライン新聞は，紙面の裏付けをもった記事だ．この信憑性と，事実を要領よくまとめて読ませる文章力は，電子新聞になっても貴重だ．

　だが電子新聞は，それ以上に大きな可能性をもっている．それは，必要な場合は「紙面の制約」がなく，いくらでも詳しい情報を提供できることだ．基本になるニュースはニュースとして提供し，さらに興味のある読者には掘り下げた解説，細部にわたる事実，さらにはまったく別の角度からの見方まで，十分に提供できるメディアになる．

　問題は，新聞社がオンライン新聞から十分な収入を得るビジネスモデルを作り上げられずにいることだ．ジャーナリズムの主軸としての取材陣容の配置は，戸別配達による大部数の販売収入と，それを背景とした広告収入とで支えられている．オンライン新聞でも広告は得られるものの，従来の広告収入と比べれば桁違いに小さい．

　元朝日新聞記者で鎌倉市長も勤めた竹内謙は2003年2月，日刊のインターネット新聞「JANJAN」を創刊した．半年後，「市民一人ひとりが記者になって本物の言論を」という登録制の市民記者500人ほどが書く記事は毎日平均10本．月に約60万ページが見られたという．

　「JANJAN」は，韓国のインターネット新聞「Oh my News」にならったも

ので，そちらは2000年創刊．記者2万人，1日の記事200本，訪問客250万人という世界最大の市民メディアになっているという．2002年の韓国大統領選挙は「ネチズン（インターネットで結びついた市民）の勝利」といわれたが，その原動力になったのが同紙だ．

　日本のインターネット新聞のさきがけは元毎日新聞記者の永井浩・神田外語大教授がかつての海外特派員仲間らと2002年6月に立ち上げた「日刊ベリタ」で，海外情報が多く，主な記事の閲読は有料制を取っている[14]．

　メールマガジン・メーリングリスト・インターネット放送　上記のインターネット新聞はホームページに記事を載せておくだけなので，毎日，読者にアクセスさせる習慣を作るまでが大変だ．これに対して，メールの形で読者に記事を配信するため，より強い影響力をもつのがメールマガジンだ．作家の村上龍が編集長を務めるJMM［Japan Mail Media］は，2003年末の発行部数12万．雑誌らしく1本ずつの記事はやや長めだが，世界各地に住む作家や国際機関職員，あるいは日本のエコノミストらが，現地情報や専門性を生かしたユニークで質の高い記事を毎日1本程度ずつ配信している．

　管理者が会員の情報を把握している程度の規模の，グループ情報の交換システムであるメーリングリスト（ML）も，場合によっては強いジャーナリズム機能を発揮する．名古屋市の蔵前干潟の保存は，学生，市民らが東京のジャーナリスト，官僚らまで巻き込んだMLの活用が成功に導いた代表例といえよう[15]．

　1998年にスタートした鳥取県のZIT（ジゲおこしインターネット協議会）は，老舗和菓子屋経営者の小谷寛を中心に，副知事，大学の学長，財界人らから，主婦，大学生，障害者らまで，県外からの参加者も含め会員650人ほど．地域の催しや食べ物の話題から，具体的な地域開発のあり方の議論，さらには平和問題まで，毎日数十通ものメールが飛び交う地域の言論の場になっている．

　インターネット放送も，ブロードバンド環境の普及とともにメディアとしての力を発揮する時期が近づいている．あちこちで議会中継などが行われてもま

だ視聴者は少ないのが現状だが，ビデオカメラ1台でだれもが放送局になれるのが強みだ．

　マスメディアの代表となったテレビは，カメラマンに照明係，録音担当など数名のチームを組んだ大掛かりな編成が必要なため，機動的な取材ができにくい．テレビニュースで，官庁などが用意した行事が多くなるのは，「絵になる」取材の予定が立てやすいためだ．これに対して，カメラ1台で世界のどこにでも飛び込め，取材を意識させないインタビューも可能なビデオジャーナリストは，今後のジャーナリズムに新しい領域を開く可能性があるといえよう．[16)]

（中北　宏八）

§4　「総メディア社会」の中で

ジャーナリズムの危機　筆者は「マスメディア」と「パーソナルメディア」が錯綜する現在のメディア状況を「総メディア社会」と呼んできた．それは情報のデジタル化がもたらした当然の帰結でもある．詳しくは『インターネット術語集II』の第4章「総メディア社会の到来」に譲り，[17)] ここではとくにジャーナリズムに関連して，いくつかの考えを述べておきたい．

　ジャーナリズムとは，日々の出来事を認識し，記録し，表現し，公開する精神活動といえるが，その権利は「表現の自由」として私たち一人ひとりに保障されている．しかし電子メディアが登場する以前は，一般の人が「表現の自由」を行使する手段はきわめて限られていた．社会に向かって訴えたいことがあっても，せいぜいビラを配ったり，同志を募ってデモをしたり，といった限られた範囲内で行うしかなく，しかもかなりの労力が必要だった．

　それに代わって，「表現の自由」を行使し，ジャーナリズムを担ってきたのが既存マスメディアである．マスメディアの仕事は，情報の交差点として，自らの責任で編集した情報をパッケージとして受け手に届けることだった．いってみれば，国民の「知る権利」を代行して「表現の自由」を行使してきたわけである．

ところが，これらメディア企業，いわゆるマスコミは，企業として大規模化，同時に多様化し，テレビや週刊誌の隆盛とあいまって，次第に社会性の強い情報の伝達よりも，芸能，スポーツ，娯楽，趣味といった個人的な生活情報，エンターテインメント提供を重視する傾向をもつようになった．「送り手としての報道機関」，「受け手としての国民」という固定した役割ながら，両者のよき共存関係が想定されていた初期の状況が崩れ，次第にマスコミ批判の声も強まってきた．

そういう状況下で情報のデジタル化が進み，「総メディア社会」が到来した．それは，以下のような現象をさしている．

① これまで情報はもっぱらマスメディアを通じて一般に伝えられたが，ホームページや電子メール，ブログなどの新しいメディアは，企業，官公庁，個人が自ら情報を発信できる環境を用意した．こうして国民一人ひとりが「表現の自由」を行使する具体的手段を得た．「送り手」，「受け手」という固定した役割も消え，マスメディアとパーソナルメディアが錯綜する中で，マスコミはもはや情報の交差点ではあり得なくなった．

② 新聞，書籍，雑誌，レコード，ラジオ，テレビと，これまで独自に発達してきたメディア群は，情報のデジタル化で融合し，メディア間の区別がつきにくくなった．紙のメディアと電子メディア，放送と通信が融合し，その結果として，メディア産業そのものも融合を始めている．

③ 主としてジャーナリズム活動を担う特定の企業と考えられていた既存マスメディア業界に，コンピューター・メーカー，通信インフラ企業，エンターテインメント産業，大手商社，流通大手など，これまでメディアに縁のなかった企業，それもマスメディアとはけた違いの資金力を持つ大企業が，国境を超えて進出してきた．マスコミという業界の枠もまたきわめてあいまいになってきた．

このような状況下でジャーナリズムは危機に瀕している，というのが私の見

方であり，それをどう再生できるかが，総メディア社会の最重要課題ということになる．いくつかの問題点を整理しておこう．

第1に，マスコミ企業そのものが自己のアイデンティティを喪失しつつあり，その結果としてマスコミのジャーナリズム機能が低下してきている．

第2に，情報のデジタル化はメッセージをメディアと容易に分離するから，メッセージの生産者であるジャーナリストとメディア企業の関係も流動化する．新聞社の記者が他の雑誌に記事を書き，テレビで解説し，自分のブログで自説を展開するということがごくふつうに行われる．新聞社も自社の記者の記事ばかりでなく，外部執筆者にも場所を提供するようになり，企業内ジャーナリスト，フリージャーナリスト，さらには一般市民のジャーナリズム活動の区別はいよいよつきにくくなる．記事（メッセージ）はブランド（メディア）によって評価されるよりも，記事そのもの，あるいは記者個人によって判断されることになるだろう．

第3に，このとき「表現の自由」を担う主体は，はたして誰かということである．もはや「報道機関」だけが担うとはいえまい．これまでまがりなりにも報道機関が担ってきた権力チェック，公正な報道，といったジャーナリズム機能を，個人一人ひとりの情報活動で代替できないこともまた明らかである．「表現の自由」が個人に還元されたことが，権利の拡散，ひいては喪失になってしまえば元も子もない．

社会全体としてのジャーナリズム機能を維持，あるいは強化していくためにはどうすればいいか．結局のところ，マスメディア，ジャーナリスト，個人のそれぞれが「表現の自由」の原点に立ち返って，できるだけのことをしていくしかないが，これについて詳述する余裕はない．別の機会に論じたので，そちらを参考にしてほしい．[18]

（矢野　直明）

注)

1) 以下の記述で頻出するインターネット，ホームページ，プロバイダー，ブラウザー，ウェブサービス，メールマガジン，ケータイ，ブログ，MP3，電子ペーパー，フィルタリング，オープンソフト，ハッカー倫理，ピア・ツー・ピアなどの用語については，本文で最低限の説明をしているが，より詳しく知りたい方は，矢野直明『インターネット術語集』，『インターネット術語集II』（いずれも参考文献で紹介）を参照してほしい．

2) ARPAはアメリカ国防総省の高等研究計画局（Advanced Research Projects Agency，アーパと発音）のこと．初期のインターネット開発の歴史を綴った『インターネットの起源』（ケイティ・ハフナー＆マシュー・ライアン，アスキー）には，「ARPAネットの創設者たちは，世界中を飛び交うメッセージを処理するためのシステムを開発しようと最初から考えていたわけではない．だが，最初の数十のノードが設立されるや否や，ユーザーたちは相互に接続されたコンピューター・システムを，あっという間に仕事にも使える個人的なコミュニケーション・ツールに変貌させていた」と書いている．

　メールアドレスに使われている＠（アットマーク，ユーザー名とマシン名の区切り）も，こういう共同作業の中で，「考えうるどんな状況でも，けっしてユーザー名には使われない文字」として，一研究者がキーボードを眺めながら採用したものである．

3) アメリカではホームページとウェブ（ページ）を厳密に区別し，ホームページはウェブ全体の最初のページをさすようである．ここでは日本の慣用にそって，両者を同じ意味で使う．サイト，あるいはウェブサイトという言葉も使われるが，これはホームページの運営主体をとくに強調したい場合などに使われる．本章では，基本的にホームページという用語を使うが，場合によってはウェブ，サイトという表現も使う．

4) 匿名掲示板として有名なのが「2ちゃんねる」（http://www.2ch.net/）である．政治，経済から漫画，アダルトまで数百のカテゴリーがあり，1日数万件の書き込みがあるともいわれている．

5) http://www.mag2.com/．2003年10月末現在の登録マガジン2万6,533誌（発行マガジン1万7,405誌），総配信部数1億7,863万5,255誌とか．読者に新規メルマガを知らせるための「ウィークリーまぐまぐ」の読者は200万部を超えている．まさにパーソナルなマスメディアといえよう．

6) ブログ用のソフト，ブロッガー（blogger）の開発者は，「9.11以降，戦争や国際政治について質の高い解説や論評を行う『ウオーブログ』が多数開設される

ようになった」といっている（http://www.hotwired.co.jp/matrix/0305/001/index.html）。ちなみにブロッガーの登録ユーザーは 110 万人（2003 年 2 月現在）で，実際に 20 万人がブログを開設しているという（筆者もその 1 人である）。

7) マーク・ワイザー「21 世紀のコンピューター」（The Computer for the 21st Century, http://www.ubiq.com/hypertext/weiser/SciAmDraft3.html）参照．1988 年発表．

8) メディアとしてのインターネットについては，矢野直明『サイバーリテラシー―IT 社会と「個」の挑戦』（参考文献参照）PART 3「メディアとしてのインターネット」で詳述した．なお，サイバーリテラシーに関する比較的最近の論述としては，「サイバーリテラシーという考え方」（http://www.cyber-literacy.com/ja/concept/index.html）参照．

9) クリントン・セックススキャンダルをめぐるメディアの動き，およびその意義については，矢野直明『マス・メディアの時代はどのように終わるか』洋泉社 1998 年参照．

10) G・ガンパート，石丸正訳『メディアの時代』新潮選書　1990 年

11) ホームページが持つ音声の威力を世間に強く印象づけたのが，1999 年の電機メーカー・アフターサービス事件だった．前屋毅『東芝クレーマー事件』小学館文庫　2000 年　参照．

12) ハイパーテキストというテキスト構造については，テッド・ネルソン『リテラシーマシン』アスキー出版局　1994 年　など参照．

13) 不正アクセス禁止法（施行 2000 年，以下すべて施行年），プロバイダー責任制限法（2002 年），児童買春・児童ポルノ禁止法（1999 年），出会い系サイト規制法（2003 年）など．

14) 電子新聞については 2003 年 8 月 16 日朝日新聞「私の視点」および同年 10 月 14 日朝日新聞参照．

15) 松浦さと子編『そして干潟は残った―インターネットと NPO』リベルタ出版 1999 年

16) 世界で一番小さな放送局 KNN（Kanda News Network）を名乗る神田敏晶は，ビル・ゲイツら世界の有名人のインタビューにも成功している．

17)「総メディア社会」の図式は，サイバーリテラシー研究所のホームページでも見ることができる（http://www.cyber-literacy.com/ja/about/index.html）．

18)『サイバーリテラシー』PART 4「サイバースペースとメディア」．

参考文献（いずれも原著発行年）

ジェイ・デイヴィッド・ボルター『ライティング　スペース』産業図書　1991年
M・ポスター『情報様式論』岩波現代文庫　1990年
I・de・S・プール『自由のためのテクノロジー――ニューメディアと表現の自由』東京大学出版会　1983年
H・ラインゴールド『思考のための道具』パーソナルメディア　1885年
N・ランダール『インターネットヒストリー』オライリー・ジャパン（発売：オーム社）　1997年
H・ドレイファス『インターネットについて』産業図書　2001年
矢野直明『インターネット術語集』岩波書店　2000年
矢野直明『インターネット術語集Ⅱ』岩波書店　2002年
矢野直明『サイバーリテラシー―――IT社会と「個」の挑戦』日本評論社　2001年

第五部

表現の自由とメディア・リテラシー

XV 表現の自由と責任

§1 日本における「表現の自由」の保障

　日本国憲法はその21条において「表現の自由」を保障する．ここにいう表現の自由には，人が好きな時に好きな場所で好きなことをしゃべるといった個人の意見表明の自由に始まり，本を出版する，レコードを販売する，演劇や映画を上映する，テレビのCMを作る，あるいは，ビラを張ったり立て看板を立てる，チラシを配ったりデモをする，などさまざまな表現行為が含まれる．

　ここで大切なポイントの第1は，単に意見を発表したり情報を発信する自由が保障されているだけではなく，その情報を集めたり，発表した情報を伝える自由も保障されていることである．これを，情報収集，加工，頒布，受領の各過程における表現の自由の保障と呼ぶことにするが，そうした情報流通の全過程がきちんと保障されてはじめて，表現の自由が保障されているということができる．これは，世界人権宣言第19条や市民的及び政治的権利に関する国際規約（自由権規約）19条でも定められている「情報流通の自由」の保障であり，民主主義社会の世界共通の原則といえる．

第2のポイントは，日本国憲法21条2項で検閲が絶対的に禁じられていることである．戦時中の言論統制による大本営発表などの苦い経験をもとに，表現の自由が制限されることがあっても事前抑制である検閲は絶対許さない立場を明確にしている．アメリカを初めとして多くの国では，有事の際の国家検閲を認めているが，日本はそれをも否定するものである．また，ドイツを初めヨーロッパの国々では，「闘う民主主義思想」と呼ばれるように，民主主義に反する言論（たとえば，ユダヤ人虐殺を否定するような「アウシュビッツの嘘」）を表現の自由の枠外とし，社会として認めていない．しかし日本ではこのような考え方は採用せず，「対抗言論」と呼ばれる，表現行為には表現行為をもって反論し，好ましくない言論だからといってむやみに社会から排除することをしないという原則を持っている．

　第3のポイントは，メディア形態ごとに表現の自由規制の原則が異なる点である．ひとつ目は，印刷（活字）メディアに関するもので，「規制をする法律がない」ことが特徴である．2つ目は，放送（映像）メディアに関するもので，事業活動についても，表現内容についてもそれぞれを規制する包括法が存在する．すなわち，放送局を開設しようとした場合は，電波法に則り国の免許が必要だし，そこで流す番組については放送法による制限がかかることになる．そして3つ目は，通信メディアに関するもので，事業活動については電気通信事業法による規制があるものの，表現内容は「通信の秘密」としてその規制が憲法により禁止されている．ただしこの点については，インターネットの登場により見直しが進んでおり，個別法による部分的な例外が認められてきている．

　最後に第4のポイントとして，表現の自由には一般市民の表現の自由とともに，報道機関（マスメディア）の取材，報道，頒布といった表現の自由が含まれるとする見解が有力である．日本では基本法上，報道機関に一般の表現の自由と異なる特別の包括的保障や責任を認める考え方はとられていないものの，個別の法規や社会的慣習としてメディアの自由を一般人の表現の自由に比して優遇している．

§2 メディアを取り巻く法制度

メディアの自由を考えるとき，その取材・報道活動を保障するものと，規制するものの両側面がある．ここではそれらを，取材，報道，伝達（頒布）の各段階に分けて考えていくこととする．

〔情報の収集過程〕

取材の自由　憲法が保障する表現の自由には，取材の自由も含まれるが，その保障の度合いは報道の自由に比べて低い．裁判所は，「報道機関の報道が正しい内容を持つためには，報道の自由とともに，報道のための取材の自由も，憲法 21 条の精神に照らし，十分尊重に値いするものといわなければならない」と判示している（1969 年，博多駅テレビフィルム提出命令事件・最高裁決定）．

また，取材活動の自由を裏打ちする取材源の秘匿については十分な保障が与えられているとはいえない．取材源が「職業の秘密」（民事訴訟法 197 条 1 項 3 号）に該当する，という裁判所の判断が示されているものの，週刊誌の記者やフリーライターも同様の主張をしうるのかについては明確ではないし，ましてや刑事裁判においては取材源の秘匿は判例上，否定されている．

さらに，警察による捜査のため，検察による公判維持のため，裁判所による証拠調べのために，テレビ放送用ビデオテープが公判廷で利用される実態があり，問題となっている．テレビ局は，ビデオテープの押収・差し押さえや証拠提出について否定的な見解を示しているものの，裁判所は一貫してこうした実態を追認している．なお，ここでいうビデオテープには，放映済みの録画テープのほか，放送局が所有する未編集のマザーテープも含まれる．

一方で，これら公的機関の取材については，記者クラブ加盟社に対する特恵的な扱いが社会的慣行として認められているほか，必要最小限の便宜供与も受けている．具体的には，公判廷の傍聴にあたって，一般傍聴席と区分して記者席が設けられ，優先的に取材が可能である．こうした特例的な取材許可規定は，

国会法や破壊活動防止法などで法制化されており，多くの国で共通の制度である．また，判決文の特別配布を受けたり，発表資料の事前入手も可能である．最高裁も，「報道の公共性，ひいては報道のための取材の自由に対する配慮に基づき，司法記者クラブ所属の報道機関の記者に対してのみ法廷においてメモを取ることを許可することも，合理性を欠く措置ということはできない」と判示している（1989 年，法廷内メモ訴訟・最高裁判決）．

公的情報へのアクセス　司法，行政，立法の各機関が持つ公的情報へのアクセスについてもさまざまな制約が存在する．日本では開廷中のテレビ撮影は一切禁止されており，当然，コートテレビ（法廷テレビ）は存在しない．裁判の傍聴はできても，法廷内のカメラ取材については，スチールカメラやビデオカメラの撮影は開廷前 3 分程度の代表取材だけに厳しく制限されている（最高裁判所と日本新聞協会の取り決めに基づくもの）．少年審判（少年事件の審議）は非公開で，メディアの傍聴も許されていない．

裁判記録の閲覧は市民の権利として保障されているものの（刑事訴訟法 19 条），実際は刑事確定訴訟記録法の例外規定（当事者のプライバシー保護や他の刑事事件の公判維持のための制限）の運用によって，事実上困難である．あるいは，刑務所の拘禁者への取材も現在はほとんど認められない．

行政レベルでは，官公庁の取材拒否や警察が事件当事者を匿名発表する事例が各地で報告され，問題視されている．日本でも海外と同様，未成年者の犯罪においては，被疑者・被告人を実名で報道することを法で禁止しているが（少年法 61 条），警察は内部規則を作って実名を記者発表することを禁止し，事実上，取材を大きく制限している．あるいは，安易なオフレコ取材や現場レベルの報道協定が，一般市民からみて公的情報へのアクセスを阻害しているとの批判がある．

各種公務員法は，公務員に職務上の守秘義務を課しているが，取材行為がそれらの「そそのかし」として罰せられた例もある（1978 年，外務省機密漏洩事件・最高裁判決）．また，主に米軍の秘密を保護するための特別法（刑事特別法，日米

秘密保護法）は，取材行為（情報収集）自体を禁止している．

　日本でも2000年4月から情報公開法が施行されており，それ以前から施行されている地方自治体レベルの情報公開条例とともに，行政情報へのアクセスに利用されている．メディアに対し特別の便宜ははかられていないが，一般に公益性がある請求とみなされ，手数料の減免措置がとられることが多い．法は，政府のアカウンタビリティ（説明責任）とともに，日本国民に限らず何人（なんぴと）に対しても請求権を保障している．日本の情報公開制度は国のほか，都道府県，政令指定都市のすべてが条例を持つなど，全体の9割強にあたる2,937自治体が情報公開を実施済みである（03年4月現在）．

〔情報の加工・発表過程〕

　　報道の自由　　情報の加工・発表過程とは，新聞・雑誌，書籍の編集・印刷・発行の段階，テレビやラジオの放送，ウェブサイト上での情報発信やメールマガジンの発行などをさし，編集プロダクション，出版社や印刷会社，放送局，あるいは発行や発信に携わる個人が，直接間接の規制を受けたり，自主的に発表を取り止めたりするのはこの過程であることが多い．

　憲法が保障する表現の自由の中心は，この発表段階の表現の自由であり，最高裁も「報道機関の報道は，民主主義社会において，国民が国政に関与するにつき，重要な判断の資料を提供し，国民の『知る権利』に奉仕するものである」とし，事実の報道の自由を憲法の保障のもとにあるとしている（前出・博多駅テレビフィルム提出命令事件）．

　一般に報道による表現内容が法によって罰せられるのは，(a)国家の安全を害した場合，(b)社会の秩序を乱した場合，(c)個人の尊厳を冒した場合，に大別できる．通常は発表された表現物をもとに裁判が開かれ，刑事裁判の場合は刑事罰が科せられ，民事裁判では損害賠償や謝罪命令が出されることになる．そのほか，人権侵害事例については，法務省人権擁護委員会・人権擁護局が法に基づき勧告を発して是正を求めたり，きわめてまれではあるが，法的根拠は

ないものの当該裁判所や関係省庁が，出版取り止めや回収を要望したりする例がみられる．

　表現規制の根拠となる既存の法律には，刑法（猥褻（わいせつ），名誉毀損など），軽犯罪法（迷惑行為），関税定率法（善良風俗違反）などがあり，これらの刑事罰に反する場合，不法行為として民法を根拠に損害賠償の対象となることが一般的である．あるいはまた，報道が破壊活動防止法や売春防止法などで刑事罰の対象となる行為の幇助（ほうじょ）にあたる可能性もある．最初に触れたように放送メディアの場合は，放送法が政治的公平さや，公序良俗に反しないことなどを放送局に求めている．戦前には新聞法，出版法といったメディア規制のための包括法が存在したが，いずれも1945年の敗戦時に廃止され，メディア法といった包括法は存在しない．

　権利侵害の予防救済制度　名誉毀損やプライバシー侵害などの報道による人権侵害に対しては，民法に基づく損害賠償という金銭的補償のほか，日本独特の救済方法として，謝罪広告の掲載が原状回復措置のひとつとして一般に行われている．たとえば，ある雑誌が名誉毀損をした場合，裁判所の判決や和解条項に従い，当該雑誌に編集長名のお詫び文を掲載するという方法である．

　代わりに，一部の外国で行われているような反論文や判決文の掲載は権利として保障されていないとともに，判決で認められることも通常はない．これとは別に放送法は，訂正放送の規定を持っており，放送局は当事者の求めに応じ，放送済みテープの視聴を認めた上，誤りがあった場合は訂正放送を行うことが義務づけられている．

　日本では，プライバシー侵害のほか名誉毀損等を理由とした，裁判所の仮処分による出版・放送の事前差し止めが認められている．ただし学説上は，差し止めの範囲が広範にすぎ，憲法の定める検閲禁止に違反するとの批判がある．また，日本では義務教育課程の使用教科書を国家が事前チェックし，審査に合格したものだけが正式な教科書として認められる制度（文部科学省による教科書検定制度）になっているが，この制度自体も疑似的な検閲行為であるとの見解が

研究者の間では根強い（家永教科書検定訴訟ほか）．

　逆に，法の規定によって特定の報道が保障される例も少なくない．具体例のひとつは，選挙報道の自由の保障である．日本は選挙期間中の候補者の表現の自由をきわめて厳しく制限している国である．選挙候補者は選挙期間中，個別に有権者に接触することが一切禁止されているほか，その間はインターネットを利用することや，集会を開くこともできない．同時に，一般市民が選挙関係の情報を流すことは，選挙運動とみなされ禁止されている．しかし一方で，特定のマスメディアは，公職選挙法によって自由に選挙に関する報道・論評を扱えることが保障されるとともに，候補者広告が公費で新聞に掲載され，テレビ・ラジオでは政見放送が放送される．

　ほかにも著作権法では，報道目的であれば著作権者の許諾なしに引用することが認められている．また，名誉毀損表現の免責要件のひとつとして刑法は公益性を挙げているが，裁判所では，ニュース・メディアである新聞や放送は，その存在自体が公共の利益に適うものであるとして，ほぼ自動的に公益性を認める傾向にある．

〔情報の頒布・流通過程〕

伝達・配布の制限　メディアの流通過程としては，出版物やCD・ビデオ・ゲームソフトなどの取次・書店やレンタル店頭での販売やレンタル，販売店による新聞配達，テレビ受像機等による放送の受信，図書館や博物館での閲覧や展示がある．原則，出版物の流通に法的な規制はないが，猥褻表現物について青少年条例で学校近辺の販売を禁止したり，景品表示法や訪問販売法で販売方法の規制を求めるものがある．こうした規制方法は，内容中立規制と呼ばれているもので，時，所，方法に制限を加えることで，見たくない人，見せたくない人への情報流通をストップさせる．

　一方で，取次（鉄道弘済会），小売（書店，コンビニエンスストア）段階，あるいは営業（販売営業，広告）段階の自主的な規制が多く存在する．典型的な例とし

ては，ある週刊誌が鉄道会社を批判する内容の記事を掲載したところ，鉄道会社系列のキオスクからの販売（さらに取引契約の破棄）と管内の電車中吊り広告の掲出が拒否される事件が起こった．ほかにも昭和天皇死去前のいわゆる自粛ブームの時には，大手書店チェーンが一時，天皇批判本の扱いを控えたことで批判を呼んだこともあった．

2001年9月にアメリカで起きた同時多発テロ事件以降，アメリカでも同様な事例が報告されているが，日本では90年代のオウム事件に関連して警察が令状（差押え許可状）に基づき，国会図書館から約50万人分の利用記録（利用申込書，資料請求票，複写申込書）を押収，利用者がいつどのような本を借り出し，どの箇所を複写したのかを捜査した．こうした閲覧履歴のチェックも表現の自由の問題としてとらえることができる．

インターネット規制　近年，この分野でもっとも問題となるのは，インターネット上の表現規制である．インターネットの場合，そのメディア特性である匿名性のために，情報発信者の特定が困難である．そこで，ネット上の違法な表現行為に対し，憲法で保障されている通信の秘密の例外として，情報の伝達者であるインターネット接続業者（プロバイダー）に一定の限度で責任を負わせる仕組みを作った．

2001年に成立した「特定電気通信役務提供者の損害賠償責任の制限及び発信者情報の開示に関する法律」（プロバイダー責任限定法）は，中傷などの被害を受けた場合，被害者は情報発信者の氏名や住所などについての開示請求権を持つことになった．また，違法な情報がインターネット上に流された場合，それを知ったプロバイダー（インターネット接続業者のほか企業や大学，電子掲示板などの主宰者も含まれる）には，削除権が認められた．

これらには大きな意味がある．ひとつは，情報伝達者が表現内容をチェックして，その可否を判断する点である．そしてもうひとつは，プロバイダーは憲法等で通信の秘密を守ることが義務づけられていたが，その原則に例外を作ったことである．

また，1999年に成立した「犯罪捜査のための通信傍受に関する法律」（盗聴法）によって，犯罪の予防や取り締まりのための盗聴が正式に認められることになった．ここでも，通信の秘密という憲法原則は，治安の維持という目的の前に一歩引くかたちとなった．無制限な警察による盗聴を防ぐため，盗聴できる犯罪類型を限定したり，立会人をおくことなどを定めているが，運用においては犯罪捜査のための広範な盗聴が認められる可能性を否定できない．特定の業務については盗聴を禁止する条文（15条）をおいているが，そこには報道関係者は含まれない．

2003年に成立した「インターネット異性紹介事業を利用して児童を誘引する行為の規制等に関する法律」（出会い系サイト規制法）でも，警察がログ（通信記録）の収集が簡便に行える仕組みが作られた．

§3　相次ぐ表現規制立法

個人情報保護法による表現規制の可能性　2000年以降，新しい社会状況に対応して，表現行為に関する法制度が相次いで登場してきた．ひとつ目の特徴が，人権を守る法律が基本的人権のひとつである表現の自由をむしばむ結果をもたらす可能性がある，という点である．もうひとつが，国際テロや犯罪の凶悪化を防止するために，表現の自由の原則を多少犠牲にしてでも社会秩序の維持や生活の安全を優先させるという考え方が示されていることである．

2003年に成立した個人情報保護法は，昨今の個人情報の保護のためには必要不可欠の法制度であるといえる．個人情報やプライバシーの保護を考える上でも，自己情報のコントロール権を明確に法制化し，一般市民が裁判で闘える手段を持つことは，非常に有益である．

しかし一方で，個人情報を扱う私企業として，メディア（報道機関）も法による取り締まりの対象に含め，場合によっては行政官庁による指導や勧告を受けることになるなど，表現の自由の観点からみた場合，問題が生じる可能性もあり，審議にあたっては大きな議論を呼んだ．国会では3度にわたって継続審

議となったが，最終的には報道機関等については「適用除外」を設けることによって成立にこぎ着けた．

　法律条文の中で，「報道とは何か」について「不特定かつ多数の者に対して客観的事実を事実として知らせること」と定義されたのは，戦後では初めてで，その解釈を一義的には行政官庁が行う危険性をはらんでいるほか，そもそも，取材で収集した個人情報について，たとえば政治家から開示請求された場合，この適用除外規定を根拠に本当に拒否できるのか，不安視する声が強い．またその定義の方法は「不特定，多数，客観的事実」がキーワードであり，もしこれが厳密に解釈されると，たとえばテレビのワイドショーや週刊誌の報道が制約される可能性がある一方，国会審議での政府答弁のように幅広く解釈するとなると，今度は基準が曖昧となって，厳格基準をルールとする表現規制には相応しくなくなる．

　人権擁護法案に潜む問題点　2003年末にいったん廃案となった人権擁護法案も，メディアの取材・報道に関し大きな問題をはらんでいる．日本はとりわけヨーロッパ諸国と比較して，差別表現についての規制の仕方が大きく異なっている．すなわち，人種や性別などを理由とする差別表現を包括的に規制する法律が存在せず，人種差別撤廃条約には加入しており，その法的拘束力を受けるものの，差別的言動等の禁止を定めた条文（4条）については，「留保」という形でその国内法的効力を停止している．

　もちろん，ある個人に対して差別表現や侮辱表現をした場合は，刑法によって罰せられるほか，就職試験に際しての女性差別的言動や入居に際しての人種差別的言動は，それぞれ個別の法律によって対処が可能である．しかし，抽象的なユダヤ人差別や黒人差別，あるいは日本固有の部落差別に対して，これまでは有効な法的手段がとられていない現状があった．

　そこで，人権擁護法案は法規制ではなく行政的な手段によってこれらの差別表現に対抗しようとするものである．具体的には，法務省の管轄下に国内人権委員会を設置して，市民からの苦情の受付を行い，調査のうえ問題が確認され

れば是正の勧告・命令や，従わない場合は裁判に訴えて強制措置をとるようにしたものである．「侵害のおそれ」を理由とした事前差し止めを認める規定もみられる．

これらは，法律では禁止されていない表現行為を事実上，行政権限で規制しようとするものであり，憲法に定められた表現の自由を侵害する可能性がきわめて大きいとの指摘がなされている．

また法律では，こうした差別表現とともに，報道機関の行き過ぎた取材行為や報道に対しても，その被害救済を申し立てることができるよう規定し，法律の大きな柱となっている．具体的には，被害者，触法少年（未成年の被疑者・被告人），被疑者・被告人の家族への執拗な取材や報道を禁止するもので，それに反した報道機関に対して，人権委員会は調査を行ったり，勧告や是正命令を出すことができる仕組みになっている．

問題とされているのは，そもそも行政機関が行き過ぎた取材・報道行為を取り締まるという制度自体であるとともに，取り締まりの対象となる執拗な取材行為の例として電話をかけることを挙げるなど，現状の取材行為を否定する規制内容になっている点である．

このほか，裁判員制度（陪審制度類似の日本特有の制度で，職業裁判官とともに市民代表の「裁判員」が合議で裁判を行う制度）や，サイバー犯罪条約の国内法整備，青少年健全育成基本法案に関連して，メディア規制が予定されているが，前述の情報流通過程におけるネット上の規制同様，治安優先による過度な表現規制が問題となる可能性がある．

§4　メディア産業法枠組みの変化

マスメディア集中排除原則　これまで述べてきた内容規制とは違う面でも，メディアを取り巻く法制度は大きく変わろうとしている．ここでは2つの点について触れておきたい．ひとつは，マスメディア集中排除原則の緩和であり，もうひとつはメディア特例の縮小・廃止である．

第1点については，言論の多様性確保という大命題のもと，多くの国で何らかのメディア集中化を防止する法制度が作られてきた．あるいは，外国資本によるメディア支配が自国文化の破壊につながる可能性や国益を守るという観点から，役員構成や資本の面から規制を行ってきた国も少なくない．日本も例に漏れず，とりわけ放送分野において，外資規制とメディア集中排除原則を堅持してきた．

　しかし現在，そのルールは多くの国で揺らいでいる．たとえばアメリカでは，メディア・コングロマリットの登場により，通信・放送・出版（新聞）の領域を超えた合従連衡が続いており，こうしたメディア企業に属さずには全国はおろか地域においてすらメディア事業を維持することはもはや困難な状況である．実態先行で動いたこの状況に対して，2003年にはFCC（アメリカ連邦通信委員会）も現実を追認する形でメディア合併を緩和する政策に転換した（ただし，上下院とも緩和方針を認めない対抗法案を可決し，議論が継続中である）．

　一方でヨーロッパの国々でも，ドイツのキルヒ・グループの崩壊があったものの，マードックの勢いは衰えを知らないし，イタリアにおいても寡占化はさらに進行しており，メディア事業の集中化を制限する法律は，ベルルスコーニ首相のもと相次いで骨抜き，あるいは改正される状況にある．

　日本においてもテレビ放送が開始されて以来，①一社は，一局しか経営支配できない（ただしラジオ，テレビの兼営は例外），②ある社が，ラジオ，テレビ，新聞という三事業を経営支配することを禁止をする——というマスメディア集中排除原則を堅持してきた．所有・支配の認定に関しては，出資比率，役員兼任に関する制限規定を定めている（一部の外国にみられるように，到達視聴者数や市場占有率は基準に入っていない）．例外は，同じ地域に他の有力なマスメディアが併存する場合，その他の事情により三事業支配が特定地域での大衆情報の独占的供給になるおそれのない場合である．

　ただし実態は，新聞とテレビの兼営がみられるほか，株を役員等の個人名で所有することによって規定を逃れる状況にあり，三事業支配禁止が形骸化して

いる状況にある．また，ケーブルテレビや衛星放送，さらにデジタル放送の開始にあたって徐々にその基準の解釈を変え，兼営の余地を拡大してきた経緯がある．

地上デジタルで変わる所有ルール　とりわけ明確にその方向性を転換したのは，2003年に出された総務省報告書である．そこでは，地上デジタル放送の開始にあたって，放送局の兼営を認め，同一放送市場における資本集中を容認した．従来はあくまで，違った形態の市場への資本投下を認めていたものを，これからはある一社が同じ地上波放送で複数のチャンネルを所有することを可能にしたのである．

日本ではマスメディアの買収が起きにくいのは，株式が上場されてこなかったことが理由のひとつに挙げられるだろう．また従来，基幹メディアとして君臨してきた新聞社が，おおよそ一県一紙体制にあり，また少なからずの新聞社が同族会社であることから，市場が予定調和的に安定しており，競争が起きにくかった面も大きく影響している．しかも新聞については商法の特例法で，取締役会で株式の譲渡や保有を制限できる旨が定められており，意に添わない買収は法に基づき阻止できる（株式会社の中でも新聞社だけに認められた特例中の特例である）．

放送に関しては，民放の資金調達手段を多様化させるため，1995年1月に上場規制は撤廃され，民放各社の株式上場・公開が進んでいる．なお，放送局の外資規制は，株式所有の制限という形で行われている．数少ない外国資本による買収の例としては，1996年のテレビ朝日株に対するマードックの買い付け事件がある．このケースでは，マードックが資本参加する会社が支配権の行使が可能な株を買ったところで，テレビ朝日と資本関係がある朝日新聞社が乗り出し，株を買い戻した経緯がある．

言論報道機関の一般化　第2点目は，言論報道機関の一般化の問題である．すでに，取材・報道の分野で特別扱いが縮小される傾向にあることに触れてきたが，メディアの多様化が進む中で，とりわけ新聞を特別扱いしてきた法律の

改正が着実に進んでいる．

　ひとつは，メディアもしくは文化の維持発展のための産業保護的国家政策に関する部分である．多くの国で，付加価値税（V.A.T.）の軽減税率が実施されているほか，ドイツでは再販制度が，スウェーデンではメディア補助金制度が実施されるなど，各国の歴史と文化的土壌に根づいた法制度が整備されている．日本では，書籍，雑誌，新聞，音楽用CDの再販制度が存在し（独占禁止法の再販禁止の適用除外規定），定価販売が法によって認められている．また，これも多くの国で共通の制度である，定期刊行物の郵便料金の割引制度（郵便法による第三種郵便規定）もある．

　さらに税制上の優遇もあり，所得税（国税）についていえば，普通の会社であれば交際費扱いになる支出が，取材経費として必要経費に算入できるのも，メディア企業だけの特権である．印刷のためのインクや取材用フィルムの関税も，特別に安くなっている．

　そのほか，前述の通り選挙の際には国や地方公共団体の予算で新聞に候補者の広告を載せたり，株式会社の決算報告や裁判所で行う競売物件については，日刊の新聞に掲載することが法律で義務づけられている．これらは，新聞が社会において「基幹的なメディア」であって，もっとも全国津々浦々に到達している信頼度の高いメディアであるために存在してきた制度である．

　しかし，メディアの多様化が進む中で，こうした従来は「当たり前」に思われてきた制度に対し疑問の声が上がり始めてきた．「なぜ一部のメディアだけを特別視する必要があるのか」「そもそも言論報道機関は社会にとってなくてはならない大事な存在なのか」「テレビや新聞よりインターネットの方が誰でもアクセスできるメディアである」といった意見である．それは政府の審議会レベルでも，「米と新聞のどちらが大事か」といった多少感情的な意見とともに，これまでメディアが果たしてきた，あるいは現在果たしている社会的役割を否定する考え方が力を持つ傾向にある．そしてこうした考え方は，すでにいくつかの法改正に反映されてもいる．

そのはしりとなったのは，事業税（地方税）減免措置の廃止である．1951年以降，その公益性に鑑み，社会福祉法人や学校法人などと同様，マスコミ7業種（新聞業，新聞送達業，出版業，教育映画製作業，新聞広告取扱業，教科書供給業，一般放送業）は一貫して非課税措置を受けてきた．しかし85年の法改正によって，移行措置としての軽減税率期間を経て1998年度をもって撤廃された．

また，1990年以降は著作物再販の撤廃が議論され，弾力的運用を行うことを条件に，2001年に「当面存置」の結論を得て今日に至っているが，制度の存在は十分な社会的理解を得た状況にはなっていない．2000年以降は，インターネットの普及に伴い，企業の決算公告など日刊新聞紙への掲載を義務づけていた諸制度の中には，インターネットへの公表と併用することとしたり，新聞掲載の義務づけをはずす動きもみられる．

(山田　健太)

参考文献

山田健太『法とジャーナリズム――言論法のすすめ』学陽書房　2004年
清水英夫監修『マスコミ判例六法』現代人文社　1999年
天野勝文・生田真司編『新版　現場からみた新聞学――取材・報道を中心に』学文社　2002年
植田康夫編『新　現場からみた出版学』学文社　2004年
竹田稔・堀部政男編『名誉・プライバシー保護関係訴訟法』青林書院　2001年
清水英夫・武市英雄・林伸郎・山田健太『マス・コミュニケーション概論（新装版）』学陽書房　2002年

XVI メディア・リテラシー

§1 私たちの情報環境

　20世紀はまさにメディアの世紀であった．その前の世紀の最終段階で映画が生まれ，1920年代にはラジオ放送が始まった．40年代から50年代にかけて世界各国で始まったテレビ放送は，60年代・70年代の経済成長とともに普及していった．このテレビこそ，今までのどのメディアとは比較できない圧倒的な影響力をもって私たちの意識と生活を変えた．80年代はニューメディア時代と呼ばれて，テレビ機能を拡大・延長したメディアが多数登場し，VTR, CATV, 衛星放送などが次つぎと実用化された．この結果，人びとはテレビに関連して何十〜何百チャンネルもの選択肢を持つようになる．90年代半ばには某メーカーの販売戦略とあいまってコンピューターが爆発的に普及しはじめ，インターネットを初めとする電子情報通信メディアがいちじるしく進展した．

　私たちは，このような多メディア・多チャンネルを通して，あふれんばかりの情報に取り巻かれている．必要な情報も無駄な情報も，関心を引く情報もそ

うでない情報も混在している中で，いかに主体性を持ちつつ情報選択をし，自分自身の意思決定と行動に結びつけるかが，21世紀を生きる私たちの課題である．一日の，あるいは一生の限られた時間の中で，メディアを利用しつつも左右されない自律的生活態度の形成を要求されているということでもある．

民主主義社会の一員として　それは，私たちが民主主義社会の一員として生活をしていることと関係がある．民主主義社会を維持していくには，一般の人びとが十分な情報を得て，自分自身の意見を持ち，それを他人に分かりやすい形で表現できる能力が必要となる．また，それをもとに議論を繰り返しながら合意を形成したり，選挙で代表者を選ぶプロセスも大切である．

マスメディアの発達は，情報発信をプロの送り手集団に依存する一方で，一般の人を情報の受け手に仕立て，自ら発信する力を奪ってきたきらいがある．メディア・リテラシーとは，情報化が進んだ民主主義社会の中で，人びとが主体的に情報を選び，考え，発信し，そのことを通じて主体的に生きるのに必要な，現代の識字能力なのである．

§2　メディア・リテラシーの視点

メディアを上手に使って意見や気持を伝えあうための教育は，これまでにもメディア教育の中でなされてきた．メディア教育とメディア・リテラシーには重複する部分も多いが，その違いを実践の面で考えた場合，前者がメディア利用能力を主眼においているのに対し，後者は情報内容に対する批判的思考 (critical thinking) を中心としていることが，発展の過程で読みとれる．

後者の立場からの取り組みは，1980年代以降，イギリス，カナダ，オーストラリア，そしてドイツなどでなされるようになった．それらは，メディア情報社会の急激な進展，およびメディア研究の成果と限界を背景に，各国の事情を反映しながら展開されてきたといえよう．そこには，メディアの強烈な力に押し流されそうになりながらも，主体的な意思を持った人びとがそれに抵抗する姿勢がみられる．権力や商業主義の支配から逃れるための研究や運動をする

人びとが，メディア・リテラシーの重要性を訴えてきた．

そこでここでは，メディア・リテラシーの発想のもととなっている視点を理解し，なぜ，メディア・リテラシーが必要なのかを考えていきたい．

市民の視点　メディア・リテラシーがもっとも盛んな国のひとつカナダは，市民運動が盛んな国でもある．メディアに関する市民運動は，アメリカ合衆国の商業放送に対抗する運動から始まった．北緯49度線や五大湖でアメリカと境を接しているカナダは，つねにアメリカからの電波侵入に悩まされてきた．公共放送のCBCを中心に，放送における公共性と教養主義を守る努力をしていても，多様性に富み刺激的で娯楽の多いアメリカの商業放送につねに席巻された．容赦なく視聴者の興味をかき立て，商業主義路線に引き込もうとするアメリカの巨大メディアの力に対抗し文化的防波堤をつくることは，カナダにとって至上命題だったのである．

カナダの市民たちは，暴力やポルノの多い俗悪なメディアを法的に規制しようにも限度があることをさとり，それに対抗するにはメディア批判力をつけるのが大事だと思うようになった．そこで，子どもたちに批判的思考 (critical thinking) を身につけさせようと市民運動を展開し，親・教師・州政府などが協力した結果，1989年から中学と高校の学校教育の中に必修として取り込まれることとなった (カナダ・オンタリオ州教育省，1992)．

ドイツのメディア・リテラシーに対する取り組みは歴史的所産ともいえる．周知のようにアドルフ・ヒトラーはラジオや映画などメディアを駆使してナチズムの浸透をはかり，人びとを扇動して戦争に導くことに成功した．その苦い経験を持つドイツ国民は，戦後，メディアについて学ぶことは社会生活上，必要不可欠であることを認識し，メディア教育を重要視するようになった．政治的に自立した市民の育成が重要課題となり，市民団体や教会，大学などを中心に講座やセミナーがもたれ，社会教育の中で多く取り上げられている (メディアリテラシー研究会，1997)．

このように，市民的視点にたってのメディア・リテラシー運動は世界中に広

がりつつあるが，学校における公教育のカリキュラムとして組み込まれている国と，NGOとしての運動にとどまるものとがある．日本では，市民運動としてFCT（市民のメディアフォーラム）が一貫して取り組んできたが，教育や行政での認識は遅れていた．1998年，「東京都青少年問題協議会」の答申の中で「メディアリテラシー」の重要性を指摘，また，1998～99年にかけて郵政省の「青少年と放送に関する調査研究会」とその具体化のための「青少年と放送に関する専門家会合」が，相次いでメディア・リテラシーを提案し，2000年には「放送分野における青少年とメディアリテラシーに関する調査研究会」が報告を行った．学校では，総合，情報，ゆとりの時間，国語，社会等で一部導入されてはいるものの（福井県教育工学研究会，2002），「メディア・リテラシー」という名称の科目としては登場していない．

ユネスコでは1989年，次年度の重点テーマとして「受け取る情報を批判的に意識化し，情報に能動的に対応できる能力を養い，メディア・ユーザーの権利を守る教育」が必要であるとした．それを受けて1990年，フランスのCLEMIとイギリスの研究機関BFIがフランスのトゥールーズでメディア・リテラシーに取り組んでいる人びとの会議を開いた．このトゥールーズ会議の参加者を通じて，それまで遅れていた国でも積極的に取り組むようになり，今では自然な形で世界的ネットワークが形成されつつある（鈴木みどり，1997）．市民が自分たちの情報環境は自分で守る，というところから，メディア・リテラシーは始まっている．

ジェンダーの視点　メディア・リテラシーを必要とするもうひとつの視点は，フェミニズムと連動している．1970年代以降盛んになった女性学の中で，メディアの中のジェンダーの偏りが女性の社会的地位と大きな関係があることを指摘するようになった．

ここでは，メディア・リテラシーの批判的思考の訓練をかねて，「社会を映す鏡」とされるジャーナリズムが，実際にはどのような偏った表現をしているかを検討してみよう．

XVI メディア・リテラシー

1）量的な問題

ジャーナリズムが本当に社会を映す鏡なら，男女の人口を反映してニュースにもほぼ半数ずつ現れてもいいはずだ．しかし，現実には圧倒的に男性が大勢出現し，女性はきわめて少ない（小玉，1989）．理由として，社会的影響力が大きい地位にいる女性は少ないから，ニュースにおける出現率が低い，とされるのはある程度うなずける．とはいうものの，"社会的影響力"を判断するジャーナリストは圧倒的に男性に偏っているので，違う視点で判断すれば，もっと女性が多く出てくる可能性は高い．メディアで働く女性の従業員数は以下のようになっている．

1999年，日本女性放送者懇談会が調査した結果，放送局における女性比率は，NHKで8.7％，民放キー局で16.4％，地方局で22.4％であった．2002年度には，NHKが10.0％とやや増加したものの，民間放送平均の20.8％の半分であり，その民放も95年以来ずっと20％の水準から伸びてはいない．しかも，報道や制作など放送内容に影響のある仕事を担当している職種では10％以下のところが多く，意思決定に関与できる女性は数えるほどしかいない．2002年，日本新聞協会の調査では，加盟社の全従業員中の女性の割合は9.9％，編集部門中の女性記者の割合も11.4％で，やっと1割を越したありさま．これは世界的にみても低い水準である．ちなみに94年に実施した世界30ヵ国調査で日本は最下位，唯一の10％未満であった（Gallagher, 1994）が，この傾向は今も続いている．

したがって男性にとって重要と思われる事柄がより優先され，女性にとって重要なことが取り上げられないことはしばしばある．

たとえば，1970年代に女性が中心となって消費者（後に生活者）運動や環境運動に取り組んでいたが，それは一部の例外を除いて，重要なニュースのテーマとしては取り上げられなかった．80年代に入り環境の重要性が国連機関などを通じて強調されるようになって初めて，"影響力のある事柄"として認識されたのである．また，戦争記者がほとんど男性に限られていた時代には，戦

争における性の被害者として従軍慰安婦や集団レイプ事件は取り上げられなかった．それは男性にとって戦争にはつきものの，当たり前のことであったからだろう．しかし，ボスニア・ヘルツェゴビナにおける戦闘を初めてCNNの女性の記者が取材して，戦争における集団的レイプが報道された．その結果，これが社会的な問題として人びとの意識にのぼるようになったのである．

2001年1月，NHKは従軍慰安婦の問題を扱った「女性国際戦犯法廷」の活動を放送しようとしたが，今度は右翼などの外部圧力に屈して内容がねじ曲げられる事件が起こった（小玉・小林，2003）．このように，メディアの中で女性に関する問題を正視しようとする人びとが出てきている一方で，社会の中に抵抗する勢力もあり，素直に取り上げにくい風潮は今も残っている．

また，一般に事件を伝える際にも，女性を事件の主役に仕立て，よりセクシーに扱うことにより注目を引く傾向がみられる（小玉・中・黄，1999）．このように，ジェンダーにより表現の枠組みを変える「ジェンダーライジング」とも呼ぶべき現象は，ニュースだけでなく，司会進行のあり方や，バラエティ番組，CMなどさまざまなジャンルにみられる．これらの傾向は，制作・編集に関わる人に男性がより多く，さらに主な視聴・読者対象を男性においているメディアに，とくに多くみられる現象であろう．

2）質的な問題

筆者の調査によれば，ニュースで女性を取り上げた場合，男性とは違う基準で取り上げ，次のようなジェンダー的な偏見がみられた（小玉，1989）．

第1に，人間の基本形を男性におき，女性は変形あるいは亜種の扱いをしている例がある．たとえば，男性なら単に作家・学生などとされるのに対し，女性だと「女性作家」「女子学生」という形になる．人を表す名詞のみは標準を示し，形容句が加えられる場合はそれを亜種とみていると考えられる．第2に，女性はニュースの主体でなく客体であることが多い．海開きで女性の水着姿をことさら映し出すのは，男性の目（主体）で女性を性的対象（客体）としてイメージするものである．第3に，女性は従属的存在として扱われる．死亡欄で，

男性は本人が活躍した人が掲載される一方，女性の多くは夫や息子の社会的地位が高い人が取り上げられる．そのほか，女性は能力が低いことを前提にしていたり，家の中にいるべきだと暗に示すなど，文脈からそう読みとれるものがまだある．総じて女性はカテゴリーとして画一的に表現されることも多い．

このように，ジャーナリズムの中での女性の取り上げ方には，量的・質的にジェンダーの偏りがあることが，研究により明らかにされている．男性による一方的な見方が繰り返し示されると，それが一般的なものの見方となる．女性もそれから学習して，男性視点を（常識的なものの見方として）受け入れるようになり，かくて偏ったジェンダー視点が再生産される．

以上のように，送り手側の偏向に起因する表現の問題点に気づくことは，メディア・リテラシーのもっとも重要なポイントである．

マイノリティの視点　女性は人数の上からはマジョリティでさえあるが，社会的な立場において，マイノリティの扱いを受けるいわば「社会的マイノリティ」である．したがって，女性に対する見方は，その他のマイノリティ一般に広げて考えることができる．

1）エスニック・マイノリティ（少数民族）

まず，国内のマイノリティから．外国人が事件を起こすと，必ずといってよいほど国籍または人種が明らかにされる．たとえば，日本が好況の時に労働力としてやってきたアジア系労働者の犯罪がしばしば国名とともにニュースとして取り上げられる．不法入国の犯罪者集団がその国のイメージを代表してしまうことさえある．多くの善良な人びとがいるにもかかわらず，そこに国名が出されることによって，その民族一般に悪い印象をもつ傾向はまぬかれない．

先住民族については，明治以来，その文化的伝統は中央のメディアからは無視され，地元においては蔑視に近い状態で長い時間を経過してきた．いわゆるアイヌ新法制定以来，制度的には改善されたものの，まだ日本には先住民族がいないがごとき，無視または無知の傾向は残っている．

次に，メディアのグローバライゼーションによる画一化の問題がある．巨大

なメディア資本が国や文化圏の壁を越えて世界中を画一的な内容で埋め尽くす勢いになっていることと，人びとが労働機会を求めて外国に移動するケースが増えていることは相互に関連をもっている．

グローバル・メディアの典型的な例は，1980年設立のアメリカのCNNニュースである．世界中に配信ネットワークをつくり，世界中のニュースを即時に伝えることになっている．が，大きな事件が外国で起こらない限りほとんどアメリカ国内のニュースで埋め尽くされている（小玉他，1996）．また，湾岸戦争の時にもそうであったように，どの地域のニュースであっても，出来事をアメリカ流の解釈で放送するので，それはアメリカ的思考法を世界中に教えているのと同様の結果となる．とくに，2001年9月11日の同時多発テロ事件以後，アメリカの放送はブッシュ政権の政策を支持する方向に大きく傾いた．24時間ニュースのチャンネルはその後も続々生まれている．CATVや衛星放送の普及は，それらを一般家庭に流し込む．自分の判断力が必要とされるわけである．

そのほか「BBCワールドニュース」や欧米の新聞，APやロイターなど欧米の通信社が配信するニュースなど，世界に向かって発信されるニュースのほとんどは，ものごとが欧米の視点で解釈され伝えられている．娯楽番組やCM，映画，雑誌，新聞なども含め，それらは「文化的帝国主義」といわれている．

9.11事件以後，イラク戦争時などにアルジャジーラやアブダビ・テレビなどの情報が放送されたが，それはほとんど戦争時に限られている．アメリカのメディアが世界的に広がる理由の第1は，冷戦終結後唯一の超大国となったアメリカの国力の強大さだが，そのほかには英語を使用しているという強みもある．英語を母国語としない人びとも第2外国語として英語を理解できる人は非常に多いからだ．この点ではイギリスのメディアも強みがあり，植民地時代に培った力とあいまって，世界的情報網を形成している．言語的な優勢を「英語帝国主義」と呼ぶ人もいる．

それを補う形で，エスニック・グループは，自分たち独自のメディアを生み

出した（白水，1998）．外国に定着している人にとっては，在住国の主流メディアに対抗する自分たちの価値観による新たなメディアを，出稼ぎの人たちには，故国のニュースと現住地の生活情報とを自国語で手に入れるために，オルタナティブ・メディアを供給しているのである．旅行者には，CS（通信衛星）デジタル放送などを通じ，祖国のメディアがそのまま情報を提供する機会も増えた．主流メディアに対するクリティカルな視点，そして自分たちで発信する能力，いずれをとっても，エスニック・マイノリティにとって，メディア・リテラシーは自分たちのアイデンティティを確立するために欠かせない能力である．

<u>その他のマイノリティ</u>　心身障害者に対する特別視もその中に入る．ノーマライゼーションが世界の潮流だが，メディアが必ずしもその考えを十分に取り入れているとはいいがたい．日本のメディアは障害者を特別な問題として，あるいはドラマの主人公として同情を引くように取り上げるケースが多い．普通の場面にさりげなく障害者が存在していることがあってしかるべきだが，そのような自然な形でのメディア表現は少ない．あるべき社会福祉が欠如しているために，あるいは人びとに偏見があるために問題となっている事柄を，あたかも「障害者の問題」として扱うメディアの視点も是正されなければならないだろう．そのような状況の中で，障害者の特性に合わせたメディアも少ないながら登場している．聴覚障害者向けのテレビ放送（梅田，2002），点字図書館が独自に作成している点字や音声によるメディアなどはその例であろう．

さらに，ローカリティ，地域的な問題も同様に考えられる．全国紙や全国ネットのニュースは首都圏中心で，ものごとの尺度を東京圏の文化的社会的標準においている．準キー局や大阪本社が存在する関西圏においてさえも，東京中心の見方の偏りを嘆くほどである．まして，沖縄の問題については，よほど激しい動きがないと全国的に報道されることはなく，国土の60分の1の面積の沖縄が米軍基地の4分の3を占める異常さが，全国民には伝わっていない．その一方で，東京発のニュースは全国を意識するあまり，東京の住民に関する話題は人口の割にきわめて少なく，東京住民はそれらを自分の地域メディアとは

感じていない．

　このことは，一定の問題に関して共通の関心を持つ集団についてもあてはまる．たとえば，HIV感染者，難病の対策を求めるグループ，同性愛者，環境問題などのコミュニティも同様である．主流メディアからは疎外されている集団のことを知る権利は，すべての人が持っていると考えられ，そのことはメディア・リテラシーの学習でも大切である．

「批判的」視点の基盤——現代的人権　情報社会にあっては，メディアを拒否することは不可能に近い．メディアなしには社会の進歩についていけず，必要な情報から疎外されてしまうからだ．そこで，玉石混交の情報をそのまま受け入れるのではなく，上で述べたように批判的に検討し，受容・拒否・一時棚上げなどを，自分の心の中で分類するプロセスが必要になるのである．しかし，批判的に検討するためには，自分自身の考えがなければ視座が定まらない．そしてその視座は時代によって，あるいは文化によって変化するものである．

　では，現代のメディア・リテラシーが基本においている考え方にはどんなものがあるだろうか．

　ひとつは現代的意味における「言論・表現の自由」という基本的人権の尊重である．言論・表現の自由はこれまで報道する側の権利を守るものとして機能してきた．報道する側が王権や国家主権などに比べ弱い立場にあった時代，それは社会を正しく機能させる装置として有効に働いた．しかし，マスメディアがいちじるしく発達し，メディア自身が権力のひとつとなったため，一般の人たちの言論の自由が相対的に小さくなってしまった．その結果，人びとが単なる受け手として消極的に存在すべきではないことが確認され，知る権利，報道される側の権利，メディアにアクセスする権利などが，改めて「コミュニケートする権利」として唱道されるようになった．それが市民的権利として認知され始め，メディア・リテラシーにつながっている．

　もうひとつは，「生存権」にかかわる基本的人権である．私たちの住む地球が平和でなければ平穏な生活が営めないし，環境破壊が進むと生命と健康が守

れない．そのためには，戦争を肯定するメディア表現，消費をいたずらに刺激する商業主義的表現には，とくに批判的な目を注がねばならない．それは，社会のバランスのとれた持続的発展（sustainable development）を志向する世界NGOの動きとも呼応している．メディア・リテラシーの奨励は，おだやかな学習運動だが，その基底にはものの考え方の根底を揺るがす契機を含んでいる．

§3　メディアを読み解く概念

　公教育の中でのメディア・リテラシー実践が進んでいるカナダのオンタリオ州が編集した『メディア・リテラシー』は，メディアの持つ性質として8項目を挙げている（カナダ・オンタリオ州，1992）．それと，エディ・ディックの「テクスト」「オーディアンス」「メディアの生産・制作」を三要素とする三角形のモデルをもとに，メディアの基本概念を組み合わせてメディアを読み解く概念に総合化したのが，図XVI-1「メディア研究モデル/8つの基本概念」（鈴木，2003）である．以下，この図にそって，メディアを読み解く基本概念を筆者の解釈により説明しよう．

　〈KC 1〉でいう「構成された」とは，ある意図をもって創り出された，という意味である．現実のすべてを映し出すことが不可能である以上，特定の部分だけをとりあげて構成するので，それは現実ではなく，新たに創られたものなのである．また，〈KC 2〉の「現実を構成する」とは，メディアが描くものは創られたものでありながら，あたかも現実であるかのように提示される．その結果，メディアが示す出来事や，それに対する態度，解釈などが，現実のものとして受け取られる．すると，次の段階では，それを現実として認識して物事が動いていく．すなわち，本来虚構であるはずのメディア・イメージが，実は現実を創り出している，という指摘である．

　〈KC 3〉は，同じメディア作品でも，受け手によって意味の取り方はちがい，その情報への対応もちがってくる——ということを示唆する．したがって，メディア・リテラシーのある人は，他の可能性と合わせて情報を相対的に受け

図 XVI−1　メディア研究モデル／8つの基本概念

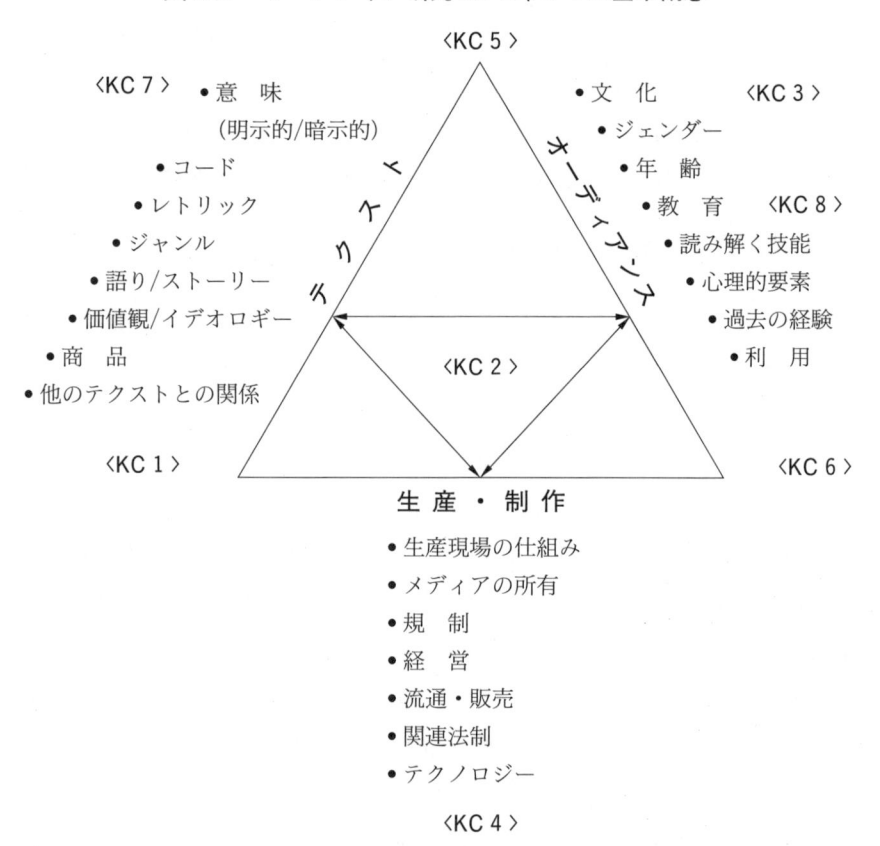

〈KC 5〉

〈KC 7〉
- 意　味
　（明示的/暗示的）
- コード
- レトリック
- ジャンル
- 語り/ストーリー
- 価値観/イデオロギー
- 商品
- 他のテクストとの関係

〈KC 1〉

テクスト

〈KC 2〉

- 文化
- ジェンダー　〈KC 3〉
- 年　齢
- 教　育　〈KC 8〉
- 読み解く技能
- 心理的要素
- 過去の経験
- 利　用

オーディアンス

〈KC 6〉

生　産・制　作
- 生産現場の仕組み
- メディアの所有
- 規　制
- 経　営
- 流通・販売
- 関連法制
- テクノロジー

〈KC 4〉

■ 基本概念（Key Concepts）
〈KC 1〉メディアはすべて構成されている．
〈KC 2〉メディアは「現実」を構成する．
〈KC 3〉オーディアンスがメディアを解釈し，意味をつくりだす．
〈KC 4〉メディアは商業的意味をもつ．
〈KC 5〉メディアはものの考え方（イデオロギー）や価値観を伝えている．
〈KC 6〉メディアは社会的・政治的意味をもつ．
〈KC 7〉メディアは独自の様式，芸術性，技法，きまり/約束事をもつ．
〈KC 8〉クリティカルにメディアを読むことは，創造性を高め，多様な形態でコミュニケーションをつくりだすことへとつながる．

出所）©立命館大学社会学研究科メディア・リテラシー研究プロジェクト/FCT

止めるのに対して，それのない人は，与えられた情報そのものを丸ごと受け取ってしまう．だからこそメディア・リテラシーというものの存在意義もあるといえるだろう．

〈KC 4〉は，資本主義国における多くのメディアが，商業的なベースの上に成り立っていることと関係がある．新聞・雑誌・CD・ゲームソフト・ビデオなどは，購買者があってこそ成り立つ．スポンサーの意向に動かされやすいテレビ番組は，放送時間帯にふさわしい視聴率がとれないと，番組内容の善し悪しにかかわらず打ち切られる．一方，国内でもメディア系列の寡占化は進んでいるが，国際的には巨大資本系列がグローバルな展開をしており，地域の人びととは無関係なところでメディア内容が決定され，金もうけに利用されている．これは，限られた人びとの意思決定で番組や記事が左右され，言論や表現が資本に支配されていることを示している．このような現実を知れば，番組内容とスポンサーがターゲットとする視聴者との関係を理解し，メディアに対し用心深く接するようになるであろう．

〈KC 5〉には，スポンサーやメディアが明確に意図する・しないに関係なく，メディアが長い間に送り出すメッセージが総合的に人びとの意識に影響を与えるものもある．物質的豊かさにつつまれたドラマの設定，ドキュメンタリーやトークショーでさりげなく示される女性に期待される役割，ニュースが伝える国家機関の意思決定などは，何に価値を置くべきかを示すメディアのイデオロギー・メッセージである．メディア・リテラシーはこのようなメッセージや価値システムを解読する技術だといえる．

〈KC 6〉について同書はこう述べる．「メディア・リテラシーの重要な側面のひとつは，メディアが生み出す社会的効果および政治的効果の意識化である」．身近なレベルでは「メディアの効果は，家庭生活の質的変化，余暇時間の使い方の変化といった形で現れる」「若者はしばしばマスメディアを母体としてポピュラー・カルチャーや友人との関係を規定する」（オンタリオ州, 1992）．選挙では議員や知事さえイメージで選ぶようになっているのである．

〈KC 7〉については「メディアはそれぞれ独自の文法を持ち，それぞれのやり方で現実を分類する」と述べている．すなわち，テレビだと「絵になる」ことが重要な要素で，それ以外の事柄は軽視されがちだ．ラジオは音にして乗せることが至上命題だ．印刷物なら言語に表現しやすい事柄が必然的に選ばれている．ゲームは，細かいアイテムの選択の積み重ねに適しており，全体的見通しを必要とするものや選択肢をつくりにくい事柄を排除している．

さて，〈KC 1〉から〈KC 7〉までで述べてきたことは，メディア・テクストの解読と理解の方法だが，〈KC 8〉ではそれ以外に，メディアを楽しむことを強調している．「人を楽しませる様式や効果はどのようにして創造されるのかを知ることで，私たちにとってのメディアの楽しさは強化される」としている．"批判的に読みとる"ことの中には良い面を"評価する"ことも含まれているのである．実際，私たちはメディアから多くの楽しみを享受しているし，メディアに依存した生活を送っている．そのことによって，新たに自分自身が創造力を発揮して自ら発信するなど，コミュニケーションを取れるようになるだろう．

§4 メディア・リテラシーの発展過程

これまで，メディア・リテラシーを実践するにあたって，さまざまな角度から焦点を当て，何をすべきか，どのような意味があるか，などについて述べてきた．電子メディアの操作技術，クリティカルな思考，情報発信の技術等々がそれにあたる．日本でまとめられたものの中で，そのような多角的なメディア・リテラシーの能力と意味を示したものとして，坂元昂のメディア・リテラシー概念図がある（坂元，1986）．これは，それぞれの人の立場を「受け手」「使い手」「つくり手」と3つに分けるとともに，メディア特性の理解力・批判能力を「わかる」，メディア選択利用能力を「つかう」，メディア構成・制作能力を「つくる」として，この2つの軸を組み合わせてモデルとして示したものである．これは，メディア利用の意味をよくつかみ非常に分かりやすく説明され

ている．

しかし，現実に情報時代を生きる私たちに求められているものは，それらすべての立場と能力を1人の人間が同時に備えていることである．そこで，筆者は，情報をインプットするところからアウトプットするまでを，1人の人間の

図 XVI-2　メディア・リテラシーの発展過程

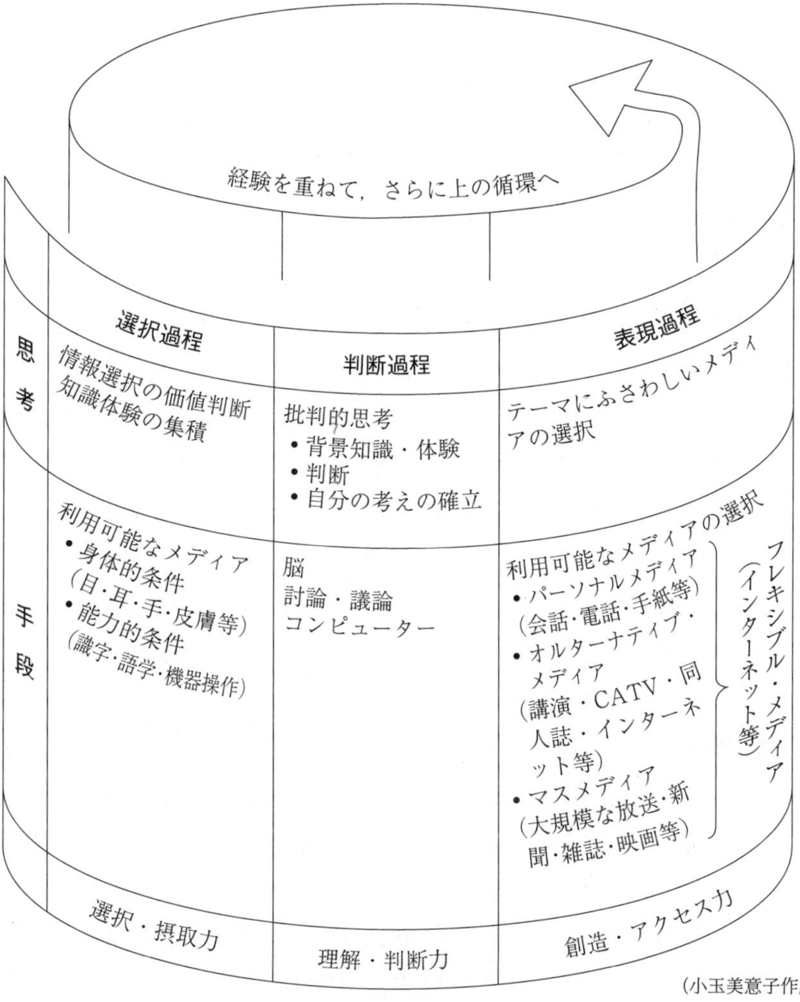

	選択過程	判断過程	表現過程
思考	情報選択の価値判断 知識体験の集積	批判的思考 ・背景知識・体験 ・判断 ・自分の考えの確立	テーマにふさわしいメディアの選択
手段	利用可能なメディア ・身体的条件 　(目・耳・手・皮膚等) ・能力的条件 　(識字・語学・機器操作)	脳 討論・議論 コンピューター	利用可能なメディアの選択 ・パーソナルメディア 　(会話・電話・手紙等) ・オルターナティブ・メディア 　(講演・CATV・同人誌・インターネット等) ・マスメディア 　(大規模な放送・新聞・雑誌・映画等)　｝フレキシブル・メディア(インターネット等)
	選択・摂取力	理解・判断力	創造・アクセス力

経験を重ねて，さらに上の循環へ

(小玉美意子作成)

中における一連の流れとしてとらえ，メディア・リテラシーのプロセスとして，概念化してみた．それが図XVI－2である．それぞれのプロセスは，内容を頭の中で考える思考的リテラシーの部分と，情報の媒介をする手段的リテラシーの両方で成り立っていることが多い．そこで，それらを2つの軸におき整理した．

　情報選択過程　情報に取り巻かれている社会でまずしなければならないのは，限られた時間の中でどのような情報を選択するかである．思考的リテラシーでは，自分にとって必要な情報は何かを考える．知りたい事柄，楽しみたい情報などを選び出す．これはその人の過去の知識や体験の集積によって生み出される．

　その際，情報はメディアに載って伝達されるが，それはその人にとって使用可能な手段に限られる．まず身体的条件として，目・耳・皮膚感覚などの外界からの刺激を感知する器官の働く度合いが，メディア・リテラシーの前提条件として存在する．そのうえで，ある言語が分かるかどうかが問われ，さらに，字が読めれば文字メディアの利用ができ，これがいわゆる「識字」と呼ばれるもっとも伝統的なリテラシーである．同様に，ビデオやCDからパソコンやインターネットなどに至るまで，機器操作ができるかどうかが，情報にアクセスできるかどうかの違いを生む．これは機器操作力という手段リテラシーである．そして非常に多くの場合，情報とメディアが一体化した形でその人の前に示され，それを利用するかしないかの決断を待つ．これらの力を総合して情報摂取力ということができよう．

　思考過程　まず，理解力が考えられる．話を聞いて，あるいは文字を読んでその内容を把握するのも，映像表現の意味を読みとるのも，理解力である．

　次に，理解したものをどのように解釈するかがある．その通り受け取るか，批判的に受け取るか，一時解釈を保留しておくか……，これが批判的思考（critical thinking）である．ここでは，過去の知識，体験，そして思考力の総体が動員されて，そのことの真偽を確かめ，重要性の度合いを参酌し，違う見方

の可能性などについて考える．言葉で論理的に説明できるものはもちろんのこと，過去の体験の蓄積による第六感のようなものも入る．

この批判的思考訓練が，メディア・リテラシーの中でもっとも重点がおかれているところである．ポッター（Potter, W. James）は著書『メディア・リテラシー』の最初のところで「メディア・リテラシーとは，自分がメディアと接するときに拠り所とする『ものの見方』であり，私たちが出会うメッセージの『意味を解釈するもの』である．私たちは知識構造から自分たちのものの見方を作り上げる」と述べて，ものの見方こそがメディア・リテラシーの中核にあることを示している（Potter, 1998）．

こうしたプロセスを経て，新しい情報についての自分の考えが一定のところに落ちつくと，次に考えをまとめる段階に入る．その人の全体的な思考の中で情報を位置づけ，ある場合には知識の追加となり，思考力のバージョンアップ，そして，新たな考えの確立につながる．

表現過程　人は思考を思考のままでとどめておくこともできないわけではない．しかし，自分自身を社会の一員として位置づけて，他の成員に存在を認められることを望んだり，あるいは自分が生きている社会の民主主義的なプロセスへの参加を望む場合には，何らかの手段で自分を表現することこそが，生きている証となる．表現にはさまざまな態様があるが，自分の主張したい意見，分かって欲しい感情などはメディア・リテラシーがあってこそ効果的に表現できる．

考えを表現する場合は，受信のプロセスをほぼ逆にした形でのメディア・リテラシーが必要になる．伝統的には話す・書くという言語表現，絵画・彫刻などの視覚表現，語り・音楽などの音声表現がある．そして，それらをふまえつつメディア技術を修得すれば，写真，フィルム，ビデオ，コンピューターなどにより思想や感情を表現することができる．手段リテラシーがない場合は，たとえ立派な考えを内に持っていたとしても，他人に知られるところとはならない．また，自分の立場や行動の理由を他の人に説明できないと，家族・学校・

職場・地域・社会などの場において，相互理解に基づく人間関係を築くことがむずかしい．そして，もう一歩進めて他人の考えを聞く力も，リテラシーの一部と考えられるが，これは情報摂取力であると同時に相互関係を作る力でもある．

　他人に対し説明する意欲と能力を持つことは今の時代，ことに大切である．年少者が自分の考えを表現できないことが原因で自己不信に陥り非行に走ったり，いじめを招くことはよくある．また，逆の面からは，政府や企業が長い間の隠蔽体質にならされて，必要な情報公開を行わずに非難されることがあることをみれば，説明責任（accountability）を遂行するためにも表現能力は必要である．

　表現過程においては，手段リテラシーを多様に持つ人はより効果的に伝えられるであろう．どのメディアを使うかによって表現の内容を再考し直すことも当然でてくる．また，どのメディアを使うか，という選択自体がメッセージになって，人びとの心に届いたり届かなかったりすることもある．

　発信と伝達　表現したものをより多くの人に，また，遠くの人や時間差のある状況で伝達しようとする場合には，メディアに載せる必要がある．メディアはその規模や到達範囲などである程度，分類することができる．

　個人的な通信としては，従来から口コミ，手紙，電話などが用いられてきた．これらは，既開発国のほとんどの人にとって利用可能なメディアである．

　中間に存在するものとして，オルターナティブ・メディアがある．オルターナティブ・メディアは，マスメディアの行き届かない部分を補完したり，非主流の人びとがマスメディアに対抗して出したり，あるいは，同じ地域に住む人びと，同じ悩みを抱える人びと，共通の趣味を持つ人びとなどが，そのコミュニティを構成・維持・発展させるために使うメディアの総称である．

　人びとが集う場をもメディアと考えれば，展覧会，講演会，公演会などは表現をサポートする場と考えられ，ホール，公民館，学校，その他の施設は情報媒介の役割を果たす．また，本や雑誌，ニューズレター，CD，テープなどパ

ッケージに情報が入ったものは，販売，貸し出しなどの手段により，人びとに届けることができる．さらに，電子メディアの発達により，CATV などでは中規模の地域住民に向かって発信できるし，また，そのネットワークを構成すれば，世界的規模で同じ趣味や志を持つ人の間で情報を共有できる．個人から大勢まで，伸縮自在に相手の数を調整できるものとしてインターネットもある．

　ここでは，メディア・リテラシーのさまざまな能力が総合的に発揮できる．原稿を書いてワープロを打ち，イラストつきでニューズレターを発行できるし，また，同じものをインターネットに載せて発信することもできる．ただし，この場合，送り先の人びとも受信するためのメディア・リテラシーを持っていることが必要条件である．

　さらに，それらの素材をマスメディアに載せることができれば，格段に大勢の不特定多数者に到達し，自分の思想や感情を表現することができる．しかし，多くの場合，マスメディアはプロフェッショナルの領域の仕事となり，多くの人にとってアクセスはむずかしい．一方，政府や企業，各種団体の広報の人たちは，それにアクセスする方法を知っていて，さまざまな機会に利用している．NGO でもそれをうまく利用できるようになれば，伝達のチャンスは増えるはずである．

　なお，2003 年末日本のインターネット人口は推定 6,124 万人で，世帯浸透率は 73％（インターネット協会，2003），社会の基幹メディアのひとつとなっている．ICT（Information Communication Technology）の一環として急速な普及が見込まれている．

　その体験がまたメディア・リテラシーになる　メディアの発信を体験すると，表現能力がつくだけではなく，メディアの特質がはっきり見えてくる．なぜなら，メディア内容を創るときに多くのものを切り捨てていることや，時間・空間・予算・人員・能力などの条件の中で表現をすることの限界，さらに，より多くの人に伝えようとすると表現上の妥協もあることなどが体験として分かるからである．体験を積むことによって，メディアの何たるかがより理解さ

れ，次に情報に接するときには，さらに大きな内容的判断と技術的背景をもって選択できるようになる．このようにして，メディア・リテラシーのプロセスにおける諸能力は，1人の人間の中でも多元的・多層的に展開し，それが一巡すると，さらに高度のメディア・リテラシーを形成している．

メディア・リテラシーは，最初のきっかけとして手段の獲得や批判的思考訓練が，教育によって与えられる必要があるだろう．が，その後の段階は専門分野や関心のあるところでより高まっていくことが予想できる．メディア・リテラシーは新しいものを取り入れつつ過去の蓄積で判断していくので，とどまることなく発展する生涯学習の領域となるものである．

しかし，残念なことに，心身の衰えが始まるとその部分に関してはメディア・リテラシーが低下し，以前ほどには十分に情報の受容・思考・表現ができなくなることもある．その時はまた，その状態に合わせて利用可能な手段と新たな思考を再編し直して，自分の状況にあったリテラシーを構成することになるだろう．

メディア・リテラシーは，情報社会の中で主体的に生きる力をサポートする生涯にわたる学習課題ということができよう．

（小玉　美意子）

参考文献

インターネット協会『インターネット白書2003』インプレス　2003年

カナダ・オンタリオ州教育省編・FCT（市民のテレビの会）訳『メディア・リテラシー』リベルタ出版　1992年

梅田ひろ子「障害者放送"メディアで聞くテレビ"がめざす放送バリアフリー」武蔵大学メディア社会学科編『メディアレポート』海象社　2003年

小玉美意子『ジャーナリズムの女性観』学文社　1989年

小玉美意子・白水繁彦・竹山昭子・吉田文彦・小田原敏・音好宏・Anne Cooper-Chen「日米テレビニュース比較研究1994年調査」『武蔵大学人文学会雑誌』第27巻第3-4号　1996年

小玉美意子・小林直美「"女性戦犯法廷"から"問われる戦時性暴力"へ―NHK・ETV 2001『シリーズ　戦争をどう裁くか　第2回』改編が提示する諸問題―」武蔵社会学会編『ソシオロジスト』第5号　2003年
小玉美意子・中　正樹・黄　允一「雑誌における女性被害者報道の分析―事例研究："東京電力女性社員殺人事件"を"学習院男子学生殺人事件"と比較する―」武蔵社会学会編『ソシオロジスト』第1号　1999年
坂元昂「メディアリテラシー」後藤和彦ほか編『メディア教育を拓く――メディア教育のすすめ』ぎょうせい　1986年
女性放送者懇談会編「放送ウーマン1999　放送で働く女性調査報告書」　2000年
白水繁彦『エスニック文化の社会学』日本評論社　1998年
鈴木みどり編『メディア・リテラシーを学ぶ人のために』世界思想社　1997年
鈴木みどり編『Study Guide　メディア・リテラシー［ジェンダー編］』リベルタ出版　2003年
日本新聞協会経営部調査「新聞・通信社の女性記者数の推移」　2002年
福井県教育工学研究会『学校で拓くメディアリテラシー』日本文教出版　2002年
村松泰子・ヒラリア・ゴスマン編『メディアがつくるジェンダー』新曜社　1998年
メディアリテラシー研究会編『メディア・リテラシー』Nipporo文庫　1997年
渡辺武達『メディア・リテラシー』ダイヤモンド社　1997年
Gallagher, Margaret, WOMEN AND THE MEDIA, UNESCO, 1994.
Pritchard Davido, ed., *Holding the Media Accountable,* Indiana University Press, 2000.
Potter, W. James, *Media Literacy*, Sage, Publication, London, 1998.
Silverblatt, Art and Eliceiri, Ellen M. Enright, *Dictionary of Media Literacy,* Greenwood Press Westport, 1997.

索　引

あ　行

ISDN ……………………………213,218
INS ……………………………………213
アイコノスコープ・カメラ………………72
ICタグ ……………………………225,230
朝の読書 ……………………………174
浅間山荘事件…………………………79
朝日サンゴ事件………………………50
アシスタントディレクター………………95
新しい新聞倫理網領の制定……………54
アフタヌーンショー……………………81
アポロ11号の月面着陸…………………77
ENG …………………………………78
委託販売制 …………150,151,156,170,171
委託放送事業者 ……………110,115,119
一億総白痴化…………………………80
1県1紙 ………………………………9
「イ」の字 ……………………………72
イラク戦争 ……………………80,121〜129
入り広告 ……………………………166
岩波新書 ……………………………153
岩波文庫 ……………………………153
インターネット ……………218,221,231,234
インターネット規制 …………………251
インターネット新聞 ………………235〜236
インターネット人口 …………………277
インターネット放送 ……………114,236
インターネットと放送の連動 …………120
インタラクティブ ……………………230
インテルサット…………………………76
ウォーターゲート事件報道……………51
宇野浩二 …………………………200,204
衛星中継………………………………76
衛星放送 ……………………………78,88
衛星放送事業者 ……………………119
ATP …………………………99,100,101
SNG …………………………………78
HDTV ………………………………79
NHK 特集 ……………………………75
NHK きょうのニュース ………………76
NHK スペシャル ……………………81
NHK 東京テレビジョン局 ……………73

FCC（アメリカ連邦通信委員会）………71
エンベッド（Embed＝埋め込み）方式 …………………………………123
円本ブーム …………………………152
オウム教団……………………………80
大阪朝日 …………………………5,6,7,8
大阪毎日 …………………………5,6,7,8
大新聞 …………………………………4
大山勝美………………………………95
岡本愛彦………………………………95
奥ヒマラヤ・禁断の王国ムスタン………81
おしん…………………………………75
おはなはん……………………………75
オルタナティブ・メディア ……………267
オンデマンド出版 ……………168,176,183
オンライン・ジャーナリズム ………223,231
オンライン出版 ……………176,177,183
オンライン書店………………171〜172,189,191

か　行

買切制 ……………………………151,171
街頭テレビ …………………………73,94
街頭録音………………………………70
外部制作………………………………99
外務省機密漏洩事件………………11,247
限りある電波…………………………67
過剰な取材 …………………………102
学校放送………………………………70
活字情報の持つ記録性 ……………132
活版印刷術……………………2,142〜145
カメラ・ルポルタージュ ………………75
かわら版 …………………………3,211
関西発のお笑い番組…………………96
間接受信 ……………………………114
関東大震災……………………………67
官板バタヒヤ新聞 ……………………3
キー局4局体制………………………74
菊竹六鼓………………………………9
記事掲載の差し止め…………………68
木島則夫モーニング・ショー…………76
記者クラブ……………………………16
　──警察と記者クラブの癒着………93
記者クラブに関する日本新聞協会編集

索引　281

委員会の見解（2002年）……………20
キャスターニュース………………………76
キャプテン・システム……………213〜214
教養主義…………………………………157
玉音放送……………………………………70
桐生悠々……………………………………9
金品を贈った事件………………………84
グーデンベルク………………2,142〜143
クォーターシステム………………………70
久米・田原連立政権………………………89
グローバル・メディア…………………266
クロス・ネットワーク…………………109
ケータイ…………………………………226
（放送受信も可能な）携帯電話………114
携帯電話と放送との連動………………120
KDKA………………………………………67
ケーブルテレビ……………………………78
ケネディ大統領の非業の死……………76
検閲………………………4,10,68,243
県紙…………………………………………35
現代の映像…………………………………75
現場からの臨場感………………………136
現場中継…………………………………136
言論法……………………………………109
広域圏免許………………………………107
公共圏……………………………………145
公共放送…………………………………105
　　──と民間放送の併存………………71
　　──の財源方式…………………105
　　──と商業放送の二元体制……104,105
公共放送単独体制………………………105
公衆………………………………………113
河野義行……………………………………92
ゴールデンアワー番組……………………96
国内番組基準……………………………112
国民新聞……………………………………5
55年体制……………………………………74
個人情報保護法（案）………56,102,252
小新聞………………………………………4
国会討論……………………………………91
誤爆ツアー………………………………125
戸別配達制度………………………………40
コミック市場……………………………173
コミュニケートする権利………………268
今野勉………………………………………95

さ　行

再販売価格維持制度（再販制度）
　………………………42,150,170,171,190
坂本弁護士テープ問題……………………81
笹原金次郎………………………………204
雑高書低…………………………………185
雑誌ジャーナリズム……………194〜207
冊子体……………………………………141
サンデープロジェクト……………………91
サンプル世帯………………………………98
譏謗率…………………………………4,149
CATV……………………………………212
CS（通信衛星）…………………………79
CSデジタル放送……………………116,118
CS放送………………………………115,116
CNN（ニュース）…………90,215,266
CTS…………………………………………13
CD-ROM……………………168,178,184,227
GHQ……………………………………9〜10,70
時間差特ダネ………………………………60
時事…………………………………………7
時事新報……………………………………5
視聴率…………………………………80,84,97
視聴率競争……………………………80,97〜98
視聴率主義・視聴率至上主義……106,113
視聴率不正操作事件…………………98,100
（朝日新聞）紙面審議会…………………59
下山事件……………………………199,200
ジャーナリズム機能の低下……………239
ジャーナリズムの危機…………………237
謝罪広告…………………………………249
社団法人東京放送局………………………68
社団法人日本放送協会……………………68
集団的過熱取材（メディア・スクラム）
　……………………………………25,103
周波数の希少性……………………109,117
取材組織……………………………………92
取材の自由………………………………246
受託放送事業者……………………115,118
「出版」の定義…………………………161
出版資本主義……………………………145
出版社系週刊誌…………………………207
出版条例…………………………………149
出版法………………………………………68
商業放送…………………………………67,105
情報インフラ………………………………78

情報公開法・情報公開条例 …………248
情報の多元化 ……………………………106
情報流通の自由 …………………………244
正力松太郎………………………………94,212
書肆 ………………………………………148
人権侵害 …………………………………92
人権擁護法案 …………………………56,253
新再販制 …………………………………171
新CSデジタル放送 ……………………119
新宿歌舞伎町の雑居ビル火災 …………24
新日本放送 ………………………………71
新聞王国・新聞大国 …………………40,211
新聞広告費 ……………………………43,44
新聞産業の規模 …………………………34
新聞紙法 …………………………………68
新聞ジャーナリズムの課題 …………49～62
新聞条例 …………………………………149
新聞の一覧性 ……………………………131
新聞の広告収入 ………………………37,43
新聞の誕生 ………………………………3
新聞の評価に関する読者調査 ………28,42
新聞の普及率 ……………………………40
新聞発行部数 ……………………………40
新聞力 ……………………………………61
新聞倫理綱領 ……………………………55
新・新聞倫理綱領 ………………………54
スカイパーフェクTV ………………79,119
スクープ ………………………………59～60
鈴木宗男研究 ……………………………207
スプートニクの打ち上げ ………………76
正確と公平 ……………………………92,93
制作会社 …………………………………100
制作業務の外注化 ………………………90
青少年社会環境対策基本法案 ………63,101
世界 ………………………………………197
世界最初のラジオ放送局 ………………67
選挙報道の自由の保障 …………………250
全国紙 …………………………………16,35
全国放送 …………………………………106
全日本番組製作社連盟 ………99,100,101
全面講和論 ………………………………198
臓器移植報道 ……………………………101
総合雑誌 ……………………………198,207
総合情報産業 ……………………………47
総合編成 …………………………………90
総メディア社会 ……………………237～238

即時性 ……………………………………123
速報性 …………………………………67,70

た 行

ダイオキシン報道・最高裁判決
　　……………………………101,129～138
大河ドラマ ……………………………75,94
第三者機関 …………………………25,57～59
大正デモクラシー ………………………6
大本営発表 ……………………………9,69
高柳健次郎 ………………………………72
多チャンネル …………………………100,111
多チャンネル化推進 ……………………116
多チャンネル化欲求 ……………………105
「脱・記者クラブ」宣言 ………………20
田中角栄研究 ……………………………51
田原総一朗 ……………………………88,89
WWW ……………………………………231
多メディア・多チャンネル化 …………104
単独講和論 ………………………………198
治安維持法 ………………………………68
地域紙 ……………………………………35
地域放送 …………………………………106
チェック機能 ……………………………136
地上波テレビのデジタル化 …83,84,98,104
中央公論による松川裁判批判 …………198
中央公論松川裁判特別号 ………………198
中部日本放送 ……………………………71
調査報道 ……………12,51～52,61,129,132
直接受信 ………………………………113,114
通信と放送の融合 ……………………116,221
通信傍受法（盗聴法） …………………252
DVD …………………………………168,227
訂正放送 …………………………………247
DTP ………………………………………168
TBS坂本弁護士ビデオ問題 ……81,87～88
ディレクター ……………………………91
テープ式録音機 …………………………72
デジタル放送 ……………………………114
テレトピア ………………………………215
テレビ朝日・椿報道局長発言問題
　　………………………………83,89,111
テレビ広告費 ……………………………74
テレビ小説 ………………………………94
テレビスポット …………………………97
テレビ討論 ………………………………88
テレビ・ネットワーク ………………107,108

索引 283

テレビのカラー化 …………………76〜77
テレビの特性 ……………………131,136
テレビ離れ ……………………………97
テレビ報道の影響力 ………………88,89
テレビマンユニオン ………………95,100
天皇報道 …………………79,195〜197
電子書籍 ……………………………177
電子新聞 …………………………177,235
電子ペーパー ………………………227
電子メール …………………………222
「電子メディア」の定義 ……………220
電波監理委員会………………………71
電波 3 法 ……………………………71
電波法 …………………71,86,105,109,110
東京朝日新聞 ………………………8,9
同時性 ……………………………4,123
同時多発テロ ………………………80
東芝日曜劇場 ………………………75
当番弁護士制度 ……………………23
トーハン ……………………156,170,185
取次 ……150〜151,162,166,170,186〜187

な 行

ナイラの議会証言 ……………………128
7 社共同宣言 ……………………11,196
2・26事件 ……………………………69
二十の扉 ……………………………70
二次利用管理権 ……………………100
日曜娯楽版 …………………………70
「日本」………………………………5
日配 …………………………………155
日販 …………………………156,170,186
日本衛星放送（WOWOW）………78,114
日本型調査報道 ……………………52
日本の素顔 ………………………75,95
「ニュース」の定義 …………………14
ニュースコープ ………………………76
ニュースステーション
 …………………76,90,99,129〜138
ニュースセンター 9 時 ……………76,83
ニューメディア ……………………210〜216
ネットワーク禁止条項 ………………109
のど自慢素人音楽会 …………………70
ノンフィクション劇場 ……………75,82

は 行

ハード・ソフトの分離 ………………115
ハード・ソフトの一致 ………………115

媒体別広告費 ………………………75
ハイビジョン …………………………79
長谷川如是閑 ………………………7,87
パソコン ……………………………225
パソコン通信 ………………………217
白虹事件 ……………………………6
話の泉 ………………………………70
ハノイ・田英夫の証言 ………………82
ハルバースタム ……………………123
番組種目間調和原則 …………………111
番組制作会社 ………………………99
番組編集準則 ………………………111
番組編成組織 ………………………92
「判決」………………………………82
万国博覧会 …………………………77
阪神・淡路大震災 ……………………80
犯人視報道 …………………………22
（新聞の）販売収入 ………………37,43
BRO ………………57,82,88,112〜113
BRC ………………………………57,113
BS ……………………………………78
BS デジタル放送 ……………………118
BPO ………………58,82,103,113
PDA …………………………………226
PBS …………………………………105
ビデオフォーン ………………………124
ビデオリサーチ ………………………97
「ひとりっ子」………………………82
批判的思考 ………………261,262,274,275
110度 CS 放送 ………………………119
百万塔陀羅尼経 ……………………148
表現の自由 …………………237,239,244〜255
「開かれた新聞」委員会 ……………25,58
広津和郎の松川事件批判 ……200,204〜207
ファイスナー・メモ …………………71
ファミコン …………………………226
VTR …………………………………75
風流夢譚事件 ………………………197
複合情報機関 ………………………47
福沢諭吉 ……………………………147
フセイン大統領銅像の引き倒し…125〜126
普通選挙法 …………………………68
不偏不党 ……………………………5,7
プライバシー侵害 …………………102
ブラウザー …………………………231
プラットホーム ……………………119

フリー記者……………………121～123
プレスコード（新聞準則）………………70
ブロードバンド………………………218,219
ブログ……………………………224～225
プロダクション……………………………96
ブロック紙…………………………………35
プロデューサー……………………85～88
プロバイダー責任限定法………………251
プロバイダー……………………………218
文藝春秋…………………………………198
文庫……………………………152～153
文庫本の変貌……………………………173
平成の3大誤報…………………………49
兵に告ぐ……………………………………69
平民新聞……………………………………6
ベトナム戦争………………………………77
ペルーの日本大使館人質事件…………93
「放送」の定義…………………………113
放送基準………………………85,86,112
放送局の免許……………………109～111
放送事業者の自律………………………112
放送全体から受ける印象………………129
放送大学学園……………………………106
放送と青少年に関する委員会
　　　　　　　　　　…………58,63,82,102
放送と人権等権利に関する委員会
　　（BRC）…………………57,102,113
放送と人権等権利に関する委員会機構
　　（BRO）…………57,82,88,112～113
放送と通信の融合化……………………111
放送の広範性………………………………70
放送の社会的影響力…………107,110,117
放送番組基準………………………………81
放送番組向上協議会………………58,63,102
放送番組審議会……………………81,112
放送番組の構成……………………………69
放送普及計画……………………………107
放送法…………71,86,105,106,109,110,114
放送用私設無線電話規制…………………67
放送倫理基本網領………………88,92,112
放送倫理・番組向上機構（BPO）
　　　　　　　　　　…………58,82,102,113
「報道」の定義…………………………253
報道2001…………………………………91
報道と人権委員会…………………58,59
報道被害……………………………53～54,63

ホームページ……………………………223
ポケットモンスター……………………101
本屋仲間…………………………………148

ま 行

前畑ガンバレ………………………………69
巻物………………………………………141
マス・マガジン…………………………169
マスメディア集中排除原則の緩和
　　　　　　　　　　…………104,116,117,254
松浦総三…………………………………197
松川事件……………………………199～207
松本サリン事件……………………80,92
幻のオリンピック…………………………72
マルコーニ…………………………………66
マロー…………………………………121,123
三木武夫元首相……………………………90
三鷹事件……………………………199～200
ミッチーブーム……………………………73
南ベトナム海兵大隊戦記……………82,89
宮沢喜一首相………………………………88
民間検閲支隊………………………………70
民放テレビの系列化………………………74
民放UHF局……………………………108
無線通信の送信…………………………113
村木良彦……………………………………95
村山龍平……………………………………7
名誉棄損の損害賠償額…………………101
メーリングリスト……………222～223,236
メールマガジン……………………224,236
メディア規制…………………………55～57
メディア・コントロール………………124
メディア・スクラム………………25,54,103
メディアで働く女性……………………263
メディアによる人権侵害…………………55
メディアの融合………………………46～47
メディア・リテラシー……………259～278
もく星号墜落………………………………72

や 行

"やらせ"………………………………81,91
癒着…………………………………………93
「容疑者」呼称……………………………23
横浜毎日新聞………………………………4
読売新聞……………………………………4
萬朝報………………………………………5
四二行聖書………………………………142

索引 285

ら 行

- ラジオ広告費……………………74
- ラジオコード（放送準則）……………70
- ラジオ・ネットワーク ……………108
- リクルート事件報道 ……………12,52
- リレー1号………………………76
- レッドパージ……………………10
- 連合国軍総司令部（GHQ）………9〜10,70
- 連続テレビ小説……………………75
- 60年の安保反対運動……………………88
- 「ロス疑惑」……………………93
- ワイドショー ……………………76,90
- 私は貝になりたい ……………75,94

わ 行

- 和田勉……………………………95
- 湾岸戦争報道……………………80

編著者紹介

天野勝文
1934年　千葉県に生まれる
1957年　東京大学文学部社会学科卒業
専　攻　ジャーナリズム論
主　著　『新版　マス・メディアへの視点』（共著）地人書館　1993年
　　　　『新版　現場からみた新聞学』（共編）学文社　2002年
　　　　（前）日本大学教授

松岡新兒
1931年　東京に生まれる
1958年　早稲田大学文学部ロシア文学専攻卒業
専　攻　テレビ・ジャーナリズム
主　著　『ニュースよ　日本語で語ってほしい』兼六館　1992年
　　　　（元）日本大学教授

植田康夫
1939年　広島県に生まれる
1962年　上智大学文学部新聞科卒業
専　攻　出版論
主　著　『現代の出版』理想出版社　1981年
　　　　『ベストセラー考現学』メディアパル　1992年
　　　　（前）上智大学教授

新 現代マスコミ論のポイント

2004年4月10日　　第一版第一刷発行
2008年9月10日　　第一版第二刷発行

編著者　　天野勝文・松岡新兒・植田康夫
発行所　　株式会社　学文社
発行者　　田　中　千　津　子

東京都目黒区下目黒3-6-1（〒153-0064）
電話 03 (3715) 1501（代）振替00130-9-98842
（落丁・乱丁の場合は，本社でお取替え致します）
定価はカバー，売上カードに表示〈検印省略〉
ISBN978-4-7620-1309-6　印刷／株式会社亨有堂印刷所